Die lieferbaren Bände:
Ägypten
Algarve · Lissabon
Andalusien
Berlin
Bodensee
Bretagne
Budapest
Capri · Ischia
Costa Brava · Barcelona
Côte d'Azur
Düsseldorf
Elsaß
Englands Süden
Finnland
Frankfurt
Hamburg
Ibiza · Formentera
Irland
Israel
Kalifornien
Kanarische Inseln
Köln · Bonn
Korsika
Kreta
Kykladen
Leningrad
London
Madrid
Mainfranken
Mallorca
Malta · Gozo
Marokko
Mexiko
Moskau
München
New York
Norwegen
Paris
Peking · Nordchina
Prag
Provence
Rhodos · Dodekanes
Rom
Salzburg
San Francisco
Sardinien
Schleswig-Holstein
Schottland
Schweden
Sizilien
Sri Lanka
Südtirol
Sylt · Amrum · Föhr
Tal der Loire
Tessin
Toskana
Türkei
Tunesien
Venedig
Wien

In Vorbereitung:
Brasilien
Indiens Norden
Venetien · Friaul
Schweiz
Florida
Kenia

dtv MERIAN reiseführer

München

Carl Amery
Marina Bohlmann-Modersohn

Deutscher
Taschenbuch
Verlag

dtv-MERIAN-Redaktion, Hamburg
Lektorat: Barbara Strohschein;
für die 5. Auflage Jasmin Wolf
Umschlagfoto: Die Türme der Frauenkirche
Foto Seite 1: Blick auf die Mariensäule und das Alte Rathaus

Originalausgabe
1. Auflage November 1982
5., aktualisierte und überarbeitete Auflage Oktober 1991
Deutscher Taschenbuch Verlag GmbH & Co. KG, München

Umschlaggestaltung: Celestino Piatti / Klaus Bäulke
Umschlagfoto: Schapowalow/Mader
Karten: Kartographie Huber, München
Produktion: Verlagsbüro Walter Lachenmann, Schaftlach
Gesamtherstellung: Manz AG, Dillingen
Printed in Germany · ISBN 3-423-03708-3

Inhalt

Karten und Pläne

An unsere Leserinnen und Leser:
Bitte schreiben Sie uns, welche Berichtigungs- und Ergänzungsvorschläge Sie haben und was Ihnen am vorliegenden Band besonders gefällt.
Für Ihre Stellungnahme dankt Ihnen:

Redaktion MERIAN
Lektorat dtv MERIAN reiseführer
Postfach 132092
2000 Hamburg 13

Liegt Ihnen auch die neueste Auflage dieses Reiseführers vor?

KREPPE
1

Hinweise zur Benutzung

Was Sie erwartet:

Erste Begegnung mit München Das bedeutet Einstimmung auf die Reise und erste Fühlungnahme mit einer Stadt, die es über die Klischees hinaus zu entdecken gilt.

Geschichte und Gegenwart Hier werden Zusammenhänge zwischen gestern und heute aufgezeigt, die zum Verständnis der aktuellen Situation dieser Stadt beitragen sollen.

Der gute Tip von MERIAN Empfehlungen, wie es sie in dieser Form bisher in keinem Reiseführer gab: MERIAN stellt hier seine Dreisterne-Objekte vor: ausgewählte Hotels und Restaurants, interessante Museen, Straßen und Treffpunkte.

München von A bis Z Eine Fülle von Informationen, alphabetisch geordnet und gewichtet, bringt das vierte Kapitel des Reiseführers. Unter dem Stichwort »Auskunft« finden Sie beispielsweise die wichtigsten Informationsadressen, die ein München-Reisender rasch zur Hand haben muß: Fremdenverkehrsbüros, Fahrplanauskünfte, Botschaften oder Fluggesellschaften. Das Stichwort »Essen und Trinken« informiert über bayerische Küche und Eßgewohnheiten, bietet ein Getränke- und Speisenlexikon und stellt zahlreiche Restaurants in allen Preislagen vor. Damit Sie alles Wissenswerte zum Thema Essen und Trinken schnell finden, wurden die entsprechenden Seiten mit einem roten Rand versehen.

Wie ausgewählt wurde:
Wir haben in diesem Führer nur solche Geschäfte, Hotels und Restaurants aufgeführt, die vor dem kritischen Auge und Gaumen des Autors bestehen konnten. Natürlich ist eine solche Auswahl immer subjektiv, aber wenn das Preis-Leistungs-Verhältnis stimmt, kann man mit Sicherheit von einer angemessenen Empfehlung sprechen.

Heute schick: Haidhausen

Erholungsgebiet in der Stadt: Hirschgarten

Warum Preise angegeben wurden:
Wir nennen in diesem Reiseführer nicht nur Öffnungszeiten, sondern auch Preise. Zugegeben: Preise verändern sich, und zwar meist schneller, als uns lieb ist. Trotzdem können sie Ihnen als erste Kalkulationsgrundlage dienen, denn ein einfaches Lokal wird nicht von heute auf morgen ein Luxusrestaurant. Und wer weiß denn beispielsweise auf Anhieb, wieviel ein Flug von Hamburg nach München (und zurück) kostet? 500 DM? 1000 DM? Er kostet exakt 774 DM, und mit dem flieg & spar-Tarif kostet er 491 DM nach dem Stand vom Frühjahr 1991. Alle anderen Preise stammen vom Frühjahr 1991.

Abkürzungen

Aug.	August
Dez.	Dezember
Di	Dienstag
DM	Deutsche Mark
Do	Donnerstag
DZ	Doppelzimmer
EZ	Einzelzimmer
Feb.	Februar
Fei	Feiertage
Fr	Freitag
geschl.	geschlossen
Jan.	Januar
Mi	Mittwoch
Min.	Minuten
Mo	Montag
Nov.	November
öS	Österreichische Schillinge
Okt.	Oktober
Pl.	Platz
Sa	Samstag
Sept.	September
sfr	Schweizer Franken
So	Sonntag
tgl.	täglich

Erste Begegnung mit München

Von Carl Amery

In den frühen Nachkriegsjahren, als die Flitterwochen zwischen München und der amerikanischen Besatzungsmacht noch in vollem Gange waren, stand in einer Armeezeitung Gruselvolles über das Glockenspiel im Rathausturm zu lesen. Der mittelalterliche Meister, der das Werk gefertigt habe, so hieß es da, sei von einem fürstlichen Wüterich des Augenlichts beraubt worden, damit er nie mehr ein solches Prachtwerk zu schaffen imstande sei. Natürlich kann das Glockenspiel keine Woche älter sein als der Rathausturm selber und stammt demnach aus dem frühen 20. Jahrhundert wie dieser ganze flandrisch-gotische Bau, der eigentlich auf einem biederen bayerischen Schrannenplatz nichts zu suchen hat. Die Pointe der Geschichte ist eine andere, nämlich die Pointe des vermutlichen Gewährsmannes für diese Schauerlegende. Der Witzbold, der sich da an überseeischer Begeisterung verging, war garantiert ein gebürtiger Münchner oder jedenfalls Altbayer, der sich dem bewährten Reiz des »Fremdentratzens« hingab. Da der Verfasser selbst gebürtiger Münchner ist, kann er die Gefühle dieses Menschen ziemlich genau rekonstruieren.
Neben dem Hang zum Bauerntheater spielt da eine gewisse Angst eine Rolle: die Angst vor dem ständigen Zuhandensein der Vaterstadt als Schau- und Konsumobjekt, dem wir schon so viele Mißverständnisse und auch Verschandelungen verdanken. Wenn also ein gebürtiger Münchner aufgefordert wird, Fremden seine Stadt zu preisen, wird er nie ohne ein Minimum an Kratzbürstigkeit vorgehen können. Der werte Leser wird um Verständnis gebeten.
München war ja, seiner ganzen Anlage nach, nicht oder jedenfalls lange nicht als glitzerndes Schauobjekt geplant. Eine verhältnismäßig junge Gründung, war es zunächst jahrhundertelang nicht einmal der Vorort von ganz Altbayern; das reiche Landshut, das deftige Straubing, das wehrhafte Ingolstadt standen in Konkurrenz um den Rang der Herzogstadt. Bürgertum, von den Einkünften der Salzbrücke profitierend und nie den Kontakt zum bäuerlichen Umland verlierend, siedelte in selbstbewußter Beschränkung in einem knappen Mauerring. Das änderte sich eigentlich erst vom 16. Jahrhundert an: da trat zur massigen backsteingotischen Frauenkirche (die kein Bischofsmün-

Blick auf Leopoldstraße und Siegestor

ster, sondern eine bürgerliche Hallenkirche ist) gegenreformatorische Renaissance. Um die gleiche Zeit, also im 16. Jahrhundert, waren Augsburg und Nürnberg – um nur zwei Namen zu nennen – noch ungleich prächtiger, trotz der Residenz, die sich nun bereits mauersprengend nach Norden und Osten zu weiten begann.

Aber genug von der Geschichte, jedenfalls von der üblichen Kultur- und Kunstgeschichte: sie ist es gar nicht, die den Geist der Stadt bestimmt. München ist eine Collage aus historischen Schnipseln und Volksleben, aus königlichen Legenden verschiedenster Qualität und aus gesellschaftlichen Schattenspielen, die einen schwachsinnigen und dadurch wieder erheiternden Snobismus ermöglichen. Da sieht wohl jeder München-Interpret einen anderen gemeinsamen Nenner, und an jedem ist wohl etwas Richtiges. Der »New Statesman« bezeichnete einmal München als die »einzige wahrhaft hedonistische Stadt Deutschlands«; Horst Krüger, der bedeutende Reiseschriftsteller, sah und sieht noch heute jeden Münchner als einen Rollenträger im ständigen Drama, der ständigen Selbstdarstellung dieser Stadt. Man muß das aber wohl zusammenhalten mit der keineswegs heiteren Luft der Stammtische, mit den Ressentiments der gefährdeten Vorstädte, der fröhlich-brutalen Verkehrserschließung, um ein wirklich gerechtes Bild zu gewinnen. Die Kontraste sind ja in der Tat beträchtlich: die niedrigste Geburtenziffer der Welt neben der glitzernden Jugend von Schwabing und den neuerdings fashionablen alten Ost-Vorstädten; der riesige grüne Park, der vom Norden her, vom vielbesuchten Aumeister-Biergarten, bis ins Zentrum zum kurfürstlichen Hofgarten vorstößt; die akute Wohnungsnot, die nicht zuletzt der Auspowerung des innerstädtischen Bestandes durch kommerzielle Haifische zu verdanken ist, neben dem Wiederaufstieg des wilhelminischen (in München muß man wohl sagen des luitpoldianischen) Häuserbestandes. Wie da einführen? Was hervorheben, das nicht Klischee ist, aber Typik vermittelt? Der gebürtige Münchner tut sich vielleicht schwerer als der Auswärtige – und nicht nur wegen der oben erwähnten Angst.

Versuchen wir es dennoch: Die üblichen Reiseführersterne sind ja im allgemeinen so schlecht nicht, wie man sie oft macht, fingern wir behutsam, aber mit Absicht ein wenig an ihnen herum. So kann etwa jeder erste Blick den Vorrang der Alten Pinakothek, der großen Sammlungen vor allem spätmittelalterlicher und barocker Kunst, vor der Neuen Pinakothek, dieser merkwürdigen Ziehmutter des Münchner 19. Jahrhunderts, feststellen. Doch sei eben deshalb der Besuch der Neuen Pinakothek ausdrücklich empfohlen. Gerade die Schwäche bayerischen Mäzenatentums, diese kaum ausdrücklich definierbare

Neigung zum Verbindlichen, zum Konventionellen am Rande der Avantgarde, ist ja das eigentliche Signum der Kunststadt München überhaupt – und damit, so paradox das klingt, die Voraussetzung ihres Ruhms. Biedermeierische Landschaftsmaler, Talente wie Böcklin, Lenbach, Kaulbach, Stuck: von denen ragt keines in den einsamen Olymp empor, aber zusammen ergibt das ein Profil, und dieses Profil heißt zu Recht Münchner Kunst. Das wiederholt sich in der Stuck-Villa auf dem Hochufer der Isar, das atmet aus den Resten der Künstlervillenviertel in Bogenhausen, in Solln und im Herzogpark. Das regt sich heute noch, wenn auch auf poppige Weise, in den paar Schwabinger Cafés vor allem um die Münchener Freiheit herum, in denen flotte Sonnenbrillenträger, mürrische Anwärter auf irgendeine Nische im Medienbetrieb, die Girls und Knaben aus dem Kometenschweif des PR-Wesens, oder auch einfach Nichtstuer ihrem harten Tagewerk nachgehen. Der Nepp mag, wie überall, das Charakteristische entstellen: Noch funktioniert der Geist der Stadt als Humus wenigstens für einige randständige und selten werdende Arten der menschlichen Biologie.

In diesem Zusammenhang ein Hinweis für diejenigen, die sich schon länger nicht mit München befaßt haben: Die Gewichte innerhalb des kulturellen Haushalts der Stadt liegen keineswegs ruhig, sondern sind in Verschiebungen begriffen. Schon vor rund 20 Jahren setzten Kühne auf eine Entfaltung der alten Ost-Vorstädte Giesing, Au und Haidhausen, die bis dahin generationenlang eher als Rückhalt der spezifisch münchnerischen Mischung von Kleinbürgertum und leichtverwegenem Proletariat gegolten hatten. Diese Entfaltung fiel zusammen mit der Aufwertung der schon erwähnten alten Zinskästen aus der Zeit vor dem Ersten Weltkrieg, die ja jetzt überall wieder in mehrfarbigem Fassadenschmuck erstrahlen. In dieser Banlieue, deren Kernstück das »Franzosenviertel« von Haidhausen ist (die Straßen tragen Namen der Siege von 1870/71, die gerade für die Ureinwohner unaussprechlich sind), hausten zunächst Wohngemeinschaften und Teeläden der Alternative, siedelten sich hoffnungsvolle Maler in kleinen Wirtschaften an, setzten informelle Ausstellungen durch – kurz, es ereignete sich etwa das, was zwei bis drei Generationen vorher in Schwabing stattgefunden hatte. Heute ist die Transformation auf ihrem Höhepunkt angelangt; am Rosenheimer Berg, dort, wo bis vor wenigen Jahren der Schwanenwirt jedem Sträfling aus Stadelheim eine kostenlose Suppe auf den Entlassungsschein spendierte, erhebt sich nun ein massives städtisches Kultur-, Bildungs- und Tagungszentrum mit Bibliothek, Volkshochschule, Konservatorium und Philharmonie. Über den Läden an den Vorstadtstraßen wölben sich die schwarzlackierten, goldgespritzten oder kupfernen Markisen des »Gasteig«, der seinen seltsamen Namen von der Straße herleitet, an der er liegt: »Am Gasteig«, eigentlich »Gacher Steig«, was auf gut bayrisch soviel heißt wie der steile Weg. Im »Preysingkeller« ißt man gut und teuer vor oder nach den Veranstaltungen Bouillabaisse mit Knoblauchbrot. Und in der »Künstlerwerkstatt Lothringer Straße 13« kann man Ausstellungen zeitgenössischer Künstler besuchen.

Es ist natürlich abzusehen, wann dies alles den Weg Schwabings gehen wird – Neuhausen um den Rotkreuzplatz herum liegt auch im Rennen, und die Stafette des Charakteristischen wird ja heute rasch weitergegeben – in München, der deutschen Hochburg des PR-Unwesens, wohl rascher als anderswo.

Ein Vorteil ist, so meine ich, München geblieben: Für jeden einzelnen in jeder Großstadt der Welt entsteht so etwas wie eine Privatstadt, ein Dorf von kaum mehr als 150 Leuten, mit denen man wirklich umgeht. München dürfte wohl noch immer die eine deutsche Großstadt sein, wo man die Privatstadt am liberalsten und am interessantesten zusammensetzen kann. Gewiß, verschwunden ist die einmalige Vorkriegsmischung von Wohnstätten verschiedenster Klassenzugehörigkeit, mit dem Kleinbürgertum als solidem Rückgrat. Verschwunden oder doch stark reduziert ist die Art Umgang, die man früher in München als »leger« bezeichnet hat – mit der charakteristischen Anrede »Herr Nachbar«. Stark verkümmert ist auch der Witz der Eingeborenen, der sich einer besonderen Mischung von Linksdenkerei, Ironie und Gemächlichkeit rühmen konnte – er wird zusehends verdrängt von der oberflächlichen Härte, zu der gerade der Oberbayer fähig ist. Aber noch immer ist die Anknüpfung einer farbigen Gesprächssituation möglich; ist die Aussicht, daraus menschlichen Umgang zu entwickeln, verhältnismäßig hoch, und alte Treffpunkte, auch die vielgerühmten Biergärten, dienen dieser Funktion – mag auch die Selbstbedienung teilweise üblich geworden sein. Viel Geld braucht man dabei nicht auszugeben, und bei schönem Wetter stehen nach wie vor die grünen Inseln um die Brunnen und der Englische Garten offen. Dazu kommt die erste große Fußgängerzone Deutschlands vom Karlsplatz bis zum Marienplatz und dann im Winkel nordwärts bis zum Odeonsplatz: Konvivialität kommt oft auch dort zustande, wo sie von oben geplant war.

Überhaupt läßt sich sagen, daß die Stadt mit ihren Planungen Glück hatte, auch dort, wo das keineswegs zu erwarten war. Das moderne

Typische Altmünchner Häuser am Sebastiansplatz

ÖBEL RUHLAND
Trödel-Treff
Antiquitäten

Das neue Münchner Kulturzentrum, der »Gasteig«

öffentliche Verkehrssystem ist gerade noch rechtzeitig entstanden, um den schlimmsten Folgen der Anonymität zu entrinnen, und die Einübung in seine Tarifgeheimnisse stellt immerhin einen guten Denksport für Rätselfreunde dar. Das Olympiagelände ist, ob mit, ob ohne Fernsehturm, tatsächlich einen Besuch wert, und die Gettoisierung der vielen Ausländer ist relativ wenig fortgeschritten. Ja, der Auswärtige, der etwa vor einem Besuch in Harlem oder Kreuzberg noch zurückschrecken würde, kann sich ohne exzessives Gruseln ruhig einmal im alten Westend umsehen und davon ausgehen, daß er höchstens eine zeitgemäße Fortsetzung der alten Münchner Vorstadt-Verwegenheit zu Gesicht bekommt.
Verbleibt die letzte und schwerste Frage: Wo hört München eigentlich auf? Die Frage ist strikt geographisch gemeint – nach dem Verschlingen des Oberlandes über die großen Seen bis nach Garmisch-Partenkirchen, nach der Entdeckung des Ostens (Ebersberg und benachbarte Landkreise) durch das Zweitwohnungs-Heer ist nun schon Niederbayern dran, wo exotische Musikgruppen mit Namen wie »Amon Düül« damit anfingen, und zwar schon vor fünfzehn Jahren, die quadratmeterreichen Möglichkeiten alter Viereckhöfe mit ihren gewölbten Roßställen auszunützen. (Ausdrücklich gedacht soll auch der Pendler werden, die heute schon aus Entfernungen anreisen, die man noch 1960 als mittelwestlich empfunden hätte.) Die Frage lautet

Münchner Grün: Isaranlagen

systematisch so: Wird hier zentralisiert oder dezentralisiert? Wird Münchens Soziologie von der Provinz verschlungen, oder wird das Signalsystem der Großstadt auf das gesamte Umland ausgedehnt? Ich glaube, die Frage ist nur mit »Sowohl als auch« zu beantworten. München war, das soll man nicht vergessen, trotz der starken Ländlichkeit immer eine höchst zentralistische Hauptstadt, war der Kopf eines napoleonischen Königreichs, das genauso drauflos zentralisierte, wie etwa Frankreich und England dies mit ihren respektiven Hauptstädten taten. (Am Straßennetz Bayerns und natürlich an seiner Bürokratie ist das noch heute deutlich abzulesen.) Wenn auch der Rummel mit »Deutschlands heimlicher Hauptstadt« glücklicherweise ausgestanden ist und die Ansprüche etwa von Frankfurt und Hamburg mindestens genauso ernst genommen werden dürfen: Die alten Strukturen sind immer noch mächtig am Werk. Andererseits aber ist nicht zu leugnen, daß von den neubesetzten Dörfern her, von den sich bildenden gesellschaftlichen Subzentren um die behäbigen Marktplätze alter Kleinstädte herum, ein wenn auch schwacher, so doch sich verstärkender Wille zur Dezentralisierung ausgeht. Die neue Bürgerrechtsbewegung trug und trägt dazu viel und meines Erachtens Erfreuliches bei. Sie fängt an, etwa an Streitpunkten wie dem Ausbau von Autobahnringen und der inzwischen abgeschlossenen Diskussion über das Großflughafenprojekt, die großstädtische

Gleichgültigkeit der Münchner nicht nur an die Attraktivität von Aussichtspunkten, sondern an die zukunftsbezogene Verantwortung einer Metropole, das heißt einer »Mutterstadt«, zu erinnern. Für den Auswärtigen: Alte Zentren dieser Art liegen oft an den Endstationen des neuen S-Bahn-Systems. Wer das Bedürfnis hat, seinem großstädtischen Reiseplan eine solche altbayerische Spezialität hinzuzufügen, sei hiermit ausdrücklich auf diese Möglichkeit hingewiesen.

Wo hört München auf: Isarauen

Geschichte und Gegenwart

Von Marina Bohlmann-Modersohn

HOTEL
am
MARKT
Naturstüberl
Kräuter u. Gesundheits-
Artikel
HACKER-PSCHORR BRÄU
MÜNCHEN
Bratwurst-
Herzl
Heiliggeiststr.

Münchens Mitte ist der Marienplatz mit dem Alten Peter, der ältesten Pfarrkirche der Stadt, und dem Rathaus mit dem berühmten Elf-Uhr-Glockenspiel. Unter dem Marienplatz kreuzen sich die beiden wichtigen Verkehrslinien der Landeshauptstadt, die S-Bahn (Ost-West-Achse) und die U-Bahn. Der Marienplatz ist Ausgangspunkt für Bummel, Besichtigung, Einkauf, Konzert und Theater.

Südlich des Marienplatzes liegt Münchens »grünes Herz«, der Viktualienmarkt, auf dem nicht nur Obst und Gemüse, Fisch und Fleisch verkauft, sondern auch eifrig über Politik und Weltgeschehen »gegrantelt« wird. In Richtung Stachus und Hauptbahnhof im Westen der Stadt führen die Kaufinger- und die Neuhauser Straße mit Kaufhäusern, Boutiquen, Wirtshäusern und Schnellimbissen (Fußgängerzone). Die ebenfalls zur Fußgängerzone erklärte Theatinerstraße mit Theatiner-Passage und Theatiner-Hof ist Münchens eleganter Bummelboulevard mit Geschäften für Mode, Schmuck und Delikatessen. An der vornehmen Residenzstraße liegt, nördlich des Marienplatzes, die Residenz mit dem Nationaltheater. In der nach Osten führenden Maximilianstraße mit dem Maximilianeum, dem Bayerischen Landtag, siedeln Theater, Galerien und die Luxusläden der französischen Haute Couture.

Der königlichen Prachtavenue Ludwigstraße im Norden schließt sich der »Boulevard Leopold« an, die Schwabinger Flanierallee mit Diskotheken, Boutiquen, Pizzerien und Straßencafés.

Die Geschichte Münchens begann mit einem fürstlichen Gewaltakt: 1158 zerstörte Heinrich der Löwe (1156–1180), Gründer von Braunschweig und seit 1156 Herzog von Bayern, die dem Bischof von Freising gehörende Isarbrücke bei Oberföhring. Hauptgrund dieser Brückenzerstörung war ein wirtschaftlicher: Die von Reichenhall und Hallein (hal = altes Wort für Salz) über die Oberföhringer Brücke nach Augsburg und Schwaben führende Salzstraße brachte dem Bischof beträchtliche Zolleinnahmen, was dem Landesfürsten natürlich ein Dorn im Auge war. So verlegte er die wichtige Brücke etwa zwei Kilometer flußaufwärts in die Nähe der klösterlichen Siedlung »ze den Munichen«, wo sich Tegernseer Mönche niedergelassen hatten, und

Älteste Hallenkirche der Stadt: Heiliggeist

leitete die Salzstraße über die neue Brücke. Der Welfenherzog errichtete hier eine Zollstätte und umgab die Siedlung mit Gräben, Wällen und vier Toren. Das Dorf wurde zum Markt und erhielt eine Münze. Den einstigen Mauerring kann man noch heute erkennen, wenn man den Verlauf der Straßen Rosental, Färbergraben, Augustinerstraße, Schäfflerstraße, Schrammerstraße, Hofgraben und Sparkassenstraße verfolgt.
Die gewaltsame Brückenverlegung Heinrichs des Löwen empfand der Bischof von Freising, ein Onkel Friedrich Barbarossas, als Landfriedensbruch und erhob Klage beim Kaiser. Dieser schlichtete den Streitfall auf einem Reichstag zu Augsburg und bestätigte in einer Urkunde vom 14. Juni 1158: Die neue Siedlung behält Brücke, Markt und Münze – doch ein Drittel aller Einkünfte muß an den Bischof abgetreten werden. In der neuen Marktsiedlung Munichen an den waldigen Ufern der Isar entwickelte sich schnell blühendes Leben. Neben dem Salzgeschäft gedieh der Handel mit südlichen Gewürzen, Wein, Getreide, Kupfer, Leder und Eisen. Das »Tal« wurde ein Herbergs- und Handelsmittelpunkt vor den Toren des Dorfes.
Nach dem Sturz Heinrichs des Löwen 1180 – der Kaiser hatte die Reichsacht über den Herzog verhängt, weil ihm dieser während der oberitalienischen Feldzüge die Gefolgschaft versagt hatte – ging das Herzogtum Bayern an den Pfalzgrafen Otto von Wittelsbach I. (1180–1183) über. Der Streit zwischen Bischof und Landesherr schwelte freilich weiter. Auf dem Regensburger Reichstag erklärte der Kaiser aufgrund des wiederholten bischöflichen Einspruchs die einstige Verlegung der Brücke nachträglich als Gewalttat und ordnete die Rückgabe von Markt und Brücke an den Freisinger Bischof an. Dem Wittelsbacher Otto I. blieb nichts anderes übrig, als die Herrschaft der Kirche über Munichen anzuerkennen. Erst im Jahre 1240 geht München als »civitas« in den Besitz der Wittelsbacher über, allerdings gegen eine jährliche Entschädigung, die den Bischöfen von Freising mehr als 600 Jahre lang gezahlt werden mußte.
Wappenfigur der Salzstadt wurde der Mönchskopf unter dem Stadttor, das sogenannte »Münchner Kindl«. Der darüberschwebende Adler wurde erst 1313 durch den Wittelsbacher Löwen ersetzt.
1255 machte Ludwig II. der Strenge (1253–1294) München zum Sitz der Wittelsbacher. Am nördlichen Rand der Stadt ließ er sich eine Burg bauen, die noch heute teilweise erhalten ist – den »Alten Hof«. Geistlicher Mittelpunkt der 17 Hektar großen urbanen Siedlung waren die Kirchen St. Peter, der älteste sakrale Bau Münchens überhaupt, und die Marienkirche, die 1271 zweite Pfarrkirche wurde und aus der in der Mitte des 15. Jahrhunderts die Frauenkirche hervorging.

Erste Stadtresidenz der Wittelsbacher: Alter Hof

Ludwig IV. der Bayer (1314–1347)

1314 erhielt Ludwig der Bayer die deutsche Königskrone, 1328 wurde ihm die Kaiserkrone verliehen. Unter seiner Herrschaft bekam München, die Hauptstadt des »Heiligen Römischen Reiches Deutscher Nation«, immer größere politische, wirtschaftliche und kulturelle Bedeutung. Ein neuer Mauerring mit vier Toren (Isar-, Sendlinger-, Karls- und Schwabinger Tor) wurde um die wachsende Salzstadt gezogen. Von großer städtebaulicher Bedeutung war die Order Ludwigs im Jahr 1315, daß der Marienplatz für alle Zeiten unbebaut bleiben solle, »damit der Markt desto lustsamer und desto schöner und desto gemachsamer sei Herren, Bürgern und Freunden«. Der Platz in der Stadtmitte, wo sich Krämer und Hausierer, Zecher und Gaukler ihr Stelldichein gaben, wo Siegesfeiern, Prunkfeste, Hochzeiten und Hinrichtungen stattfanden, wurde ein richtiger Markt mit allen Rechten. Noch heute ist der Marienplatz mit seinem bunten Treiben der »Nabel Bayerns« (→ Treffpunkte S. 240).
Im ständigen Streit mit dem Papst machte Ludwig der Bayer die aufblühende Handels- und Bürgerstadt München zum internationalen Mittelpunkt für Lehre und Forschung. In der Residenz im Alten Hof trafen sich die großen Geister jener Zeit (Marsiglio von Padua, Johannes von Jandun, Wilhelm von Occam), und im Franziskanerklo-

ster fanden jene Asyl, die auf der Flucht vor dem Avignoner Papst waren. Der Wittelsbacher Kaiser brachte die Reichskleinodien nach München, die in der Kapelle des Alten Hofes aufbewahrt wurden (1314–1350) und übergab 1328 den Franziskanern als kostbare Reliquie einen Oberarm des heiligen Antonius von Padua, den man heute in der Klosterkirche St. Anna im Lehel besichtigen kann. Aus dem Wappen des Kaisers, dem schwarzen Reichsadler in goldenem Feld, übernahm München die Stadtfarben Schwarz-Gelb, die es heute noch führt. Unter Ludwig dem Bayern wurde das bayerische Recht kodifiziert.
Soziale Unruhen, Revolutionen, Kriege, Armut, Zwietracht, Neid und Kämpfe der Dynastien, die zu diversen Landesteilungen führten, lasteten nach dem Tode des wittelsbachschen Kaisers schwer auf der bayerischen Bevölkerung. Im Jahre 1392 wurde Bayern in drei Herzogtümer geteilt und verlor damit seine Einheit: Es entstanden Niederbayern mit Landshut, Oberbayern mit München und Straubing und Bayern mit Ingolstadt. 1348 wird aus Passau das erste Auftreten der Pest gemeldet. Das Zeitalter der religiösen Spaltung und der Religionskriege in Europa kündigt sich an.
Als Folge der Bürgerrevolution von 1397, in der es zum Aufstand der Bürger und Handwerkerzünfte gegen die patrizischen Ratsgeschlechter gekommen war, verlegten die sich bedroht fühlenden Wittelsbacher ihren Sitz und bauten die »Neue Veste« 1384 an jener Stelle, wo heute der östliche Teil der Residenz steht.

Bürgerliche Hochblüte der Stadt im 15. Jahrhundert

Mit dem Bau der Frauenkirche oder »Dom zu Unserer Lieben Frau« 1468/88, die aus einer um 1230 errichteten romanischen Pfeilerbasilika hervorging, setzte sich die Bürgerschaft Münchens ein grandioses Denkmal. Diese spätgotische Kathedrale, an der die Bürger der Stadt unter Leitung des Architekten Jörg von Halsbach (gen. Ganghofer) zwanzig Jahre lang geplant und gearbeitet haben, ist das größte Bauwerk der freien Bürger. Der kraftvolle, schmucklose Backsteinbau mit den charakteristischen Renaissance-Kuppeln, den »welschen Hauben« (1525), gilt als Wahrzeichen der Stadt. Gemeinsam mit dem ebenfalls vom »Maurer Jörg« erbauten Alten Rathaus (1470/80), bildete die Frauenkirche die sakrale und politische Mitte der mittelalterlichen Stadt.
Zunehmend löst die Gotik (aufwärtsstrebende Bewegung der Linien, Spitzbögen, Arkaden) den romanischen Baustil ab. Stark ausgeprägt

Ursprüngliches Aussehen weitgehend erhalten: Isartor

zeigt sich die neue Architektur in den Gassen, Toren und Bürgerhäusern der Stadt. München hat zu jener Zeit rund 13 000 Einwohner. Künstler und Kunsthandwerker machten München zu ihrer Heimstatt. Bedeutendster Vertreter der spätgotischen Holzschnitzerei war Erasmus Grasser (1450–1518), der als Schmuck für den Tanzsaal des Alten Rathauses zehn Moriskentänzer und damit ein Zeugnis schönster Gotik schuf. Die Tanzfiguren sind im Münchner Stadtmuseum

aufbewahrt. Zwei sakrale Meisterwerke hat der Holzschnitzer Grasser mit dem thronenden Kirchenpatron St. Peter (heute in den spätbarocken Hochaltar des Alten Peter einbezogen) und dem Grabmal des Wittelsbachschen Kaisers Ludwig geschaffen (in der Frauenkirche zu sehen). Führender Künstler der spätgotischen Malerei Münchens war Jan Polack (um 1450–1519), der etwa die Flügelbilder des ehemaligen Hochaltars von St. Peter schuf, die heute im Bayerischen Nationalmuseum aufbewahrt sind. Nach dem Tode Polacks stand die Isarstadt lange im Schatten der großen Malzentren Nürnberg (Albrecht Dürer), Regensburg (Albrecht Altdorfer) und Augsburg (Hans Burgmeir). In der Poetenschule neben der Frauenkirche, der »poeterei«, dichtete Hans Sachs 1514 seinen ersten Meistergesang.
Im Landshuter Erbfolgekrieg von 1504/05 wurde ganz Altbayern wieder zusammengeschlossen, Herzog Albrecht IV. (1465–1508) machte München zum einzigen Regierungssitz der Wittelsbacher Fürsten und somit zur Landeshauptstadt. Fürstliche Repräsentanten begannen mit Ausbau und Ausschmückung der Residenzstadt – die bürgerliche Kultur wurde langsam zurückgedrängt. Das katholische München der Wittelsbacher entwickelte sich zum größten Bollwerk des alten Glaubens gegen die um sich greifende Reformation.
Trotz der unbeirrbaren Katholizität der Landesherren gewinnt der Protestantismus auch in München an Boden, die Anhängerschaft Martin Luthers nimmt beständig zu. Auf Kirchenplätzen und Straßen, in Wirtshäusern und Herbergen reißen die Reden und Diskussionen nicht ab. Diskutiert wird vor allem die »postille«, das lutherische Predigtbuch. 1524 ruft der franziskanische Minorit Hans Rott mit Flugblättern zum Kampf gegen die »heidnisch-weltliche Obrigkeit« auf und kommt dafür an den Galgen. 1527 werden mehrere Mitglieder der von Leonard Dorfbrunner gegründeten »Münchner Täufergemeinde« verbrannt, weil sie nicht vom »Unglauben« ablassen wollten. Hunderte von Menschen, die gar nicht »lutherisch« oder »evangelisch« waren, wurden hingerichtet. Viele Münchner verließen zu jener Zeit ihre Stadt.
Doch trotz der religiösen Spannungen, trotz des Bauernkrieges von 1525 und des bedrohlichen Vormarsches des Islam, trotz Pest und Hungersnot erlebte die fürstlich-katholische Haupt- und Residenzstadt eine kulturelle Blüte. Mit Beginn der Herrschaft Albrechts V. (1550–1579) zieht aus Italien die Renaissance als Ausdruck geistiger und kultureller Erneuerung in München ein. In der Architektur verdrängen römische Bögen und Pilaster die emporstrebende Form, die Linien werden vom Vertikalen ins Horizontale abgebogen. Einer der vollkommensten Renaissance-Räume entsteht mit dem Antiqua-

rium (1569/71), das den ersten Trakt der Residenz bildet. Baumeister ist der Schwabe Wilhelm Eckgl, der ebenfalls das Kunstkammergebäude, den heutigen Münzhof (1563/67), errichtet.
Mit seiner Sammlung antiker Skulpturen legt der engagierte Kunstfreund Albrecht V. den Grundstein zur heutigen Glyptothek. Seine Büchersammlung ist der größte Schatz der Bayerischen Staatsbibliothek. Der Regent holt den Musiker Orlando di Lasso an den Wittelsbacher Hof, veranstaltet die ersten Lustfahrten auf dem Starnberger See und erfüllt die Residenz mit Prunk, Pracht und Festen. Täglich werden fast 800 Personen durch die Hofküche gespeist. Ein einziges Essen besteht aus über 20 Gängen und dauert mindestens acht Stunden. An Prunk und Verschwendung kaum zu überbieten war wohl das größte und längste aller Feste – es dauerte 18 Tage –, das in der Landeshauptstadt je gefeiert wurde: die Vermählung von Albrechts Sohn, dem späteren Herzog Wilhelm V. mit Renate von Lothringen. An dieses großartige Renaissancefest wird auch heute noch täglich um 11 Uhr erinnert, wenn im Glockenspiel des Rathauses am Marienplatz das erlauchte Brautpaar einem Turnier zusieht.
Wilhelm V. (1579–1597), ein Zögling der Jesuiten, suchte die fürstliche

Schöner Platz für Sommerkonzerte: Brunnenhof der Residenz

Macht zu stärken und die festliche Repräsentation zu erhalten. Zudem wollte er das Ansehen des Katholizismus wiederherstellen. Mit dem Bau der tonnengewölbten Jesuitenkirche St. Michael setzte sich der Fürst ein Denkmal. Dieses sakrale Meisterwerk der Renaissance wird zum Symbol der Gegenreformation. In der Residenz ließ Wilhelm V. den Grottenhof mit dem Muschelbrunnen anlegen. Er erweiterte die Kunstsammlungen seines Vaters. Mit dem in Italien ausgebildeten Niederländer Hubert Gerhart holte der Herzog einen genialen Bronzebildner an den Hof, mit dem Brügger Peter Candid einen hervorragenden Maler. Hans Krumper aus dem bayerischen Weilheim errichtete den Chor der Peterskirche und 1616 die berühmte »Patrona Boiariae«, die Muttergottes-Statue in der prächtigen Westfassade der Residenz.
Maximilian I. (1594–1651), ein energischer Regent mit nüchternem Verstand, der das verschwenderische Leben am Hofe abschaffte, den Staatsapparat reorganisierte und die Finanzkrise zu überwinden versuchte, machte München erneut zum Bollwerk gegenreformatorischer Politik. 1609 gründete er die katholische Liga. Die Residenz ließ der Herrscher im Geist der Renaissance ausbauen: Kaiserhoftrakte, Kapellen- und Brunnenhof, Reiche Kapelle, Höfe, Arkaden und Loggien des fürstlichen Baus haben römische und florentinische Muster. Säle und Zimmerfluchten wurden mit Stuckdecken und getäfelten Wänden im Stil italienischer Stadtschlösser verziert. Mythologische Gestalten der Antike schmückten die Brunnen. Zwischen 1613 und 1617 wurde der Hofgarten im italienisch-niederländischen Stil angelegt. Für die Kunstgalerie seiner Residenz erwarb der fürstliche Mäzen Werke von Albrecht Dürer, darunter die »Lucretia« und mit sanfter Gewalt die berühmten »Vier Apostel« (Alte Pinakothek). Mit dem Kauf der »Löwenjagd« von Peter Paul Rubens begründete Maximilian I. die weltbekannte Münchner Rubens-Sammlung.
Der Dreißigjährige Krieg (1618–1648) und die Pest, die 1634 in München wütete und ein Drittel der 22 000 Menschen zählenden Stadt heimsuchte, hinterließen tiefe Spuren. In der »Schlacht am Weißen Berg« besiegte Maximilian I. gemeinsam mit General Tilly seinen protestantischen Vetter Friedrich, König von Böhmen: »Ich kam, sah, aber Gott hat gesiegt.« Als Dank verlieh der Habsburger Kaiser Ferdinand II. (1619–1637) den wittelsbachischen Herzögen von Bayern 1623 die Kurwürde. Maximilian I. wurde der erste Kurfürst von Bayern. Als im selben Jahr der Schwedenkönig Gustav Adolf vor den Toren Münchens stand, flüchteten Maximilian und sein Hof nach Salzburg. Schwedische Soldaten zogen in die bayerische Landes-

Schönster klassizistischer Platz: Wittelsbacherplatz mit Denkmal Maximilians I.

hauptstadt ein, verwüsteten die Residenz, raubten und mordeten in den Straßen der Stadt. Am 7. Juni 1632 verließ der siegreiche Gustav Adolf München, 42 Münchner Bürger mußten die Schweden für die noch ausstehenden 200 000 Taler Reparationen drei Jahre lang als Geiseln begleiten. Mit dem »Westfälischen Frieden« endete am 24. Oktober 1648 der Dreißigjährige Krieg, München war ausgeblutet und am Ende seiner Kräfte. Mit der Mariensäule (von Hubert Gerhart) auf dem Marienplatz ließ der strenggläubige Maximilian I. nach seiner Rückkehr aus Salzburg 1637 ein Symbol gegen Krieg, Pest, Hunger und Tod errichten. Zu dieser Zeit beginnt in Bayern der Marienkult. Bereits Ferdinand Maria, der Sohn Maximilians I., trägt neben seinem männlichen Vornamen den der Muttergottes.

Nach dem Tode Maximilians I. im Jahre 1651 trat Ferdinand Maria (1651–1679) die Regentschaft an. Dank seiner Gemahlin, Henriette Adelaide von Savoyen, zog ein neues Kunstideal in Bayern ein und löste Renaissance und Manierismus ab: der Barock als Ausdruck von Kraft, Pathos und Ekstase. Während Bürgertum und Handwerk sowohl politisch als auch wirtschaftlich immer mehr ins Abseits gedrängt wurden und im Schatten des Fürstenhofes ein graues Dasein fristeten, erfüllten grenzenlose Lebensfreude, ausschweifender Luxus, verschwenderische Feste, Ritterspiele, Opern und Gondelfahrten das höfische Barock-Leben in und um die Residenz. Im Mittelpunkt stand der Fürst als absoluter Herrscher und Halbgott. Zum Vorbild des Hofes wurde das Versailles Ludwigs XIV. mit seinen Sitten und seiner Mode. Künstler des italienischen Barock sollten München die Pracht italienischer Städte verleihen. Der bisher auf dem Lande ansässige Adel fühlte sich in die Nähe des Hofes gezogen und setzte sich mit Bauten wie dem Törring-Palais von Ignaz Anton Gunezrainer (1758) – dem heutigen Hauptpostamt – oder dem Preysing-Palais von Joseph Effner (1723/28) prachtvolle Denkmäler. Höhepunkt des höfischen Luxus war das goldene Prunkschiff »Bucentaur«, das sich Ferdinand Maria für seine Hoffeste und grotesken Treibjagden auf dem Starnberger See von dem Venezianer Santurini bauen ließ.

Das Meisterwerk bayerischer Barock-Architektur entstand mit dem monumentalen Bau der Theatinerkirche, die der Fürst und seine Gemahlin 1662 nach der Geburt des Kronprinzen Maximilian Emanuel zum Dank an den heiligen Kajetan errichten ließen: Der Italiener Agostino Barelli erbaute 1663/75 das Schiff, Enrico Zucalli schuf 1690 die Türme und die Kuppel, und der Wallone François Cuvilliés beendete 1768 die Fassade. Unter Leitung Barellis entstand ab 1664 der Mitteltrakt des Lustschlosses Nymphenburg. Der Hofbarock wurde in den Wallfahrts-, Kloster- und Dorfkirchen zum Volksbarock: »Der einfache Mann erfaßte den Glauben mit den Augen durch Architektur und Bildwerke, mit den Ohren in Predigt und Musik. So wurde das katholisch gebliebene Bayern zum Land des rauschenden Barock auch in den kleinsten Dorfkirchen« (Bosl).

1679 bestieg der Sohn Ferdinand Marias, Maximilian II. Emanuel (1679–1726), den Thron. Der Kurfürst war ein geborener Feldherr. Aus dem Verteidigungskampf Europas gegen die Türken ging er als »Türkenbefreier« hervor, und als er 1688 Belgrad eroberte, wurde der »blaue Kurfürst« zu einer gefeierten Persönlichkeit Europas. Allerdings war der Sieg mit schweren Opfern verbunden: 30 000 Bayern starben an der Front, das Land war finanziell nahezu ruiniert. Trotzdem übernahm Maximilian Emanuel im Auftrag König Karls II. von Spanien die Statthalterschaft in den spanischen Niederlanden. Während des Spanischen Erbfolgekrieges (1701–1714) wurde Österreich zum erbittertsten Feind der Wittelsbacher – Bayern ging ein militärisches Bündnis mit Frankreich ein. Zehn Jahre lang, von 1705 bis 1715, war München von österreichischen Truppen besetzt. Waren Bürgertum,

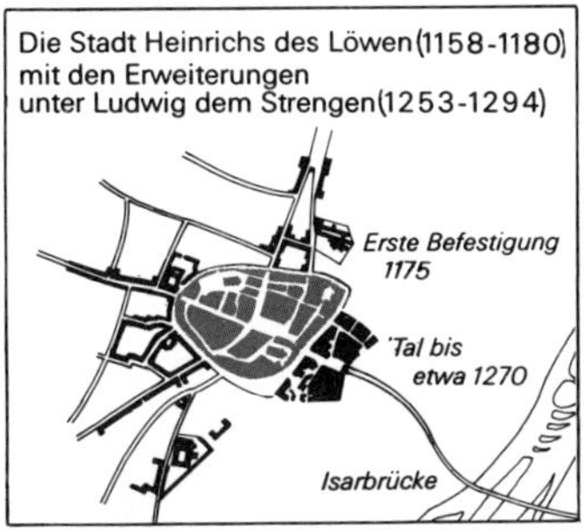

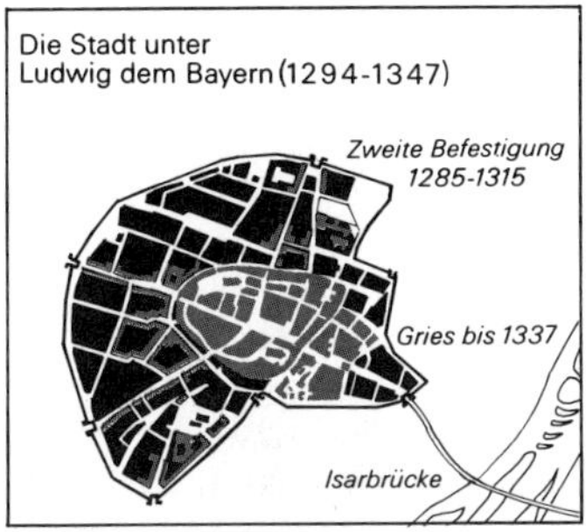

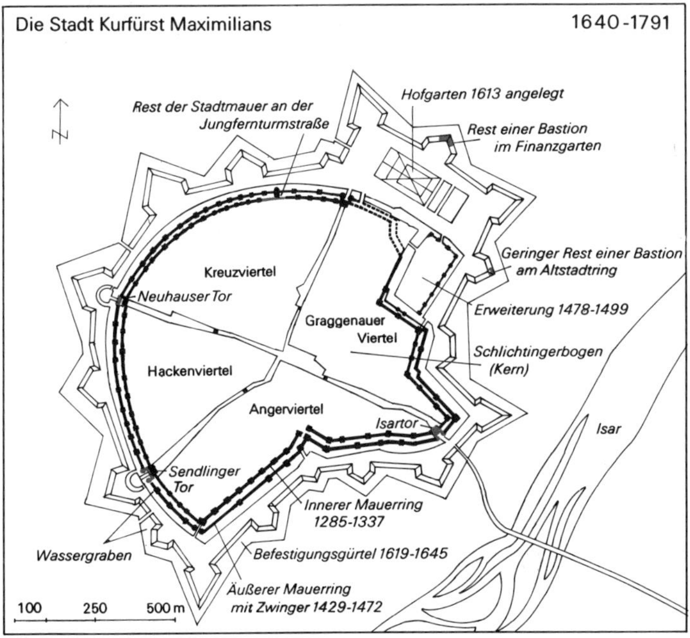

Wie München wuchs

Adel und Geistlichkeit eher österreichisch gesinnt, so empörten sich die Bauern gegen die Gewaltherrschaft der kaiserlichen Truppen. Haßerfüllt erscholl ihr Kampfruf von Berg und Tal: »Lieber bayerisch sterben als kaiserlich-österreichisch verderben.« In der sogenannten »Sendlinger Bauernschlacht« von 1705 griffen die Aufständischen zu

Hofgartenpavillon und Theatinerkirche

den Waffen – ihre Verschwörung wurde jedoch verraten. Auf dem Marienplatz machten die österreichischen Soldaten kurzen Prozeß mit den bayerischen Rebellen: Aufgespießt zeigte man sie der Menge und hängte ihre Köpfe mahnend ans Isartor. Am 29. April 1706 wurde über Maximilian II. die Reichsacht verhängt. Erst der Friede von Rastatt 1714 ermöglichte dem in Frankreich im Exil lebenden bayerischen Kurfürsten die Rückkehr nach München.

Sein Nachfolger, Karl Albrecht (1726–1745), hielt das diplomatische und militärische Bündnis mit Frankreich aufrecht. Grund zu neuen kriegerischen Auseinandersetzungen gaben die Bemühungen Bayerns um die Kaiserkrone, die noch einmal erreichbar schien: Am 12. Februar 1742 wurde Karl Albrecht als Karl VII. zum römischen Kaiser und deutschen König gekrönt. Der Wittelsbacher aber mußte dafür mit der Preisgabe seines Landes an die einrückenden österreichischen Truppen bezahlen: Er floh nach Frankfurt, und über München wehte bis 1744 wieder der österreichische Reichsadler.

Trotz Verschuldung, Krieg und Katastrophen hatten Maximilian Emanuel und sein Sohn, Karl Albrecht, die Entwicklung der Künste in der Residenzstadt weiter fördern können. Aus Frankreich zog das Rokoko in Bayern ein, der französische Einfluß auf die höfisch-aristokratische Kultur wurde zunehmend größer. In der Dekoration des Innenraums findet das Rokoko seine höchste Vollendung. Verschwenderisch vereinten sich Architektur, Malerei und Plastik zu überspru-

Höchste Vollendung im Rokoko: Schloß Nymphenburg

delnder Fülle, leichte, lustige und heitere Formen drückten Eleganz, Charme und Grazie des höfischen Lebensstils aus. Unter zwei genialen Baumeistern erreichte das Rokoko in München seine feinste architektonische Ausbildung: Der in Dachau geborene Gärtnerssohn Joseph Effner (1687–1754) erweiterte Schloß Nymphenburg und erbaute Schloß Schleißheim. Der in Paris ausgebildete Wallone François Cuvilliés (1695–1768) schuf mit der für die Kurfürstin Maria Amalia errichteten Amalienburg (1734/39), einem kleinen Jagdschlößchen im Nymphenburger Park, ein einzigartiges Beispiel bayerischer Rokoko-Architektur. Mit dem ebenfalls von Cuvilliés erbauten Residenz- oder Cuvilliés-Theater entsteht zwischen 1751 und 1753 eine großartige Rokokobühne, einem Festsaal gleich, in dem sich Fürst, Hofstaat und die vornehme Welt der Residenzstadt bewundern lassen können. Ein sakrales Meisterwerk jener Zeit ist die Johann-Nepomuk-Kirche der Gebrüder Asam, die eher einem festlichen Prunkraum als einer stillen Andachtsstätte gleicht. Neben der Elite internationaler Künstler (Enrico Zucalli, Antonio Viscardi), die sich am Hofe versammelt, nimmt die Zahl einheimischer Künstler immer mehr zu: Anton Gunezrainer, Johann Michael Fischer und Johann Baptist Zimmermann arbeiten in München.

Abseits vom höfischen Luxus lebte der Bürger ein bescheidenes Leben. Ein Hofball wurde mit nicht weniger als 600 Kammerherren, 100 Exzellenzen, über 100 geheimen und rund 1000 gewöhnlichen

Räten zelebriert, dem Volke aber schrieb das Fürstenhaus vor, daß zu einer Hochzeit nicht mehr als höchstens 24 Frauen geladen werden, Bürgersfrauen und ihre Töchter nicht mehr als für drei Mark Silber am ganzen Leib tragen und höchstens zehn Mann gemeinsam zu Bier oder Wein gehen durften. Die Schönheit der Münchner Frauen um diese Zeit rühmte 1697 ein französischer Baron, der in der Landeshauptstadt weilte: »Ich habe noch nirgends so viele schöne Weiber und Mädchen auf einem Haufen beisammen gefunden. In allen Volksschichten, von der höchsten bis zur niedrigsten, findet man solche vollendete Schönheiten. Sie haben zwar nicht die majestätischen Adlernasen wie zu Passau, aber ihre Physiognomien sind doch sehr interessant und haben mehr Abwechslung. Auf ihren Wangen blühen Lilien und Rosen – und in ihrem Charakter herrscht eine liebenswürdige Naivität.«

Letzter Herrscher der altbayerischen Linie der Wittelsbacher war Maximilian III. Joseph (1745–1777). Ihm ist die Einführung der allgemeinen Schulpflicht in Bayern zu verdanken (1771), die Gründung der Münchner Porzellanmanufaktur 1747, die 1761 nach Nymphenburg verlegt wurde, und die Gründung der Akademie der Wissenschaften 1759 nach dem Beispiel der Akademien in Paris und London. Um 1760 lagen 17 Klöster im Burgfrieden der Stadt, geistliche Gebäude und Areale bedeckten etwa ein Fünftel des Stadtgebietes. München hatte zu der Zeit 34 000 Einwohner.

Mit Kurfürst Karl Theodor von der Pfalz (1777–1799), der 1777 die Erbfolge antrat, und mit seinem 2000–3000 Personen zählenden Hofstaat in die bayerische Landeshauptstadt einzog, herrschte ein Regent, den die Bayern bis zu seinem Tode eigentlich abgelehnt haben – vor allem, weil er sich besonders gern mit »zugereisten« Pfälzern umgab und sein Erbe Bayern am liebsten gegen die Niederlande getauscht hätte: Kaiser Joseph II. von Österreich sollte ihm Belgien und Holland geben und dafür Bayern bekommen. Die Pläne dieses Gebietsaustausches jedoch scheiterten. Trotzdem nahm der Unmut der Bürger gegen den absolutistischen Kurfürsten zu. Steigende Schuldenlast, florierende Günstlingswirtschaft und eine rücksichtslos gehandhabte Zensur führten zu sozialen Spannungen.

In städtebaulicher Hinsicht hat sich der Fürst freilich um München verdient gemacht. Dank seiner Initiative wurde 1789/93 unter Leitung des Amerikaners Sir Benjamin Thompson (Graf von Rumford), der 1784 als Generalmajor an den bayerischen Hof gekommen war, und des Gartenarchitekten Friedrich Ludwig von Sckell der Englische Garten angelegt, die »Grüne Lunge« der Landeshauptstadt. Vor dem Neuhauser Tor entstand der Karlsplatz, nach dem Biergarten eines gewissen Eustachius, im Volksmund »Stachus«, genannt. Zwischen 1789 und 1806 wurden auf Anordnung des Kurfürsten die Stadtmauern abgetragen und erweitert. Karl Theodor öffnete die Tore des Hofgartens für das Volk und machte den Bürgern die fürstliche Bibliothek und die Bildersammlung zugänglich. Arbeitshäuser und Manufakturen entstanden unter seiner Herrschaft. Sogar eine Volksspeisung wurde eingeführt. Die vom Grafen Rumford zusammengestellte »Rumfordsuppe«, ein nahrhafter Eintopf, wurde gleichermaßen Arbeitern, Soldaten, Gefangenen und Bettlern verabreicht.

1799 starb Karl Theodor, ohne einen Erben zu hinterlassen. Bayern fiel an Maximilian IV. Joseph (1799–1825), einen Wittelsbacher der pfälzischen Linie, der die Regentschaft in einem Augenblick übernahm, da sich die Auswirkungen der Französischen Revolution auch in Oberbayern bemerkbar machten. Mit Kurfürst Max Joseph kam ein Minister nach München, dessen Politik die Grundlage für den modernen bayerischen Staat schuf: Maximilian Graf Montgelas. Er machte Bayern an der Seite Napoleons zum Mitglied des Rheinbundes, was eine im Frieden gewonnene Vergrößerung Bayerns durch schwäbische und fränkische Gebiete und somit eine Sprengung der altbayerischen Grenzen zur Folge hatte. Auch in Bayern fand – nachdem 1773 der Jesuitenorden bereits aufgehoben worden war – eine Säkularisation statt. Kirchen und Klöster gingen in Staatsbesitz über, ein Schritt, der nicht zuletzt auch mit großen kulturellen Verlusten verbunden war. Am 24. Oktober 1805 zog Napoleon als Verbündeter Bayerns in München ein, am 1. Januar 1806 proklamierte der französische Kaiser das »Königreich Bayern«. Kurfürst Maximilian IV. Joseph aus der Wittelsbacher-Linie Pfalz-Zweibrücken wurde als Maximilian I. Joseph bayerischer König.

Königliche Haupt- und Residenzstadt

Mit Beginn des 19. Jahrhunderts brach für das Königreich Bayern und seine (zwar durch eine höfische Residenzkultur stark geprägte, ansonsten jedoch noch ausgesprochen ländliche) Hauptstadt eine wahrhaft königliche – wenn auch nicht immer ruhige – Ära an. Nachdem Bayern auf der französischen Seite gegen Preußen, Österreich und Rußland gekämpft und beim Untergang der »Großen Armee« Napoleons in Rußland 30 000 Soldaten verloren hatte, ging es 1813 zu den Gegnern des französischen Kaisers über. 1815 wurde es in den Deutschen Bund aufgenommen. 1817 wurde der Initiator der bayerischen Verfassung, der scharf zentralistisch ausgerichtete Graf

Montgelas, gestürzt, nachdem es zwischen ihm und dem Kronprinzen Ludwig zu harten Auseinandersetzungen gekommen war. Am 26. Mai 1818 erhielt Bayern schließlich eine konstitutionelle Verfassung mit zwei Kammern (Reichsräte und Abgeordnete).

Das bisher rein katholische München, das nun auch Sitz des Erzbistums von München und Freising war, öffnete sich – gegen den Willen der altbayerischen Bevölkerung – norddeutschen und protestantischen Gelehrten. Zwischen 1827 und 1833 wurde in der Landeshauptstadt mit der Matthäuskirche die erste protestantische Kirche gebaut. Nach dem Vorbild des Pariser Odeon errichtete Karl von Fischer (1782–1820) zwischen 1812 und 1818 das Hoftheater, die heutige Oper.

Ein freudiges und unvergeßliches Ereignis für die Münchner Bevölkerung war die Hochzeit des Kronprinzen Ludwig mit der Prinzessin Therese von Sachsen-Hildburghausen am 12. Oktober 1810, die auf einer Wiese südwestlich der Stadt mit Pferderennen und Bierausschank gefeiert wurde. Das Volksfest gefiel den Bürgern so gut, daß sie es, verbunden mit einer Landwirtschaftsausstellung, nun jedes Jahr feiern wollten. Der Festplatz heißt seit jenem Tage »Theresienwiese« oder kurz: die »Wies'n«. Das weltberühmte »Oktoberfest« ist für die Bayern das Fest aller Feste.

Am 13. Oktober 1825 starb der erste bayerische König, und sein Sohn bestieg als Ludwig I. (1825–1848) den Thron. Empfand noch um 1830 ein durchreisender Chronist München als eine »ziemlich ärmlich aussehende Stadt . . . Recht wenig Imponierendes als das furchtbare Pflaster und den ungeheuren Kot . . .«, so entwickelte sich die Landeshauptstadt unter der Regentschaft des kunstliebenden Monarchen Ludwig I. zu einem europäischen Zentrum von Architektur, Kunst, Wissenschaft und höherer Bildung, zu einem Brennpunkt geistiger Kommunikation im deutschen Süden. 1826 hatte Ludwig die Universität von Landshut nach München verlegt. Dichter fanden in dem Souverän, der selbst Verse schrieb, einen großzügigen Mäzen, und den romantisch gesinnten Malern wie Moritz von Schwind, Carl von Piloty, Julius Schnorr von Carolsfeld, Carl Spitzweg, Carl Rottmann und vielen anderen war der königliche Kunstförderer eng verbunden. Mit geradezu genialischem Instinkt für die architektonischen Entwicklungsmöglichkeiten der Residenzstadt legte der bayerische Souverän den Grund zur heutigen Größe der Isar-Metropole.

Schon als Kronprinz war der kunstinteressierte Ludwig dem Klassi-

Schöpfer des neuen München: Ludwig I. auf dem Odeonsplatz

LUDWIG I
KOENIG
VON BAYERN

zismus verfallen, und seine Begeisterung für die Antike ist auf die vielen Reisen zurückzuführen, die er nach Italien machte. Auf Sizilien lernte Ludwig die Kunst der Griechen und Byzantiner, der Normannen und Staufer kennen. München sollte, so wußte der Wittelsbacher schon in jungen Jahren, ein deutsches Florenz werden, eine griechische Tempelstadt, und Hellas war das Vorbild: »Es gibt nur eine Kunst, die hellenische.« Mit der marmornen Glyptothek (1816–1830), einem würdevollen Tempel antiker Skulpturen, baute der königliche Architekt Leo von Klenze den ersten modernen Museumsbau Deutschlands. In der Alten Pinakothek (1826–1836) fand eine der großen Gemäldesammlungen Europas ihren festen Platz. Ludwig I. war der Erbauer des Königs- und Odeonsplatzes, unter seiner Regentschaft erhielt eine der bedeutenden Renaissance-Residenzen ihr endgültiges Gesicht. Gemeinsam mit seinen Baumeistern Leo von Klenze und Friedrich von Gärtner, dem Bildhauer Ludwig Schwanthaler und dem Maler Peter Cornelius gestaltete der Monarch die »Maxvorstadt«, den bereits von seinem Vater begonnenen Ausbau der Stadt zwischen München und Schwabing mit der geradlinig von der Residenz nach Norden führenden Prachtavenue Ludwigstraße. Ihren triumphalen Abschluß im Norden findet die Avenue im Siegestor (1843–1850), im Süden schließt die Feldherrnhalle (1841–1844) die königliche Straße ab. Ihren stark klassizistischen Charakter erhält die Ludwigstraße durch Bauten wie die Staatsbibliothek (1832–1843), die Universität (1835–1841) und die Ludwigskirche (1829–1844).

Seit der Thronbesteigung Ludwigs I. hatte sich in der bayerischen Politik ein Wechsel von einem progressiven zu einem eher konservativen Kurs vollzogen. Anläßlich der Juli-Revolution, die in der bayerischen Presse ein euphorisches Echo fand, erklärte der mißtrauische König: »Sollte eine Kopie der französischen Kammerereignisse versucht werden, so wird man seinen Mann an mir finden. Das lasse sich jeder gesagt sein. Mein Thron steht nicht auf Barrikaden, nicht auf dem Volkssouveränitätsprinzip, sondern auf dem monarchistischen.« In der Innenpolitik beanspruchte Ludwig I. als König von »Gottes Gnaden« das alleinige Entscheidungsrecht, und trotz der ständig stärker werdenden Forderungen der Bürger nach mehr Unabhängigkeit und trotz der Bewegung des Vormärz, die schließlich in der Revolution von 1848 gipfelte, setzte der bayerische Absolutist seine reaktionäre Politik fort. Verschärft wurde die Unruhe im Lande durch das Auftreten der spanischen Tänzerin Lola Montez, die der 60jährige Ludwig leidenschaftlich liebte. Das Volk forderte die Vertreibung der Lola, die sich nicht nur in Ludwigs Politik gemischt, sondern auch von ihm verlangt hatte, sie zur »Gräfin Landsfeld« zu erheben. Dem Druck seiner Untertanen weichend entfernte der Monarch seine Geliebte schließlich aus München. Als die Nachricht vom Sturz der Juli-Monarchie in die bayerische Hauptstadt gedrungen war, sammelten sich die Bürger mit Schwertern, Säbeln und Flinten bewaffnet in den Straßen Münchens und sangen die Marseillaise: König Ludwig I. proklamierte die Einführung der März-Forderungen (Pressefreiheit, neue Wahlordnung) und dankte am 20. März 1848 zugunsten seines Sohnes Maximilian ab.

Maximilian II. (1848–1864) war ein Freund und Förderer von Wissenschaft und Dichtung. Der Philosoph Friedrich von Schelling und der Historiker Leopold von Ranke waren seine engsten Berater. Um den Dichter Paul Heyse bildete sich ein großer Kreis berühmter Poeten. Ein städtebauliches Meisterstück ist die Maximilianstraße (1852–1875), die mit dem Maximilianeum (1857–1874) eine grandiose Abschlußkulisse erhielt. 1854 wurde in München der Glaspalast gebaut, ein kurioser Mammutbau aus Glas und Eisen für große Industrie- und Kunstausstellungen, der 1931 völlig abbrannte. Mit Maximilian II. ging die friedlich-stille Zeit des Biedermeier zu Ende.

Als 18jähriger bestieg Ludwig II. den Thron (1864–1886). Der junge Monarch, der seine Schlösser nicht in München, sondern in der Abgeschiedenheit der bayerischen Berge baute (Neuschwanstein 1868, Linderhof 1874, Herrenchiemsee 1878), liebte die Musik, besonders die Richard Wagners, den er an die Isar holte. Ludwig förderte den Musiker, dem er innig verbunden war und an den er hymnische Briefe schrieb: »Geliebter, Heiliger! Einem Funken bin ich gleich, der sich sehnt, in Ihrer Strahlenden Sonne aufzugehen, von ihr beschienen zu werden und die Erde zu verlassen, wenn sie ihr nicht mehr leuchtet. – Oh, wäre der Abend schon da, senkte sich doch die Sonne, käme der Mond, strahlten die Sterne, zum Zeichen, daß die Wonnen ihr Weben beginnen! – Ach, was ich glücklich bin! – In ewiger Liebe Ihr bis in den Tod getreuer, glückseliger Ludwig.« Als einziger Zuschauer pflegte der einsame und weltfremde Souverän in der Königsloge des Hoftheaters zu sitzen und Wagners Opern zu lauschen. 1865 wurden »Tristan und Isolde«, 1868 die »Meistersinger« und 1869 »Rheingold« uraufgeführt. Als der bayerische König für den angebeteten Musiker ein Festspielhaus in München bauen lassen wollte, streikte die Kabinettskasse – Wagner ging nach Bayreuth, um dort 1872 jenen Musikpalast zu schaffen, den sich der Monarch in München erträumt hatte.

Ludwig II., für das Bayernvolk ein legendenumwobener Märchenkönig, für die Psychiater eher ein Neurotiker, fand am 13. Juni 1886 im Starnberger See gemeinsam mit seinem Arzt den bis heute noch

rätselhaften Tod. Eine ungeheure Menschenmenge begleitete den Monarchen zur Beisetzung in der St.-Michaels-Kirche am 19. Juni 1886: »Während der Sarg in die Kirche gebracht wurde, und dort die Zeremonien stattfanden«, berichtet ein Zeitgenosse, ». . . sammelte sich schwarzes Gewölk über dem Stadtteil. Eben war der letzte Wagen des Trauergeleits weggefahren und das Militär abgerückt, da fuhr angesichts der hocherschreckten Menge auf der Straße eine mächtige Feuergarbe, ein Blitz herab auf die St.-Michaels-Kirche, dem ein entsetzlicher Donnerschlag folgte. Der Blitz hatte nicht gezündet, nur einige Leute an die Mauer der Kirche geschleudert. Das war das himmlische Finale zu dem irdischen Trauerakte.«
Für Ludwig II. und dessen kranken Bruder Otto übernahm Prinz Luitpold, der 1821 geborene, dritte Sohn Ludwigs I., als »Prinzregent« die Regierung (1886–1912). Die Bayern verehrten ihren Landesvater, einen volkstümlichen, friedliebenden Mann, der die Entwicklung der Kunststadt München im Sinne seines Vaters nach Kräften förderte. Mit der Prinzregentenstraße erhielt München seine dritte Prachtstraße. Letzter Wittelsbacher König war Ludwig III. (1913–1918). Mit ihm endete die fast 700jährige Monarchie Bayerns.

Das 20. Jahrhundert

Um die Jahrhundertwende galt das, inzwischen rund 500 000 Menschen zählende München als Mekka der Künste, die »heimliche Hauptstadt« Deutschlands wurde zur Kunstmetropole schlechthin. Magnetisch fühlten sich Dichter und Denker, Literaten und Maler an die Ufer des »Isar-Athens« gezogen. Der Stadtteil Schwabing, erst 1890 eingemeindet, wurde zum Münchner Montmartre, zum Inbegriff von geistiger Freiheit und antibourgeoisem Leben. Thomas Mann (»München leuchtete«) und Frank Wedekind, Karl Wolfskehl, Stefan George, Henrik Ibsen, Rainer Maria Rilke, Roda-Roda, Hans Carossa, Paul Klee, Wassily Kandinsky und viele andere ließen sich für kurz oder lang in der »Metropole der Lebenslust« nieder, sogar Lenin lebte hier von 1900 bis 1902 und redigierte zwei revolutionäre Zeitschriften. Man traf sich in der Künstlerkneipe der Kathi Kobus, dem berühmten »Simpl«, wo sich Joachim Ringelnatz als Hausdichter betätigte, und feierte in der Künstlervereinigung »Allotria« die alljährlichen Faschingsfeste. Zum Synonym für zündenden Witz in Wort und Bild

Labsal im Sommer: Münchner Biergärten (Hirschgarten)

wurde das vom Verleger Albert Langen 1889 gegründete, oppositionell-satirische Organ »Simplicissimus«. Kläffend fegte die rote Simpl-Dogge, das Wappentier der Zeitschrift, durch die selbstherrlichen Amtsstuben, wies im Namen von Th. Th. Heine, Olaf Gulbransson und Karl Arnold, Frank Wedekind und Ludwig Thoma auf die Erbärmlichkeit der Gesellschaft hin und bot jedem Spießermuff die Stirn. Die »tolle« Husumer Gräfin Franziska zu Reventlow bewältigte ihren Bruch mit bürgerlicher Zivilisation und Familie im »Simplicissimus«, für den auch Erich Mühsam und der »Fackel«-Herausgeber Karl Kraus schrieben. 1896 wurde das erste Heft der »Jugend« publiziert, 1899 erschien erstmals die »Insel«. Das literarische Kabarett der »Elf Scharfrichter« ging mit der Zeit streng ins Gericht. Henrik Ibsen und Richard Wagner beherrschten die Münchner Bühne, Richard Strauss feierte musikalische Triumphe. Der Maler Franz von Stuck wurde zum Wortführer der Münchner »Sezession«, einer Gruppe junger Künstler, die gegen die Diktatur der Malerfürsten Franz von Lenbach und Wilhelm von Kaulbach, gegen das Überholte, Museale kämpfte und den »Sozialisten« Wilhelm Leibl verteidigte. 1911 gründeten Wassily Kandinsky, Paul Klee und Franz Marc die Künstlergruppe »Blauer Reiter«. Als Kandinsky in seinem Münchner Atelier sein erstes abstraktes Bild malte, konnte er kaum ahnen, was für eine folgenreiche Revolution in der Kunst er damit auslöste.

Bekanntester Architekt um die Jahrhundertwende war Gabriel von Seidl (1848–1913). Er erbaute das Künstlerhaus am Lenbachplatz, die Ruffinihäuser, das Deutsche Museum, das Nationalmuseum und die Villa für den Malerfürsten Franz von Lenbach, 1876 errichtete Georg Friedrich Hauberrisser das Neue Rathaus im neugotischen Stil, 1908 entstand der Justizpalast in Spätrenaissanceformen unter Friedrich von Thiersch.

Der damals aufkommende Jugendstil wandte sich gegen den Historismus des 19. Jahrhunderts und beeinflußte mit seiner vegetabilisch-linearen Ornamentik, mit seinen symmetrischen, phantasievollen Formen Architektur und Innendekoration, Kunst und Mode. Mit der Zerstörung der Fassade des Elvira-Hauses an der Von-der-Tann-Straße 1944 ging München ein einzigartiges Jugendstilzeugnis verloren. Erhalten blieb glücklicherweise ein anderes Beispiel aus jener Zeit: das zwischen 1896 und 1901 von Karl von Hocheder gebaute »Müllersche Volksbad« (→ Der gute Tip S. 83). Von der gefährlichen Entwicklung des Kahlschlags ganzer Straßenzüge und »überflüssiger Profile« verschont blieb ebenso eine Reihe der einst verpönten »Kitschfassaden« der Gründerzeit und des Jugendstils, in Schwabing gibt es noch viele Häuser jener Bauepoche.

Nach dem Ersten Weltkrieg war die Lage der Münchner Bevölkerung, die 13 000 Kriegstote zu beklagen hatte, katastrophal. Hunger und Lebensmittelknappheit führten zu Not und Elend. Vor dem Rathaus demonstrierten Hunderte von Arbeitslosen, man forderte die Abschaffung der Monarchie und die Einführung des Acht-Stunden-Tages. Am 3. November 1918 begannen sich Massen von Menschen auf der Theresienwiese zu versammeln. »In den letzten Tagen hat München etwas von der Leere und Ruhe aufgegeben«, schreibt Rainer Maria Rilke am 7. November, »die Spannungen des Augenblicks machen sich auch hier bemerklich, wenngleich sie zwischen den bajuwarischen Temperamenten sich nicht gerade geistig steigernd benehmen. Überall große Versammlungen in den Bräuhaussälen, fast jeden Abend, überall Redner . . .« Im Mathäser-Bräu errichtete der Führer der Unabhängigen, Kurt Eisner, das Standquartier der Arbeiter- und Soldatenräte. Am 8. November 1918 brach die Revolution aus: König Ludwig III. verließ Bayern, Kurt Eisner proklamierte die Republik – der Freistaat Bayern war gegründet und wurde von Kurt Eisner als erstem Ministerpräsidenten regiert.
Gegen Ende 1918 lag die Zahl der Arbeitslosen bei 40 000. Demonstrationen, Plünderungen nahmen zu. Im Januar 1919 brachte die Landtagswahl eine Niederlage der revolutionären USPD. Die SPD forderte Eisner zum Rücktritt auf. Am 12. Februar 1919 versetzte die Münchner eine Schreckensmeldung in Aufregung: Kurt Eisner war von dem Grafen Arco-Valley vor dem Außenministerium in der Prannerstraße ermordet worden. Der Zentralrat der Arbeiter-, Soldaten- und Bauernräte rief daraufhin die Räterepublik aus. Das Proletariat wurde bewaffnet, es kam zu Generalstreiks und blutigen Auseinandersetzungen mit der diktatorischen Roten Armee.
Zunehmende Inflation, die 1923 ihren Höhepunkt erreichte, und steigende Arbeitslosenzahlen, Parteigezänk und Hunger begünstigten den Faschismus und führten zum Sieg der Nationalsozialisten. Mit Unterstützung Ludendorffs putschte Hitler am 8. November 1923 im überfüllten Bürgerbräukeller: »Ganz festlich-feierlich hatte er sich hergerichtet in seinem dunklen Gehrock und der schön gebügelten gestreiften Hose, das pomadisierte Haar tadellos gescheitelt und die dicke, fettig glänzende Schenkkellnerlocke glatt in die Stirn gekämmt« (Oskar Maria Graf). Und, so berichtet Hanns Hofmann in seinem »Hitlerputsch«: »Hitler nahm noch einen tiefen Schluck aus dem Halbliterglas, warf es klirrend zu Boden, ließ das Maschinengewehr in den Saal vorschieben, zog die Pistole, stürzte an der Spitze eines kleinen, schwer bewaffneten Stoßtrupps in den Saal und schrie: Soeben ist die nationale Revolution ausgebrochen.«

Zehn Jahre später, 1933, wird Adolf Hitler Reichskanzler. Die in Berlin erreichte »Machtübernahme« durch die NSDAP greift auch auf Bayern und das von Hitler zur »Hauptstadt der Bewegung« erklärte München über, wo seit 1930 die Reichsleitung der NSDAP im »Braunen Haus« an der Brienner Straße residierte. In Dachau, vor den Toren Münchens, entsteht das erste Konzentrationslager. Gleichzeitig zeigten sich in München die ersten Akte des Widerstands. In seinen Adventspredigten von 1933 wandte sich Kardinal Faulhaber gegen den Antisemitismus. Im November 1939 wurde im Bürgerbräukeller ein vergebliches Attentat auf Hitler verübt. An der Universität München scharte sich der studentische Widerstandskreis der »Weißen Rose«, dem die Geschwister Hans und Sophie Scholl angehörten, um Professor Kurt Huber. Als die Geschwister Scholl am 18. Februar 1943 im Lichthof der Universität einen Koffer mit Flugblättern auskippten, wurden sie gefaßt und acht Wochen später mit ihren Freunden in Stadelheim hingerichtet.

Massiv haben die Bauherrn des Dritten Reiches mit ihren gigantischen Plänen auch in das architektonische Gefüge der Isar-Stadt eingegriffen. Durch die Verbreiterung der Von-der-Tann-Straße wurde der geschlossene Zug der prachtvollen Ludwigstraße aufgerissen. Den weitläufigen Königsplatz mit seinen Tempelbauten gestaltete der Führer zu einem Aufmarschplatz um und zerstörte damit die Harmonie des Ensembles. Zwischen 1936/39 entstand an der Prinzregentenstraße, am Rande des Englischen Gartens das »Haus der Kunst« als neues Ausstellungsgebäude.

Am 30. April 1945 war mit dem Einzug der Amerikaner und der kampflosen Besetzung der Stadt für München der Krieg zu Ende. Vierzig Prozent der Bausubstanz lag in Schutt und Asche, in den menschenleeren Straßen türmten sich die Trümmer zu hohen Bergen. Zerstört waren die großen Wahrzeichen der Stadt: die Frauen-, Peters- und Michaelskirche, zerstört auch große Teile der Residenz, der Theatinerstraße mit dem Preysing-Palais, viele Adels- und Bürgerhäuser. Die Pinakotheken waren ausgebrannt und die Ausstellungsgebäude am Königsplatz eingestürzt.

Altstadtsanierung, Wiederaufbau und Wirtschaftswunder haben das »Millionendorf« zu einer europäischen Metropole mit fast 1,3 Millionen Einwohnern gemacht; die »Weltstadt mit Herz« ist nach Berlin und Hamburg die drittgrößte der Industriestädte Deutschlands. Die Jahre des Neubeginns nach dem Zweiten Weltkrieg wurden geprägt von der Arbeit und dem Wirken des 1948 gewählten Oberbürgermeisters Thomas Wimmer, der 1952 und 1956 mit überwältigender Mehrheit in seinem Amt bestätigt wurde. Zwischen 1945 und 1950 konnten rund

Königsplatz: Blick auf die Glyptothek

20 Prozent der Kriegsschäden beseitigt werden. Trotz des Neu- und Umbaus, der Mitte der fünfziger Jahre einsetzte, hat die Innenstadt ihr historisches Gesicht im wesentlichen bewahren können. Um den enormen Bedarf an Wohnungen zu decken, wurden Großsiedlungen angelegt (Hasenbergl, Lerchenau, Fürstenried, Parkstadt Bogenhausen). Das größte Projekt dieser Art ist die Entlastungsstadt Neu-Perlach mit einer Einwohnerzahl von rund 75 000 Menschen. Am 1. Februar 1965 wurde in Anwesenheit von Ministerpräsident Alfons Goppel und Oberbürgermeister Dr. Hans-Jochen Vogel mit dem Bau einer Nord-Süd-Verbindung als erster Teilstrecke der Münchner U-Bahn begonnen. Im Februar 1968 erhielt München auf dem Oberwiesenfeld seinen Fernseh- und späteren Olympiaturm. Mit 290 Metern ist dieser Turm die dritthöchste Stahlbetonkonstruktion Europas. 1971 wurde das Richtfest für die Zeltdachkonstruktion des Olympiastadions gefeiert, in dem am 26. August 1972 die XX. Olympiade eröffnet wurde.

Ein bedeutendes modernes Bauwerk ist neben dem Olympiagelände der BMW-Turm, dieser »Größte Vierzylinder der Welt«. 1980 wurde in der bayerischen Landeshauptstadt das »Europäische Patentamt« eingeweiht, ein zehnstöckiges Hochhaus mit Glasfassaden. Am 28. März 1981 eröffnete der bayerische Ministerpräsident Franz Josef Strauß die vom Architekten Alexander von Branca errichtete »Neue

Pinakothek«, die mit einem Kostenaufwand von fast 105 Millionen Mark der größte und auch teuerste Museumsbau der deutschen Nachkriegsarchitektur ist. In den letzten Jahren entstand das »Gasteig-Kulturzentrum«, ein – umstrittenes – Millionenprojekt aus Glas und Beton, dessen bauliches Herzstück die neue Philharmonie (2500 Sitzplätze) ist, mit der München endlich einen großen, repräsentativen Konzertsaal erhalten hat.

München hat aber auch wirtschaftlich ordentlich zugelegt, was die Bebauung an den Rändern der Stadt deutlich widerspiegelt. Die größte Industrieansiedlung Deutschlands reifte außerdem zum Zentrum der Hochtechnologie heran, wurde nach Frankfurt Bankenplatz Nr. 2 und macht sogar der Verlagsstadt Hamburg Konkurrenz: Mehr als 300 Verlage haben in der Isarmetropole ihren Sitz.

Am deutlichsten drückt sich diese Entwicklung im »Arabella-Park« aus. Dieses hochmoderne Viertel am Rande Bogenhausens glänzt und funkelt mit Glas und Metall, der weißblaue Himmel spiegelt sich in den Fronten der Wolkenkratzer. Banken, Elektronikfirmen, Verlagshäuser, neue Wohnungen, Restaurants und Cafés, Einkaufszentrum und eigener U-Bahn-Anschluß garantieren eine funktionierende Infrastruktur. Als Gegensatz zur historischen Stadtmitte ist ein Bummel durch das avantgardistische Bogenhausen unbedingt zu empfehlen.

Unter den Zeltdächern im Olympiapark

Der gute Tip von MERIAN

Von Marina Bohlmann-Modersohn

Treffpunkte

Glockenbach- und Schlachthofviertel

Glockenbach- und Schlachthofviertel zu einer Einheit zusammenzufassen, ist eigentlich nicht möglich, denn bisweilen liegen Welten zwischen den beiden Stadtteilen. Die Namen deuten es an: Glockenbach, das hört sich, zu Recht übrigens, nach katzenbuckeligen Straßen an, nach stillen Hinterhöfen und viel Grün. Mit Schlachthof dagegen assoziiert man, auch nicht ganz verkehrt, erst einmal »Geruch«. Nur – ordentlich voneinander trennen lassen sich die beiden Nachbarn erst recht nicht. Nicht einmal die Einheimischen können sagen, wo genau die Grenze verläuft. Außerdem, und das macht die Verwirrung perfekt, gluckert der Glockenbach zum Großteil durch ein Areal, das imagemäßig ganz eindeutig zum Schlachthofviertel gehört . . .
Doch erst einmal zur Orientierung: Wir befinden uns in der Isarvorstadt. Zwischen westlichem Isarufer und Thalkirchner Straße, im Süden von der Eisenbahnlinie nach Salzburg und im Norden von der Fraunhoferstraße begrenzt, liegt ein Quartier, das sich seit geraumer Zeit als Wohnviertel großer Beliebtheit erfreut. Es war, wie immer, der Nachwuchs, dem die gut erhaltenen Altbauten zuerst auffielen und

Noch nicht zubetoniert: der Glockenbach

jener leicht angestaubte und proletarische Charme, dem zuvor schon Tausende beim Anblick Haidhausens erlegen waren. Während die ursprünglichen Reize Haidhausens jedoch in kurzer Zeit Spekulanten, Schicki-Kneipiers und »Künstlern« zum Opfer fielen, wirkt das Glockenbach-Schlachthofviertel nach wie vor ein bißchen wie eine in Ehren ergraute Jungfer, der halt nicht mehr allzuviel Ehrgeiz in den Knochen steckt. Dabei hätte sie noch einiges zu bieten! Grundsolides natürlich, wie etwa den namenspendenden Glockenbach, eine der wenigen Wasseradern Münchens, die noch nicht komplett in Betonröhren verbannt wurde. Oder den Alten Südfriedhof, ein Refugium für Ruhesuchende, auf dem all die großen Münchner begraben liegen, die den Straßen ringsum ihre Namen gaben – Joseph Fraunhofer und Leo von Klenze etwa. Oder den Roecklplatz, an dem am Abend gut sitzen und kleinen, in rosa Polyester feingemachten türkischen Mädchen beim Gummihupf zuzusehen ist. Gleich gegenüber, im Eiscafé Italia, labt man sich am angeblich besten Eis der Stadt. In dieser Ecke des Viertels wohnen viele Ausländer, die im Schlachthof und in der Großmarkthalle arbeiten und für ein einigermaßen mediterranes Straßenleben sorgen. Allein in der nicht besonders langen Dreimühlenstraße gibt es drei griechische Restaurants!
Bei den Mieten existiert ein gewisses Nord-Süd-Gefälle. Je näher die Fraunhoferstraße rückt, desto »exklusiver« werden die Preise, was man ein bißchen auch schon den Geschäften ansieht, die an der

Idyll mit berühmten Namen: der Alte Südfriedhof

Hans-Sachs-Straße siedeln: Die Lokale berücksichtigen mehr und mehr verwöhnte Feinschmecker, die Kundschaft beim Coiffeur Ulrich Graf läßt sich à la Avantgarde den Schopf kürzen. Die Präsenz der Alternativen wird durch mehrere Secondhandgeschäfte dokumentiert, und die Hipster der Musik-Szene treffen sich auf eine Dose Bier im »Optimal«, einem auf Jazz und Pop spezialisierten Plattenladen. Ein Kino gibt es übrigens auch – das »Neue Arena« hat viele gute Filme im Programm. Und wer anschließend noch diskutieren will, darf das gegenüber im »Tagöll« auch tun – selbst wenn es sich nicht so anhört!

Eiscafé Italia
70 Ehrengutstr. 23
Tel. 76 32 19
März–Okt. tgl. 10–22 Uhr
Neues Arena
5 Hans-Sachs-Str. 7
Tel. 2 60 32 65
Optimal
5 Jahnstr. 6
Tel. 26 81 85

Ulrich Graf
5 Hans-Sachs-Str. 10
Tel. 2 60 70 67
Tagöll
5 Hans-Sachs-Str. 12
Tel. 26 68 21
Di–So 10–1 Uhr, Mo 19–1 Uhr
U-Bahn für alle: Fraunhoferstr.

Schwabing

»Schwabing! Ich denke an zahllose Stunden der Vergnügtheit, der Besinnung und des künstlerischen Genusses. Ich denke an Faschingsnächte von maßloser Ausgelassenheit und an Menschen von seltsamen Gehaben, aber genialer Beweglichkeit des Geistes. Ich denke an die trefflichen Schwabinger Mädchen, die Leben und Liebe vorurteilsfrei und unbefangen zu nehmen und zu geben verstanden. Ich denke an die freie seelische Luft, die Schwabing durchwehte und den Stadtteil zu einem kulturellen Begriff machte.« Vergeblich würde sich der Dichter und Revolutionär Erich Mühsam heute auf die Suche machen nach jenem Schwabing, das er einst so euphorisch besang. Das Viertel der Maler und Poeten, der versteckten Ateliers und lauschigen Hinterhöfe, der Passionen und des Leichtsinns ist längst Legende und auch das ›politische‹ Schwabing der Jugendrevolte während der sechziger Jahre, das der Wohngemeinschaften und Kommunen, das Viertel, in dem sich auch Rudi Dutschke und Fritz Teufel, Rainer Langhans und Uschi Obermayer aufhielten. Und das Schwabing des Café Europa, in dem sich alle trafen, wo auch Brian Jones, Anita Pallenberg und Jimi Hendrix auftauchten, wenn sie an der Isar waren, gibt es nicht mehr. Das legendäre Café Stephanie ist

verschwunden, und der »Alte Simpl« ist kein Dichtertreff mehr, sondern eine Diskutier-Stube. Aber Schwabing ist nicht etwa tot, wie viele behaupten, nur eben anders als früher. Am pappelbewachsenen Boulevard Leopold reihen sich Diskotheken, Pizzerias, Boutiquen und Bankfilialen aneinander, abends schallt dröhnender Rock aus den Kellern, und grelle Reklamen schocken mit ihrem zuckenden Licht.
Ein typischer Treffpunkt des jungen Schwabing ist in der warmen Jahreszeit das »Eiscafé Venezia« – nicht das einzige zwar, dessen Tische und Stühle bei sonniger Witterung das Trottoir verstellen, aber das einzige, in das »man« gehen kann, und dies schon seit Jahr und Tag. Den Campari in der Hand, sitzen hier edel schwarzgekleidete Menschen, die durch dunkle Sonnenbrillen und weniger in das Gesicht ihres Gegenübers blicken als auf die vorbeiflanierenden Schwabing-Bummler, die sich daher oft genug wie auf dem Laufsteg fühlen. Es gibt Mädchen, die die Straßenseite wechseln, wenn sie sich nicht in optischer Top-Form wähnen. Besser: Selbst Platz nehmen, das köstliche Eis genießen und sich von den Passanten bestaunen lassen, die großäugig überlegen, ob es wohl stimmt, daß hier immer der Regisseur X und der Produzent Y . . .
Übrigens befinden sich in den kleinen Straßen rund um die Universität etwa immer noch die besten Kinos der Stadt, viele gute Kneipen, Buchläden wie Basis oder die Autorenbuchhandlung, es wimmelt von witzigen kleinen Geschäften, Theatern, Kinderbühnen, Cafés und Restaurants, wie beispielsweise das exquisite »Bistro Terrine« in der vor einigen Jahren neugestalteten Amalienpassage oder die »Max-Emanuel-Brauerei« oder der beliebte »Kaisergarten«. Und nicht zu vergessen: der »Englische Garten« mit Monopteros und Chinesischem Turm. Auch dies ist ein Stück – unsterbliches – Schwabing.

Alter Simpl
Türkenstr. 57, → S. 207
Bistro Terrine
Amalienstr. 89, → S. 164
Eiscafé Venezia
Leopoldstr. 31, → S. 162
Englischer Garten
→ Der gute Tip S. 74, Chinesischer Turm S. 240
Kaisergarten
Kaiserstr. 34, → S. 160

Die Kulisse

Man muß, auf Münchens eleganter Maximilianstraße wandelnd, zuerst den Boutiquen-Fenster-Bummel absolvieren, das Programm des Nationaltheaters studieren, das Nobel-Hotel »Vier Jahreszeiten« links liegen lassen oder dort zur Einstimmung einen Drink im neuen »Theaterkeller« zu sich nehmen.

Bei der Suche nach einem anderen, vielleicht mehr intimen Treffpunkt tut man sich schon etwas schwerer in der teueren Antiquitäten-Meile. Glücklicherweise hat sich aber in der »Kulisse«, Hausnummer 26, seit vier Jahrzehnten kaum etwas verändert. Hier treffen sich nach wie vor Schauspieler, Politiker, Wirtschaftler, Wissenschaftler und Normalbürger in einer gemütlichen Kaffeehaus-Atmosphäre und pflegen Klatsch und Tratsch auf – wie es die Gäste gern hören – gehobener Ebene.

Das Pächter-Ehepaar Bianca und Hans Sachsenhauser sorgt für wohlschmeckende Speisen – auf bayerischer Basis oder auch international. Das geht so bis ein Uhr nachts, kurz vorher kann man schnell noch ein Schmankerl bestellen, das letzte Bier zapfen lassen oder den allerletzten Cappuccino ordern.

Die Kulisse
22 Maximilianstr. 26
Tel. 29 47 28

Tram 19, 27
Tgl. 10–1 Uhr nachts, So geschl.
Kleiner Imbiß ab 10 DM

Zum Franziskaner

Traditioneller Treffpunkt und eine Hochburg weiß-blauer Lebensfreude ist der Franziskaner im Zentrum der Stadt, gleich gegenüber der Oper. Verzichten Sie einmal beim Hotelfrühstück auf das Ei und eine zweite Semmel und lassen Sie sich vormittags gegen elf Uhr im »Poststüberl« des Franziskaner zur Brotzeit nieder – zu dieser schönsten aller Zeiten, wie Bayerns Bürger immer wieder übereinstimmend feststellen. Dieses ist auch die Stunde der weltberühmten Weißwurst, die das Leben in München seit jenem Tage prägt, an dem der Metzger Sepp Moser sie 1857 seinen – anfänglich skeptischen – Gästen erstmals servierte. Im Franziskaner wird Ihnen die bayerische Renommierwurst, die übrigens das Zwölf-Uhr-Läuten nicht hören darf (und nach Meinung der Weißwurstfans in diesem Lokal am besten schmeckt) in heißem Wasser schwimmend vorgesetzt, dazu gibt es – hauseigenen – süßen Senf, und mit einem Weißbier wird der göttlichen Zwischenmahlzeit die Krone aufgesetzt. Daß Sie sich vor Ihrer Einkehr in das Weißwurst-Paradies eingehend über die Regeln des Verzehrs dieses blaßhäutigen Schmankerls informieren, wird als selbstverständlich vorausgesetzt. Die Meinungen gehen hier allerdings stark auseinander: Die einen essen sie mit Messer und Gabel mitsamt der Haut, die anderen nehmen sie in die Finger, »zuzzeln« sie aus und lassen die Wursthaut auf dem Teller liegen.

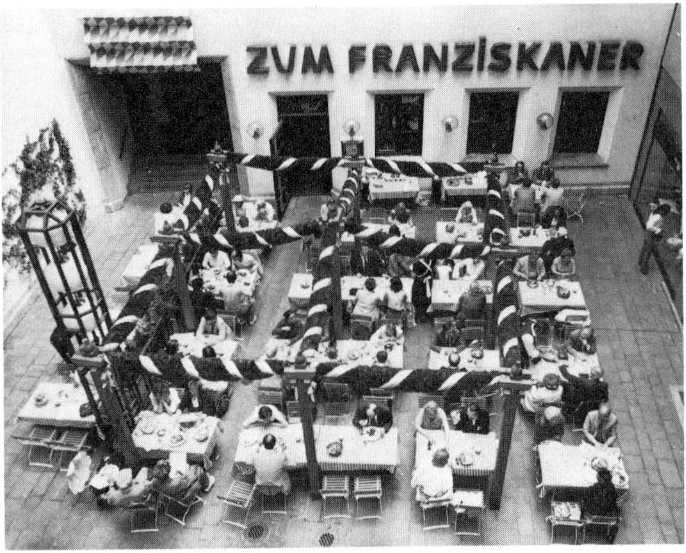

Die Stunde der Weißwurst: Zum Franziskaner

Ihren Namen erhielt die Wirtschaft 1574 nach dem Franziskanerkloster, das sich an jener Stelle befand, wo heute die Oper steht. Geraten sei jedem, besonders um die Mittagszeit, rechtzeitig für Tisch und Stuhl zu sorgen – der Andrang ist groß. Am schlimmsten geht es am Samstagmittag im Poststüberl zu, wenn sich Le Tout Munich nach dem Shopping um die Tische schart und man vor lauter Saint-Laurent-Tüten kaum noch einen Fuß vor den anderen setzen kann.
Gern geht man auch nach dem Theater noch für ein spätes Tellerfleisch (Spezialität des Hauses) rüber zum Franziskaner, der mit seinen urwüchsig-gemütlich dekorierten Räumen und seiner anspruchsvollen bayerischen Küche ein ewiger Anziehungspunkt besonders auch für Münchens Prominenz aus Politik und Showgeschäft ist, die hier natürlich ihren Stammtisch hat.

2 Perusastr. 5 und Residenzstr. 9
Tel. 2 31 81 20
S- und U-Bahn: Marienpl.

Tgl. 8–24 Uhr
Zwei Weißwürste 6,80 DM

Zu besichtigen

Antiquarium im Residenzmuseum
Zwischen 1569 und 1571 – München war unter Albrecht V. (1550 bis 1579) eben Fürstliche Haupt- und Residenzstadt der Wittelsbacher geworden – entstand mit dem Antiquarium der erste Gebäudeteil der Residenz. Er ist der schönste profane Renaissanceraum des 16. Jahrhunderts außerhalb Italiens.
Dieses erste Museum nördlich der Alpen ließ der große Kunstkenner und -sammler Albrecht V. für seine herzogliche Antikensammlung errichten. Die Pläne für das Antiquarium entwarf der Baumeister Wilhelm Eckgl. In der feierlichen und würdevollen Ausmalung und Ausstattung des Raumes zeigt sich der hohe Kunstsinn des fürstlichen Erbauers. Von 1586 bis 1600 wurde das Antiquarium, das ebenso als herzogliche Bibliothek diente, durch Friedrich Sustris, den Baumeister der St.-Michaels-Kirche in München zu einer Festhalle ausgestaltet. Dieser Zeit entstammen auch der Kamin und der Portalaufbau in rotem Stuckmarmor an den Schmalseiten mit den Initialen und dem Wappen Herzog Maximilians I. Herzog Wilhelm V. hat mit den 102 Ansichten von Städten, Märkten und Burgen in den Stichkappen und Fensterleibungen eine wertvolle Topographie des Herzogtums Bayern im 16. Jahrhundert hinterlassen. Die allegorischen Gemälde im Gewölbescheitel von Peter Candid und A. Viviani zeigen die Kardinal- und die göttlichen Tugenden. Die Längswände der Halle werden durch Wandpfeiler unterteilt, die mit Terrakottenkapitellen und Nischen geschmückt sind. Die dadurch gebildeten Wandfelder nehmen die Büsten der Antikensammlung Albrechts V. auf, die übrigens den Grundstock zu der heute weltberühmten Glyptothek am Königsplatz legte (→ Glyptothek S. 88). Die aufgestellten Büsten sind römische Kopien der Kaiserzeit nach griechischen Idealtypen. Unter dem 16. Bogen ein Porträt von Cäsar.
Das Antiquarium dient der Bayerischen Staatsregierung heute als Raum für festliche Empfänge.

2 Residenzstr. 1,
Eingang Max-Joseph-Pl. 3
Tel. 29 06 71

U-Bahn: Odeonspl.
Di–So und Feiertage 10–16.30 Uhr
Eintritt 3,50 DM (→ Karte S. 217)

Vollkommener Renaissanceraum: Antiquarium

Asamkirche

In der schmalen Schlucht zwischen zwei Wohnhäusern an der Sendlinger Straße erhebt sich, aus unbehauenen Felsmassen wachsend, eine kleine Kirche, die zu den vollkommensten Rokokobauten in Bayern gehört und ein Glanzstück bürgerlicher Kunst ist: die St.-Johann-Nepomuk- oder Asamkirche der beiden Künstlerbrüder Cosmas Damian Asam (1686–1739) und Egid Quirin Asam (1692–1750) aus Rott am Inn, die als Baumeister, Maler, Stukkateure, Bildhauer und Dekorateure im ganzen Land und über die Grenzen Bayerns hinaus tätig waren, um Kirchen, Klöster, Stifte und Schlösser auszugestalten. Mit der Asamkirche haben die beiden Brüder, dieses »Doppelgestirn am bayerischen Barockhimmel«, durch ihr geniales Zusammenwirken das Idealbild des barocken Gesamtkunstwerks geschaffen.

In den Jahren 1729–1733 kaufte der Bildhauer und Stukkateur Egid Quirin Asam vier Häuser in der Sendlinger Straße. Eins machte er zu seinem Wohnhaus (Nr. 61), zwei waren für den Kirchenbau bestimmt, das vierte wurde als Priesterhaus eingerichtet. 1733 legte man den Grundstein zum Bau des ursprünglich als »Privatkirche« geplanten Gotteshauses, das die beiden Künstler aus eigenen Mitteln und, ohne dem Zwang von Auftraggebern zu unterliegen, nach ihrem Willen und Geschmack errichteten und ausstatteten.

Die barocke, leicht konvexe Fassade der nur knapp neun Meter breiten, aber gut 28 Meter langen Kirche drängt wie ein Altar aus der Straßenzeile. Über dem Säulenvorbau des Portals wölbt sich ein Gesims, auf dem man inmitten von Engeln Johannes Nepomuk als große vollplastische Stuckfigur sich zum Himmel erheben sieht. Ein zweites Säulenpaar wächst über dem Portal empor, umschließt das mächtige Frontfenster und trägt das goldene Herz als Sinnbild der göttlichen Liebe. Zu ihm neigen sich die Gestalten des Glaubens und der Hoffnung.

Wer durch den niedrigen, längsovalen Vorraum das Innere der Kirche betritt, ist überwältigt und verwirrt zugleich angesichts der verschwenderischen Fülle von Farbe, Licht und Schmuck, von Holz und Stein, Silber und Gold, Eisen und Gips in diesem außergewöhnlich hohen, langgestreckten und weit wirkenden Raum. Ein sinnenfrohes, bilderreiches Universum der Künste des Schnitzens und Schmiedens, des Bauens und Malens, der Plastik und der Dekoration öffnet sich dem Betrachter.

Die Asamkirche, eigentlich St. Johann Nepomuk,
in der Sendlinger Straße

Breite Gesimse in bewegten Formen schließen die Wände ab, aber über sie hinweg spannt sich das riesige Deckenfresko. Eine Galerie führt um das Kapelleninnere und gliedert die Seitenwände. Zwei Altare bauen sich übereinander auf und gipfeln in dem »Gnadenstuhl« der Dreifaltigkeit, dem wichtigsten Element der Innenraumgestaltung: Gottvater hält seinen Sohn am Kreuz, über ihnen schwebt die Taube des Heiligen Geistes.
Weil das Hauptlicht durch das große Fassadenfenster im Osten fällt, sind die frühen Morgenstunden für einen Besuch der Kapelle am schönsten.

2 Sendlinger Str. 62
S- und U-Bahn: Marienpl.
Tgl. 8–17.30 Uhr
(→ Karte S. 217)

Turmbesteigung Alter Peter

Ein beliebter Treffpunkt für die Münchner ist noch heute das »Petérsbergl«, das vom Viktualienmarkt zur Peterskirche aufsteigt, nicht besonders steil zwar und auch nicht allzu hoch, aber doch »Berg« genug, um das Gotteshaus deutlich erhöht stehen zu lassen. Von dort aus schaute der »Alte Peter«, wie der Münchner die älteste Pfarrkirche seiner Heimatstadt vertraut und liebevoll nennt, schon auf die Herzogsburg herab und auf die engbrüstige gotische Stadt. 302 hölzerne Stufen führen den, der sich konditionell dazu in der Lage fühlt, hinauf auf den 96 Meter hohen Kirchturm, vorbei an den vier schweren Glocken, deren jüngste, 140 Zentner schwer, 1958 beim

Der Alte Peter ist eine dreischiffige Pfeilerbasilika mit Ostchor (rechts) und zwei eingebundenen Westtürmen (links)

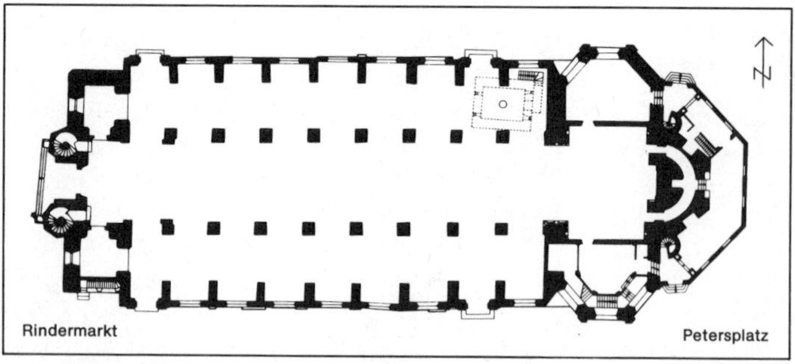

Blick vom Alten Peter auf den Marienplatz

800. Stadtjubiläum hochgezogen wurde. Ein – allerdings ohrenbetäubendes – Erlebnis, wenn die Glocken die Stunde schlagen. Oben angekommen, genießt der Kletterer die schönste Aussicht über die roten Ziegeldächer der weiß-blauen Metropole mit Viktualienmarkt und Frauentürmen, Theatinerkirche und Ludwigstraße, dem Friedensengel und der Bavaria. Wunderbar, an einem klaren sonnigen Herbsttag hier oben zu stehen und nach Süden zu schauen, wenn man die ganze schimmernde Kette von Bergen vor sich hat, von den Salzburger Alpen angefangen bis zu den schneebedeckten Gipfeln der Allgäuer und Schweizer Berge.
Bereits um 1050 stand an dieser Stelle, also auf dem Petersbergl, eine kleine Kapelle, die jedoch aus »Modernisierungsgründen« abgebrochen und 1294 durch einen gotischen Neubau ersetzt wurde. 1630 begann man mit dem Abbruch des gotischen Chores, um für die geräumige barocke Osterweiterung Platz zu schaffen, die von Isaak Pader ausgeführt wurde. 1730 bis 1732 errichteten Nikolaus Gottfried Stuber, Johann Georg Greiff und Egid Quirin Asam den hochgestellten Gnadenaltar im Stil des römischen Barock.
Ebenfalls 1730 baute Anton Ignaz Gunezrainer ein neues Chorgewölbe, dessen kunstvolle Stuckierung Johann Baptist Zimmermann übernahm. In den spätbarocken Hochaltar der Kirche St. Peter ist die Petrus-Statue Erasmus Grassers einbezogen, eins der großartigsten

sakralen Meisterwerke dieses bedeutendsten Vertreters der spätgotischen Bildschnitzerei.
Der Zweite Weltkrieg zerstörte die Kirche auf verheerende Weise. 1946 begann auf Initiative Kardinal Faulhabers unter Rudolf Esterer und Erwin Schleich der Wiederaufbau. 1954 konnte der Hochaltar erneut geweiht werden. Achten Sie auf den »Schrenk-Altar«, der ein überaus seltenes Sandstein-Retabel aus dem 14. Jahrhundert ist. Dieser Altar ist das kostbarste Stück, das aus der gotischen St.-Peter-Kirche erhalten blieb.
Der Alte Peter gehört zu den Wahrzeichen Münchens. Der München-Besucher sollte es übrigens nicht versäumen, sich an einem Sonntagmorgen um neun Uhr zu einer Messe in der alten Pfarrkirche einzufinden. Ein Erlebnis, wenn der Chor mit einer Haydn-Messe die Stille in der Kirche durchbricht und Weihrauch durch die Reihen zieht.

2 Rindermarkt
S- und U-Bahn: Marienpl.
Mo–Sa 9–18 Uhr, So 10–19 Uhr
Feiertage 10–18 Uhr
Eintritt 2 DM
(→ Karte S. 217)

Klosterkirche St. Anna

Am St.-Anna-Platz fällt zunächst der neuromanische Bau der Pfarrkirche St. Anna ins Auge, und erst bei genauerem Herumschauen entdeckt man gegenüber die schlichte, dreiteilige Fassade der Klosterkirche St. Anna, hinter der sich ein wunderschöner, heller Kirchenraum verbirgt. An dieser Stelle ließ sich 1725 der Mönchsorden der Hieronymiten nieder, nachdem sich die Bewohner der Münchner Kleinbürger- und Handwerkervorstadt »Lehel« mit einer Bittschrift an ihren Kurfürsten Maximilian Emanuel gewandt hatten, er möge den Klosterbrüdern in ihrer Gemeinde Kloster und Kirche gewähren. Im Mai 1727 legte die Kurfürstin Maria Amalia den geweihten Grundstein. 1802 wurde das Kloster aufgehoben, und ab 1807 diente die Kirche als Pfarrkirche. 1827 ließ König Ludwig I. die Franziskaner hier einziehen und gestattete ihnen wieder die Aufnahme von Novizen. 1944 brannte der Bau fast völlig aus.
Diese Klosterkirche ist das erste sakrale Rokoko-Bauwerk von München und gehört zu den wertvollsten Kunstschöpfungen der Stadt. Sie wurde zwischen 1727 und 1733 von dem berühmten Münchner Meister Johann Michael Fischer (1691–1763) erbaut, den Innenraum gestalteten die bekannten Künstlerbrüder Cosmas Damian und Egid Quirin Asam. Ersterer beendete 1730 das Gewölbefresko und malte die Altarbilder, Egid Quirin schuf die Altarbauten und Stukkaturen.

Oft übersehenes Kleinod: Klosterkirche St. Anna im Lehel

1737 erhielten die Brüder den Auftrag für die Errichtung des Hochaltars. Die beiden schönen Engelfiguren dieses Altars (Hochaltarfresko: Verherrlichung des Namens Anna) stammen vom Bildhauer Johann Baptist Straub (1704–1784) und gehören zu den bedeutendsten Werken des bayerischen Barock. Straub schuf ebenfalls Kanzel und Tabernakel.

Der Antoniusaltar zeigt als Altarbild eine Darstellung des heiligen Antonius, die wohl um 1480 von einem venezianischen Meister geschaffen wurde. Jeden Dienstag wird auf diesem Altar die bedeutendste Antoniusreliquie außerhalb Paduas, ein 13 cm langer Teil des rechten Oberarms des Heiligen in einem gotischen Reliquar (1480) zur Verehrung aufgestellt. Dieses kostbare Heiligtum hatte 1328 Kaiser Ludwig der Bayer den Münchner Franziskanern zum Geschenk gemacht.

Verlassen Sie diesen Stadtteil nicht zu schnell – das Lehel birgt eine Reihe reizvoller Ecken und Winkel. Und da nicht weit von der Kirche meistens auch eine Wirtschaft liegt: Das Restaurant »Zum Klösterl« in der St.-Anna-Straße ist ein kulinarischer Geheimtip.

22 St.-Anna-Str. 19
Tram 19, 20, 27
Tgl. 5–11.30 Uhr, 14–18 Uhr
Zum Klösterl
22 St.-Anna-Str. 2
Tel. 22 50 86
Mo–Sa 17.30–1 Uhr, Mai–Aug. auch Mo geschl.
→ Der gute Tip: Restaurants S. 120
(→ Karte S. 217)

Bürgersaalkirche

Das ist ein Gotteshaus besonderer Art, dessen Fassade sich unauffällig und bescheiden in die Straßenfront der geschäftigen Neuhauser Straße einfügt. 1709 ließ hier die Marianische Kongregation der Herren und Bürger zu Unserer Lieben Frau Verkündigung einen Versammlungs- und Betsaal nach Plänen des kurfürstlichen Hofbaumeisters Antonio Viscardi im Rokokostil errichten, ab 1778 wurde das Gebäude als Kirche genutzt.

Der Besucher betritt einen saalartigen, niedrigen, von Kerzenlicht erhellten Raum. Auffallend ist die andächtige Stille und zugleich die Selbstverständlichkeit, mit der sich die Menschen hier bewegen: Da holt sich jemand in einer kleinen Flasche ein paar Tropfen Weihwasser aus dem fließenden Hahn am Eingang der Kirche, zwei Frauen beten auf einer der Bänke zu beiden Seiten des Altars den Rosenkranz, nicht weit sitzt ein Penner mit der Plastiktüte auf dem Schoß und macht Brotzeit, ein anderer hält soeben seinen Mittagsschlaf, und immer wieder kommen Leute, um auf einem bereitliegenden Stück Papier eine Gebetsbitte aufzuschreiben.

In der gruftartigen Unterkirche befinden sich Grab und Büste des 1945 verstorbenen Münchner Jesuitenpaters und Präses der Männerkongregation, Pater Rupert Mayer (1876–1945). Am 23. Mai 1948 wurden die sterblichen Überreste dieses Männerapostels und erbitterten Widerstandskämpfers gegen das NS-Regime aus dem Ordensfriedhof der Jesuiten in Pullach in die Krypta der Bürgersaalkirche überführt. 30 000 Menschen begleiteten den Pater an jenem Tage zu seiner letzten Ruhestätte. Seither ist der Bürgersaal Wallfahrtsort für viele geworden, täglich wird das Grab des 1987 seliggesprochenen Rupert

Unauffällige Fassade: Bürgersaal

DEVOTI

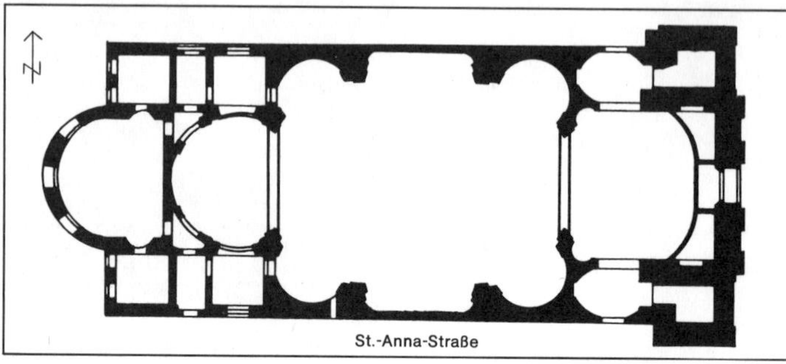

Die Klosterkirche St. Anna ist Münchens erste Rokokokirche. Der ovale Hauptraum ist von Nischen umgeben, Verzicht auf Wandsäulen, durchgehendes Gebälk, Kuppel

Mayer von Pilgern besucht, die für Gesundheit beten und um Schutz bitten.

1944 wurde der Bürgerbetsaal bis auf die Hauptfassade fast gänzlich zerstört, erhalten blieb allerdings die sehenswerte Schutzengelgruppe »Tobias mit dem Engel« von Ignaz Günther. Die – restaurierten – Landschaftsbilder stammen von Franz Joachim Bleich und zeigen bayerische Marienwallfahrtsstätten. Eine schöne, vom Kunstmaler Gämmerler gestaltete Krippe schildert den ganzen Jahreskreis biblischen Geschehens.

2 Neuhauser Str. 47
S- und U-Bahn: Marienpl.
Unterkirche: tgl. 7–19 Uhr, Do bis 17 Uhr
Oberkirche: Mo–Sa 11–13 Uhr, So 9–12.30 Uhr
(→ Karte S. 217)

Ludwigstraße

Die monumentalste Bauleistung des Bayern-Königs Ludwig I. ist die nach ihm benannte Ludwigstraße – eine vom Odeonsplatz ausgehende, in gerader Linie nach Norden verlaufende Prachtavenue, die vom Siegestor abgeschlossen wird.

Schon als Kronprinz hatte der bau- und kunstbegeisterte Ludwig für die »Gegend vor dem ehemaligen Schwabinger Thore«, dem sogenannten »Schönfeld«, ein städtebauliches Projekt im Auge. 1816 schließlich wurde der königliche Architekt Leo von Klenze (1784 bis 1864) mit der Gesamtplanung der nördlichen Stadterweiterung beauftragt. Der Bau der Ludwigstraße, der am 5. Mai 1817 durch einen königlichen Erlaß genehmigt wurde, stieß zunächst auf großen Widerstand – mußte doch ein malerisches Nebeneinander von Vorstadtvillen und Gartenhäusern der Bürgerschaft der Spitzhacke weichen. Und auch beim Bauherrn selbst fanden Klenzes Pläne erst einmal keine Zustimmung: Der Monarch wollte eine Straße von antiken Tempeln und Renaissance-Palästen, eine Straße, 1000 Meter lang, ohne Läden, Betriebe und Behörden, er wollte das »heroische« Kunstwerk schlechthin: »Die Steigerung des Florentiner Saalplatzes zur Straße«, und so befahl der Souverän seinem Architekten: »Die Fenster weit auseinander, lieber Klenze, ohne welche das Große nicht großartig, wodurch das Kleine ebenso erscheint. Es kann und soll auch bei unseren Bürgerhäusern angewandt werden.« Aber Klenze konterte dem König: »Die günstigen Verhältnisse der römischen und florentinischen Fassaden treten in Deutschland nie und volle Freiheiten nur selten ein. Die Armut der Bauherrn, das klein gemessene nordische Bedürfnis, die Not, der wenigen Sonne und dem Licht von außen Eingang zu verschaffen, die inneren Räume im Winter heizen zu müssen, sind ebenso viele Hindernisse gegen jenen Reiz italienischer Fassaden.« Sämtliche Gebäude und Fassaden vom Odeonsplatz bis zur Theresienstraße (Odeon, Leuchtenberg-Palais, Kriegsministerium) wurden von Klenze entworfen und unter seiner

Florentiner Vorbild: Ludwigstraße

Bauleitung errichtet. 1827 übernahm auf Anordnung des Königs Friedrich von Gärtner die architektonische Aufsicht und baute weiter: die Staatsbibliothek, die Universität, die Ludwigskirche, das Siegestor und die Feldherrnhalle.
Die breiten Bauten der Ludwigstraße stehen schnurgerade in einer Reihe. Einzigartig und städtebaulich neu ist die Geschlossenheit und Einheit dieser Straße. Kein Gebäude existiert für sich, jedes ist nur ein Teil des Ganzen. Die Übergänge sind geschmeidig, ohne Bruch, ohne Härte, alles fügt sich wie gewachsen aneinander. Nur bei der Universität wird die Straße zum Platz ausgeweitet und ein forumartiger Raum mit einer Brunnenanlage geschaffen.
Machen Sie an einem sonnigen Morgen einen Spaziergang von der Altstadt in Richtung Odeonsplatz und wandern Sie gemächlich die Ludwigstraße entlang – welch ein Gegensatz zwischen dem alten bürgerlichen und dem »neuen« königlichen München. Dort die verwinkelte, unregelmäßige, im Grunde gotische, dann barockisierte Giebelstadt mit Erkern, Türmchen und engen Gassen – und hier ein ganz neuer italienischer Zug im Stadtgebilde, eine *via monumentalis* mit breiten, horizontal gerichteten Baublöcken und repräsentativen Palastfassaden.
Natürlich ist die Prachtstraße während der verkehrsarmen Zeiten am beeindruckendsten.

U-Bahn: Odeonspl.

Ignaz-Günther-Haus
Im Kern der Stadt steht das einzige noch erhaltene Wohnhaus gotischen Ursprungs, in dem Münchens bedeutendster Rokokobildhauer Ignaz Günther (1725–1775) Wohnung und Werkstatt hatte. Eine Holztreppe, die sogenannte Himmelsleiter, führt steil und geradlinig durch zwei Geschosse nach oben. Die Fassade am Oberanger 11 hat noch die Altmünchner »Ohrwaschel«, eine Dachgaube, die dem Aufzug für Holz und Waren diente.
Die Restaurierung dieses Hauses wurde 1975 bis 1977 von Johann Ludwig durchgeführt. Prunkstück ist ein Raum im ersten Stock, in dem eine gewölbte Holzbalkendecke freigelegt wurde. Im Urzustand erhalten sind die Ziegelböden und der Brunnen im Innenhof. In der Nische des Innenhofes findet sich die Porträtbüste Ignaz Günthers von Hans Wimmer. Das Nationalmuseum beherbergt übrigens eine Reihe wunderschöner Holzschnitzarbeiten dieses berühmten Rokoko-Künstlers, dort hängt auch ein Porträt von Günther, das der Tiroler

Prunkstück im Innern:
Ignaz-Günther-Haus

Maler Martin Knoller in München kurz vor dem Tode des Bildhauers anfertigte: »Er hatte ein schmales mageres Gesicht mit jener feinen, geraden Nase, die wir häufig bei seinen weiblichen Figuren sehen können, scharfe graue Augen und als besondere Kennzeichen einen leicht geöffneten Mund mit auffallend wulstigen sinnlichen Lippen, der Ausdruck lebendig, nervös und erregt. Er paßt ausgezeichnet zum Charakterbild, das uns seine Schöpfungen vermitteln.«
Werke von Ignaz Günther können Sie in München im Bürgersaal, in der Frauen- und Peterskirche, in den Schlössern Nymphenburg und Schleißheim sehen. Eine der großartigsten Arbeiten des Bildhauers befindet sich in der Benediktinerklosterkirche in Rott am Inn.
Im Ignaz-Günther-Haus sitzt übrigens ein Teil der Verwaltung des Münchner Stadtmuseums.

2 St.-Jakobs-Pl. 1
Tel. 2 33 44 76
S- und U-Bahn: Marienpl. oder Sendlinger Tor
Für Publikum nur bei Ausstellungen geöffnet.

Maria-Theresia-Straße

Ausgangspunkt eines Spaziergangs durch den schönsten Teil des vornehmen Villenviertels Bogenhausen am rechten Isarufer ist der Friedensengel. Entlang der grünen Maximiliansanlagen mit dem »Wilhelm-Hausenstein-Weg« führt (in Richtung Norden) die Maria-Theresia-Straße, deren Villen zusammen mit denen der parallelen Möhlstraße eine glanzvolle Epoche der Münchner Architektur um die Jahrhundertwende repräsentieren. Man achte insbesondere auf die Nr. 23, Maria-Theresia-Straße: Hier steht die stattliche, florentinisch anmutende Villa des Münchner Bildhauers Adolf von Hildebrand (1847–1921), die dieser 1897 nach eigenen Plänen errichten ließ, als er nach zwanzigjährigem Aufenthalt und künstlerischem Schaffen in dem von ihm erworbenen Kloster San Francesco di Paola bei Florenz an die Isar zurückkehrte. »Es ereignete sich in unserer glücklichen Jugendzeit«, so sagte Wilhelm Hausenstein in einem Vortrag 1947 in München, »daß ein Bildhauer und Architekt über München eine starke und lichte, eine stil- und schulbildende Hoheit gewann – fast so, wie ehedem Bernini sie über Rom gewonnen hatte. Wir Studenten . . . strichen ehrfürchtig um Atelier und Villa an der Maria-Theresia-Straße. Nie hätten wir gewagt, einzudringen . . .«

Ähnlich wie die Villa des Malerfürsten Franz von Lenbach war das Hildebrand-Haus Treffpunkt der geistigen und künstlerischen Haupt-

Im vornehmen Villenviertel: Hildebrand-Haus

figuren jener Zeit. Gabriel von Seidl und Rudolf von Seitz, Ferdinand von Miller und Julius Meier-Graefe gingen in der Villa ein und aus. Zwischen 1975 und 1977 wurde das Haus, das durch den vielfachen Wechsel der Besitzer zu verfallen drohte, von Enno Burmeister renoviert. Heute ist die »Monacensia-Sammlung« in dem ehemaligen Atelier des Bildhauers untergebracht. Wer sich näher mit München und Bayern beschäftigen möchte, dem bietet sich im Lesesaal der Bibliothek ein stiller Studienplatz. Am Ende der Maria-Theresia-Straße muß man unbedingt in die kleine St.-Georgs-Kirche am Bogenhausener Kirchplatz schauen. Thronend steht sie am rechten Isarufer und beherrscht mit der schön geformten Turmkuppel mit Pyramidenabschluß (1771) die uralte Siedlung, die erst im Jahre 1892 eingemeindet wurde. Hier stand einmal eine romanische Kirche, an die zur Zeit der Spätgotik der noch erhaltene Chor angebaut wurde. 1766 begann man nach den Plänen Johann Michael Fischers mit einem Neubau, der 1768 fertig war. Der Hochaltar stammt von dem Münchner Rokokobildhauer Johann Baptist Straub, und dessen größter Schüler, Ignaz Günther, schuf die Seitenaltäre und die Kanzel.

Im Turm dieser Kirche befindet sich ein Ehrenepitaph für Hermann Wehrle, Alfred Delp, den Freiherrn von Leonrod und Franz Sperr – zwei Priester und zwei Laien aus der Pfarrei, die im Zusammenhang mit dem Stauffenberg-Attentat vom 20. Juli 1944 unter dem NS-Regime gehängt wurden.

Auf dem kleinen stimmungsvollen, sehr dörflichen Friedhof liegen berühmte Persönlichkeiten begraben: Oskar Maria Graf, Wilhelm Hausenstein, Liesl Karlstadt, Erich Kästner, Hans Knappertsbusch, Annette Kolb, Gustl Waldau und andere.

Hildebrand-Haus
80 Maria-Theresia-Str. 23
Tram 18; Bus 51
Tel. 4 70 20 24

Mo–Mi 8–16 Uhr, Do 10–19 Uhr, Fr 8–14.15 Uhr (Öffnung der Bibliothek)

Hofgarten

»Der Hofgarten ist immer noch der Sammelplatz der städtischen Eleganz. Hier wird an Sonntagen der neue Putz zur Schau getragen, dies ist der offene Markt der Reize, hier wird geschmachtet, geseufzt, getändelt und geliebäugelt. Auf höchsten Befehl wechseln hier im Sommer die Orchester des Militärs in schönen Abendstunden, Zuckerwerk und andere Näschereien werden feilgeboten, und das angebaute Kaffeehaus reicht Erfrischungen aller Art.« Zwar serviert das Hofgarten-Café »Annast« Kuchen und Kaffee im Freien, aber so

Eine Oase im Verkehrsgewühl: Hofgarten (Arkaden)

reizvoll, lustig und elegant, wie jener Chronist den Hofgarten im Jahre 1803 erlebte, geht es leider nicht mehr zu. Diese Renaissance-Anlage schließt im Norden an die Maximilianische Residenz an und besteht seit 1613. Im Mittelpunkt des Gartens befindet sich ein 1615 erbauter Brunnentempel, der von einer Kopie der von Hubert Gerhart 1594 geschaffenen Diana-Bavaria-Bronzeplastik gekrönt wird (Original im Residenzmuseum). Die Putti-Bronzen sind Kopien verlorengegangener Originale von Hans Krumpper. Unter Kurfürst Karl Theodor wurde der Hofgarten 1780 erstmals für die Öffentlichkeit freigegeben. 1826 umgab Leo von Klenze die Anlage an ihrer Nord- und Westseite mit Arkaden und schuf das Hofgartentor. 1834 malte der Münchner Landschaftsmaler Carl Rottmann im Auftrag König Ludwigs I. die Arkaden des Hofgartens mit einem Italien-Zyklus aus. Die Bilder wurden später abgenommen und hängen heute – mit dichterischen Versen des Monarchen versehen – im Allerheiligengang der Residenz (man sollte bei einem Besuch der Residenz auf diese Bilder achten).

U-Bahn: Odeonspl.

Café Annast
22 Odeonspl. 18
Tel. 22 47 68
Tgl. 9–24 Uhr
(→ Karte S. 217)

Wittelsbacher-Brunnen am Lenbachplatz

Wittelsbacher Brunnen

»Du wirst sehn, daß es mir an Arbeit nicht fehlen wird und daß noch Manches kommt«, schrieb der Bildhauer Adolf von Hildebrand (1847–1921), seit zwei Jahren am Wittelsbacher Brunnen tätig, 1893 an seine Frau. »Ich habe aber mein Leben doch gut geführt – 20 Jahre in Italien studiert und geschaut, und jetzt wo ich weiß, was ich will, komme ich zu Aufträgen und realisire . . .« 1895 ist die Brunnenanlage am Lenbachplatz fertig, und euphorisch äußert sich 1917 Heinrich Wölfflin: »Der Festeingang Münchens ist das, wo Hildebrands Brunnen steht.« Zwar kann wohl heute kaum noch von einem »Festeingang« an dieser lauten Stelle der Stadt gesprochen werden, aber die neubarocke Brunnenanlage mit den antiken Elementen ist ein künstlerisches architektonisch-städtebauliches Gesamtwerk – und was wären Lenbach- und Maximiliansplatz ohne diesen wunderschönen Schaubrunnen?

Der Anlaß für den Bau der Anlage war ein recht nüchterner und praktischer: Anläßlich der Vollendung der Münchner Hochquellwasserleitung sollten die neu entstehenden Maximiliansanlagen durch einen großen Denkmalbrunnen gegen den heutigen Lenbachplatz abgeschlossen werden. Der Auftrag ging an Adolf von Hildebrand, der eine künstliche Fels- und Wasserlandschaft mit einer zweistöckigen Brunnenschale schuf. Die Figuren, ein steinschleudernder Mann und eine Frau, die eine Wasserschale darbietet, weisen auf die Kraft und den Segen des Wassers hin. Annette Kolb, eine Bekannte des Bildhauers, schrieb über den Brunnen: »Von den dunklen Baumgruppen hob sich der Hildebrandsche Brunnen wie ein Götterzeichen ab, die immer neuen Strahlen seiner Lebensfülle milde wie der Mond ergießend. Immer neu sind dem Auge die kühnen, reichen Schweifungen des Beckens, in welchem das Wasser unter der überströmenden Schale frei wie eine Flut sich ausbreitet und bewegt. Und immer neu blicken von dem mächtigen Sockel, wie durch rieselnde Schleier, überlebensgroße marmorne Häupter. Aber das edel gesenkte Antlitz des Athleten, die weit getrennten Gruppen und das Quellen aus all den herrlichen Nischen, sie alle ertönen in übermächtiger Einheit zu einem rauschenden Akkord, aus welchem Münchens eigenste Seele in ihrer hohen Intellektualität und ihren reichen Gründen echt wie der frische Strahl des Wasserstaubes, uns entgegenhaucht.«

2 Lenbachpl.
S-Bahn: Karlspl.
(→ Karte S. 217)

Englischer Garten

»Gegen das Dorf Schwabing sah man hier im Vorübergehen die alte Holzbrücke mit dem verschließbaren Gatter und sah, wie sich der spitze Turm der alten Dorfkirche über das Grün der Bäume und Sträucher hinweg in einem breiten toten Wasserarm oder Tümpel spiegelte . . .« Aus jenem Tümpel, dem der Schwabinger Bach das Wasser zuführte, entstand 1802 der Kleinhesseloher See. Dieses stille Gewässer mit flach sich weitenden Ufern und wehenden Weiden, mit seinen drei kleinen, baumbewachsenen »Inseln« (Kurfürsten-, Königs- und Prinzregenteninsel), seinen Schwänen und Enten gehört zu den schönsten Punkten im Englischen Garten. Am Ufer des Sees steht das 1985 vollendete neue Seehaus mit Biergarten, und Ruderboote mit Lampions laden zu einer nächtlichen Mondscheinkahnpartie ein.
Der Englische Garten geht auf eine Anregung des unter Kurfürst Karl Theodor tätigen Ministers Graf Rumford zurück, der in den von kleinen Bächen durchflossenen Isarauen nordwestlich der Residenz einen Volkspark im Stil der englischen Landschaftsgärten anzulegen vorschlug. Seit dem 14. Jahrhundert galt die »Aw vor Schwäbinger Tor« den Landesfürsten als nächstgelegenes Jagdrevier, wo man Hirsche, Sauen und das für die Küche so beliebte Federwild jagte. 1789 begann der Gartenarchitekt Ludwig von Sckell mit der Planung und

Idyll im Englischen Garten: Kleinhesseloher See

Ausführung des Gartens und schuf mit dem heute 367 Hektar großen, 5 km langen und rund 2 km breiten Park den ersten Garten, der nicht nur höfischen Zwecken dienen sollte, sondern »zum Genusse der freien gesunden Lebensluft und zum traulichen geselligen Umgang und Annäherung aller Stände« gedacht war. Sobald der Lenz einzieht und die ersten Knospen der Erlen und Buchen, des Jasmins und der Holunderbüsche im warmen Licht der Sonne aufbrechen, strömen Scharen von Münchnern zu Fuß, per Rad und auch zu Pferd in ihr grünes, vielbesungenes Freilichtparadies. »Verschlungene Wege, Herzen, Hände/ und anderes wird zur Sonnenwende/ bei günstiger Witterungsbedingung/ zu einer einzigen Verschlingung«, dichtete einst der Münchner Eugen Roth. Ja, wenn es Sommer wird, lassen Münchens Mädchen den Bikini fallen und nehmen ein Bad im kühlen Eisbach, der mitten durch den Park fließt, und der Fremde muß zweimal hinschaun, bis er's glauben kann, daß da bei allzu großer Hitze ein Pärchen Hand in Hand über den Rasen schlendert, ganz so, wie es der liebe Gott geschaffen hat.

Der Biergarten am *Chinesischen Turm* – eine hölzerne Pagode mit fünf offenen Terrassen und ausgeschwungenen Dächern – füllt sich an warmen Tagen im Nu und bleibt auch bis in die Nacht hinein besetzt. Wer immer noch nicht begriffen hat, was man in München unter

Freizeitwert und Lebenslust versteht, dem gehen spätestens jetzt, beim Anblick dieser fröhlich-freien Mischung aus Maß und Muße die Augen auf.
Wenn übrigens der menschenscheue Märchenkönig Ludwig II. seine abendlichen Ausflüge in den Englischen Garten machte, entstieg er am Chinesischen Turm seiner goldenen Kutsche, und die Fußgänger mußten die Wege verlassen, weil der Herrscher ungesehen sein wollte. Doch hin und wieder wurde der König bei seinem Spaziergang heimlich beobachtet: ». . . wir legten uns im Dickicht hinter dem Gebäude auf den Boden und mußten lange warten, bis der König kam. Er ging langsam auf dem Fußwege, einen Mantel um die Körperfülle geschlagen, riesengroß, theatralisch, mit einem barettartigen Hut auf dem Kopfe . . .« (Hermann Uhde-Bernays). Wahrscheinlich führte der Weg des einsamen Monarchen hoch auf den kleinen Hügel im Südteil des Gartens, wo, umgeben von hohen Bäumen, der Monopteros steht, ein klassisch-schöner Rundtempel, den Ludwig I. zu Ehren Kurfürst Karl Theodors zwischen 1833 und 1838 von Leo von Klenze bauen ließ. Ein reizvoller Flecken mit schönem Rundblick. Hier treffen sich Münchens Freaks zum Frisby- und Gitarrenspiel.

U-Bahn: Giselastr. oder Universität; Bus 54

Stuck-Villa

In der Prinzregentenstraße im vornehmen Viertel Bogenhausen steht ein prachtvoller Palazzo, der zu Münchens bemerkenswertesten Baudenkmälern gehört, die Stuck-Villa.
Erbauer und Besitzer dieses zwischen 1897/98 im neoklassizistischen Stil errichteten Stadtpalastes war Franz von Stuck, ein Müllerssohn aus dem niederbayerischen Tettenweis, der mit 17 Jahren nach München kam, dort Kunst studierte, 1895 als Professor an die Akademie für Bildende Künste berufen wurde und schließlich zur bewunderten Zentralfigur der Kunstszene während der Prinzregentenära geworden war. 1913, auf dem Höhepunkt seines Ruhmes, erweiterte der Malerfürst seine Villa durch ein zweigeschossiges Atelierhaus, das 1914 fertiggestellt wurde.
Vor dem Haupteingang der Stuck-Villa empfängt den Besucher das Reiterbild einer speerwerfenden Amazone – das ist die wichtigste Großplastik des Künstlers. Das Innere der Künstlervilla dokumentiert beispielhaft die Raumkunst um die Jahrhundertwende. Die gesamte Inneneinrichtung stammt vom Künstler selbst. Für seine Möbel erhielt Stuck auf der Pariser Weltausstellung 1900 eine Goldmedaille. Die fast

feierliche Innendekoration der im Halbdunkel gehaltenen Räume weist neben klassizistischen und symbolistischen Tendenzen auch präraffaelitische Züge auf.
Gipsabgüsse nach antiken Vorbildern schmücken das Vestibül, venezianisches Goldmosaik ziert Wände und Nischen des Empfangsraumes. In der Reliefecke des Boudoirs vereinigte Stuck Szenen aus der griechischen Mythologie zu einem antiken Götterhimmel. Den Schmuck des Speisesaals bilden zwei Jugendstillüster aus Messing nach Entwürfen von Stuck. Der Musiksalon mit der als Himmelsgewölbe ausgeführten Decke ist als Huldigung an die Genien der Musik, des Tanzes und der Theaterkunst gedacht. Der Salon wirkt in seinem symbolistischen düsteren Prunk eher bedrückend. Das Treppenhaus, das zu den eigenwilligsten Schöpfungen des Jugendstils gezählt wird, führt zum Maleratelier im ersten Stock des Hauses, in dem Stuck seine Gäste und seine Modelle zu empfangen pflegte. Im Zweiten Weltkrieg wurde die Villa schwer beschädigt, 1968 konnte der Wiederaufbau beendet werden. Heute sind in den Räumen ein Jugendstilmuseum mit wechselnden Ausstellungen, diverse Galerien und das China-Restaurant »Tai-Tung« untergebracht.

80 Prinzregentenstr. 60
Tel. 4 70 70 86
Tram 18, Bus 51
Di–So 10–17 Uhr, Do bis 21 Uhr
Eintritt 2 DM, bei Sonderausstellungen erhöhter Eintrittspreis

Tai-Tung
→ Essen und Trinken S. 169

Domizil eines Malerfürsten: Stuck-Villa

Viktualienmarkt

Dieser Bauernmarkt im Herzen der bayerischen Landeshauptstadt mit Brotzeitbuden und einem Biergarten in der Mitte ist in seiner bunten Pracht und verführerischen Fülle wohl kaum zu übertreffen. Unter farbigen Markisen stapeln sich Berge einheimischer und europäischer Käsespezialitäten, stehen hölzerne Kübel mit Essiggurken und Sauerkraut. In den Metzgereien locken Würste und Schinken, saftige Schweinsbraten, Kalbshax'n und Rinderbrust. Verlockend knackig reihen sich Auberginen und Avocados, Artischocken, Zucchini, weiße Zwiebeln, Radieschen, Knoblauch und Kartoffeln aneinander. Man findet exotische Früchte und getrocknetes Obst, Schwammerln (Pilze) und diverses Getier. Aus den Bäckereien strömt der Geruch von frischen Brez'n und Semmeln, es duftet nach Thymian und Rosmarin, Basilikum, Beifuß und Nelken. Und nach Blumen. Im Winter verkaufen die Händler wohlriechendes Tannengrün aus den Bergen, Kränze und Christbäume, die den alljährlich auf dem Marienplatz stattfindenden »Christkindlmarkt« schmücken.
Zur warmen Jahreszeit lädt der Biergarten des Viktualienmarktes mit seinem hellblauen Gestühl unter dichtem Kastaniengrün zum Verweilen und zu einer bayerischen Brotzeit ein. Holen Sie sich ein »Helles« und gesellen Sie sich zu den vielen Männern und Frauen, die vor ihrer frischen Maß sitzen und gerade ein Ripperl auspacken oder ein Stück Käse. Hier befinden Sie sich unmittelbar an der Quelle nicht nur aller Schlemmerfreuden, sondern auch an Münchens fast einzigem Platz, wo Sie noch viele echte Münchner treffen und ein unverfälschtes Münchnerisch hören können. Und – meistens – auch einen guten Einblick in das Münchner »Schimpfwortlexikon« gewinnen. Lauschen Sie nur den rauhen Rufen der Standlfrauen mit den blauen Schürzen und den grünen Hüten, die es im Grunde genommen aber herzlich meinen.
Während des Wanderns von Stand zu Stand stoßen Sie auf die Denkmäler der bayerischen Humoristen Karl Valentin, Liesl Karlstadt und Weiß Ferdl, denen treue Verehrer regelmäßig Blumensträuße in die Arme legen. Der farbenprächtige Maibaum in der Mitte des Platzes ist übrigens der einzige Stadtmaibaum der Welt, der größte und wohl schönste Bayerns.
Neben dem Valentin-Brunnen in einem Standl befindet sich das »Café Nymphenburg Sekt«, im Freien um 90 Plätze erweitert. Der Kaffee und die Weißwürste mit Brez'n (3mal täglich frisch) werden oft gelobt. Das

Der rauhe Ruf ist herzlich gemeint: Standlfrau

P.A.F. FAENZA
F.LLI BRAZZAROLA
S.BONIFACIO-VERONA
GORELLA I° mm. 18 OLTRE

größte Café am Viktualienmarkt ist das »Café Frischhut«, genannt »die Schmalznudel«, wo sich Marktfrauen und vor allem Nachtschwärmer ab 5 Uhr früh ein Stelldichein geben.

S- und U-Bahn: Marienpl.
(→ Karte S. 217)

Café Frischhut
→ Essen und Trinken S. 161
Café Nymphenburg Sekt
→ Essen und Trinken S. 162

Schönheitengalerie

Damen, Damen, bildschöne Damen in goldenen Rahmen. Wie viele und welche Frauen und Mädchen seiner Zeit der Bayernkönig Ludwig I. sosehr verehrte – von der leichtlebigen Lady Ellenborough über die Marchesa Marianna Florenzi bis zu der Schusterstochter Helene Sedlmayr, die des Königs Kammerlakaien ehelichte ... – zeigen 36 vom Hofmaler Joseph Stieler zwischen 1827 und 1850 gemalte Porträts, die in einem der prunkvollen Räume im Südlichen Pavillon des Nymphenburger Schlosses hängen.

Hier ist auch jene Frau verewigt, die der Monarch zur Schönsten des Landes auserkoren und zur Entrüstung des bayerischen Volkes noch in hohem Alter zu seiner Geliebten gemacht hat. Lola Montez (die Dame mit der roten Blume im schwarzen Haar), »ein Weib voll Schönheit, geistiger Begabung und bizarrer Phantasie«, wie ein Zeitgenosse schrieb, war als spanische Tänzerin nach München gekommen. Da man ihr den Auftritt am Hoftheater untersagte, so will es die Legende, drang die feurige Spanierin in die Gemächer des Monarchen ein, mit einem enggeschnittenen Reitgewand bekleidet. Als der König die Echtheit des üppigen Busens der Lola bezweifelte, griff diese erbost zu einer Schere und schnitt sich das Kleid zwischen den Brüsten auf – der König war sogleich verzaubert ... Die Liebesaffäre des 60jährigen Monarchen mit der rasanten 28jährigen Abenteurerin dauerte anderthalb Jahre und wurde zum Ärgernis in ganz Bayern. Als der mächtige Geliebte seiner schönen Tänzerin schließlich auch noch den Wunsch nach einem Adelstitel erfüllte, damit sie einen leichteren Zugang zur Münchner Gesellschaft bekomme, erboste sich das Volk und forderte vor dem Palais der »Gräfin zu Landsfeld« in der Barerstraße die Vertreibung der Lola. Im Revolutionsjahr 1848 wurde der Souverän für seinen Seitensprung gestraft – Ludwig I. erklärte seinen Rücktritt, und Lola Montez mußte München fluchtartig verlassen.

Im Nymphenburger Schloß
Tram 12; Bus 41
April–Sept. tgl. außer Mo 10–12.30, 13.30–17 Uhr, Okt.–März bis 16 Uhr
Eintritt 2,50 DM

Bayerische
und deutsche Kraft:
Bavaria

Bavaria

Vor der Ruhmeshalle auf der Theresienwiese, wo Bayerns Bauern ihr Vieh prämieren lassen und das Oktoberfest gefeiert wird, steht ein bronzenes Riesenweib im Bärenpelz: die Bavaria, Schutzherrin des Landes.

Auftraggeber für den Bau der Kolossalfigur war König Ludwig I. – Was in Athen über der Akropolis die Athena Promachos bedeutete, das sollte in München die Bavaria symbolisieren, nämlich bayerische und deutsche Kraft. Das Riesendenkmal wurde von dem Bildhauer Ludwig Schwanthaler entworfen, Ferdinand von Miller von der berühmten Erzgießerei des Johann Baptist Stiglmair hat es zwischen 1844 und 1850 gegossen.

66 steinerne Stufen führen im Innern bis in die Kniekehlen des eisernen Prachtweibs mit dem wallenden Haar. Von dort aus kann man der

Dame auf einer kleinen Wendeltreppe gar in den Kopf steigen und durch ihre Augen über Stadt und Land schauen. Für dieses insgesamt 30 Meter hohe technische Wunderwerk aus Bronze waren 1560 Zentner Metall nötig, in sechs Teilen wurde es gegossen. Das größte Teilstück war das Haupt der Göttin. Als dieses langsam und majestätisch aus der Gußgrube gehoben wurde, waren selbst König und Königin präsent, und Miller überraschte sie mit einem Spaß: Gesang ertönte plötzlich aus dem Gehirn der Bavaria und 26 Sänger krabbelten aus einem Loch am Hinterkopf, allen voran die beiden Söhne Millers, dann ein Arbeiter nach dem anderen.
Die Enthüllung des Standbildes, das »wie durch Zauberschlag sichtbar« geworden war, wurde mit Kanonendonner und patriotischen Liedern gefeiert.

2 Auf der Theresienhöhe, oberhalb der Theresienwiese
Tel. 50 87 25
U-Bahn: Goethepl.

Tgl. außer Mo 10–12 und 14 bis 17.30 Uhr, im Winter bis 16 Uhr
Eintritt: Erwachsene 1,50 DM, Kinder 1 DM (in Begleitung Erwachsener frei)

Auer Dult

Buden, Zelte, Karussells, Luftballons, Bier, Bratwürstl, gebrannte Mandeln, aus Porzellan Madonnen und Petroleumlampen, Plüsch und Plunder, Tand und Trödelkram: Dreimal im Jahr findet in der ehemaligen Vorstadt Au – der Geburtsstätte des Komikers Karl Valentin – zu Füßen der Mariahilfkirche ein echter bayerischer Jahrmarkt statt, die Auer Dult.
Sind auch die Zeiten vorbei, da man beim Grabbeln zwischen verrosteten Schrauben und blechernem Besteck plötzlich auf ein wertvolles Stück »Altertum« stieß, so kann sich in einem Haufen von Groschenromanen zur Begeisterung des Bücherwurms auch heute noch eine antike Ausgabe von Dantes »Göttlicher Komödie« verirrt haben, oder eine kristallene Karaffe wird nicht als Kostbarkeit, sondern versehentlich als simples Stück Glas feilgeboten. Was Großmutter vor Jahrzehnten auf dem Speicher einmottete und schließlich auf den Markt warf, wird für so manchen zur extravaganten Garderobe, und wer mit Geduld auf dem Geschirrmarkt sucht, findet sicher ein paar Tassen ohne Fehler und trotzdem billig.
Münchens größter Kunst-, Antiquitäten- und Trödelmarkt existiert bereits seit langem: 1799 bat der Kommandeur der Auer Bürgerwehr, die auf dem Mariahilfplatz vor dem Kurfürsten Karl Theodor exerzieren mußte, um Erlaubnis einer jährlichen Dult auf dem Exerzierplatz. Der Kurfürst gab sein Einverständnis. Aus einer Dult wurden derer

Dreimal im Jahr bayerischer Jahrmarkt: Auer Dult

schließlich drei im Jahr: die Maidult (Beginn am Samstag vor dem 1. Mai), die Sommer- oder Jacobidult (im Juli/August am Samstag nach Jacobi) und die Herbst- oder Kirchweihdult (am Kirchweih-Samstag, dem 3. Samstag im Oktober).

90 Mariahilfpl.
Bus 52, 56
Dauer der Dult 9 Tage

Tgl. 8–20 Uhr, Sa 10.30–20 Uhr, So 10.30–20 Uhr, Kirchweihdult jeweils bis 19 Uhr

Müllersches Volksbad

»Die Anstalt enthält ein Schwimmbad für Männer, ein solches für Frauen, ein von beiden Geschlechtern abwechselnd zu benützendes Dampf- und römisch-irisches Bad, desgleichen eine Abteilung für elektrische Lichtbäder, ferner 86 Wannenbäder, zur einen Hälfte für Männer, zur anderen für Frauen bestimmt . . .«, informierte 1918 die Schrift des Stadtmagistrats der Münchner Öffentlichen Badeanstalten

die Bürger der Stadt über Münchens »schönstes und größtes Badeetablissement« an der Zweibrückenstraße in den Anlagen unterhalb der Ludwigsbrücke.

Selbst wenn Ihnen der Sinn nicht nach Schwimmen, einem Schwitzbad, Fitneßraum oder Solarium steht, werfen Sie einen Blick hinter die ockerfarbenen Mauern dieses kuriosen, „schönsten Jugendstilbades Europas“, in dem Männer und Frauen Münchens sich vom Fuß bis zur Frisur pflegen lassen. Sehenswert die beiden gewölbten Schwimmhallen mit den großen Fenstern. 1979 bis 1984 wurde das Bad für 8,3 Millionen Mark restauriert und erstrahlt nun wieder im ursprünglichen Glanz.

Das Volksbad verdankt sein Entstehen der großzügigen Schenkung des Münchner Bürgers Karl Müller, der mit einer Summe von 1,8 Millionen Goldmark die Stadt beauftragte, »hauptsächlich für das unbemittelte Volk ein Bad zu errichten«. 1897 wurde unter der Leitung Carl Hocheders mit dem Bau begonnen, am 9. Mai 1901 konnte das Etablissement in Betrieb genommen werden. Zum Andenken an den edlen Stifter wurde die Anstalt »Karl Müllersches Volksbad« genannt. »Um den sittlichen Forderungen gerecht zu werden«, schrieb die Direktion der städtischen Badeanstalten noch 1949 vor, »baden Männer und Frauen getrennt, nur am Dienstag ist Familienbadetag.« In der Zwischenzeit gab es sogar einen FKK-Familienbadetag. Männlein und Weiblein konnten sich »nackert« im Wasser und in der Halle tummeln. Diese Freizügigkeit wurde allerdings bald wieder eingestellt.

80 Rosenheimer Str. 1, bei der Ludwigsbrücke
Tel. 2 33 89 46
S-Bahn: Isartor; Tram 18, 19, 20
Mo 10–17 Uhr, Di und Do 8 bis 19.30 Uhr, Mi 6.45–19.30 Uhr, Fr 8 bis 20.45 Uhr, Sa 8–17.30 Uhr, So 9 bis 18 Uhr
Hallenwarmbadetage: Mi und Fr
Eintritt 3 und 4 DM, Kabine 5 und 6 DM

Valentin-Musäum

Münchens originellstem Humoristen Karl Valentin, diesem »Don Quichotte vom Typus ernsthafter, sich selbst zernagender, sich selbst verzehrender, ausgesprochen schwermütiger Komik . . .«, ». . . unendlich lang, über alle Proportionen hinauf und hinab gestreckt, spindeldürr, fadendünn . . .« (Wilhelm Hausenstein), der giftige Schlangen mit der Hand fing, aber zeit seines Lebens Angst hatte,

Klassischer Jugendstil: Müllersches Volksbad

mitten im Winter von einem Blitz erschlagen zu werden, und der beim Anblick eines Leichenwagens sogleich in einen Hauseingang flüchtete, ist mit dem in einem der beiden Türme des alten Isartors (1337) untergebrachten »Valentin-Musäum« ein kurioses Denkmal gesetzt worden.

Der Komiker, geboren 1882 in der Entenbachstraße in Münchens Vorstadt Au, war einst Sargschreiner von Beruf: »Beim Möbelschreiner Hallhuber in Haidhausen lernte ich hobeln, sägen, nageln. Bald entwendete ich einen Nagel, schlug ihn in die Wand und hing an demselben das goldene Handwerk der Schreinerei für immer auf.«

Neben diesem Nagel ist im Valentin-Musäum alles zu besichtigen, was der berühmte Mime, boshafte Zeitkritiker und Verfasser des »Buchbinder Wanninger«, der »Orchesterprobe« oder der »Raubritter vor München« während seines langen Komödiantenlebens gesammelt, geschrieben, konzipiert und konstruiert hat. Da sind Fotos und Plakate ausgestellt, Texte und philosophische Sprüche hängen an der Wand, und »Objekte« wie »Stuhlgang, plastisch dargestellt«, eine »Geschmolzene Schneeplastik« oder eine »Blühende Kohleschaufel« zeugen von Valentins außerordentlichem Erfindungsgeist.

Das Isartor war während des Zweiten Weltkrieges schwer beschädigt und 1958 als Ruine dem »Valentinisartorausstellungsturmausschuß« übergeben worden, der es sich unter der Leitung von Hannes König zur Aufgabe machte, eine Erinnerungsstätte für Karl Valentin und die Münchner Volkssänger zu schaffen. Das Museum wurde am 17. September 1959 eröffnet. 1972 wurde auch der zweite Turm des Isartors renoviert. In zwei Stockwerken erinnern über 6000 Stücke an das originelle Metier der Münchner Volkssänger (→ Volkssängerbühne S. 126).

Verlassen Sie diesen kuriosen Ort nicht, ohne in dem mit alten Musikinstrumenten, Spiegeln, Fotos, Plakaten und Vogelkäfigen dekorierten, sehr charmanten »Valentinmusäumsturmstübl« noch eine Leberknödelsuppe oder einen Kaffee mit frischem Schmalzgebackenem zu sich genommen zu haben.

Sollte Ihnen der Sinn nach einem Schoppen stehen, so beachten Sie bitte den Punkt vier auf der Rückseite der Speisekarte: »Alle vorhandenen Speisen und Getränke werden eiligst gebracht, lediglich Rotwein beziehen wir aus Tirol, dauert also naturgemäß einige Minuten länger.« Macht gar nichts, in dieser Umgebung.

2 Isartor, Tal 43
Tel. 22 32 66
S-Bahn: Isartor;
Tram 18, 20

Mo, Di, Sa 11.01–17.29 Uhr,
So 10.01–17.29 Uhr
Eintritt 299 Pfennige
(→ Karte S. 217)

Museen

Deutsches Museum

»Wir, Wilhelm II. von Gottes Gnaden Deutscher Kaiser, König von Preußen, haben heute, am 13. November des Jahres 1906 mit Seiner Königlichen Hoheit Luitpold, königlichen Prinzen von Bayern . . . den Grundstein zu dem Bau des Deutschen Museums gelegt.« Den Anstoß zur Errichtung eines Museums in seiner Vaterstadt München, das »ein belehrendes Bild von der Technik und den technischen Wissenschaften geben und die kommenden Geschlechter für Wissenschaft und Technik begeistern« sollte, hatte Oskar von Miller (1855–1934), Sohn des berühmten Erzgießers Ferdinand von Miller, bereits 1903 gegeben – die Eröffnung des großen, nach Plänen Gabriel von Seidls erbauten Sammlungsgebäudes fand jedoch erst am 7. Mai 1925, dem 70. Geburtstag Oskar von Millers, statt. 1944 wurden fast 80 Prozent der Bausubstanz des Museums vernichtet, 20 Prozent der Ausstellungsstücke gingen verloren. 1958 war der Wiederaufbau beendet. Das Deutsche Museum auf der Isarinsel in Münchens Stadtmitte ist das

Größtes technisches Museum der Welt: Deutsches Museum

größte technische und naturwissenschaftliche Museum der Welt, »fälschlich für eine Sache der Techniker gehalten«, wie der Münchner Schriftsteller Eugen Roth schrieb, »in Wahrheit das so oft fehlende geistige Band, das Idee und Wirklichkeit des Menschen verbindet«.
In der Tat: Anschaulich und allgemeinverständlich werden dem Besucher auf einer Ausstellungsfläche von 45 000 Quadratmetern anhand von 16 000 Objekten aller Art die Grundprinzipien und die Entwicklung der Naturwissenschaft und Technik dargestellt. Er steht vor historischen Apparaten, an modernen Maschinen, die sich durch Knopfdruck bedienen lassen, vor Instrumenten, Graphiken, Fotos, Modellen. Hier kann er das Standardflugzeug des Weltluftverkehrs um 1940, eine Junker 52M, besichtigen, dort an Bord eines alten Dampfers stehen oder sich zu den Auswanderern auf einem Segelschiff von 1870 gesellen. Hier sieht er Graf Zeppelin in seinem Luftschiff in die Lüfte steigen, dort Otto von Lilienthal bei einem seiner ersten Flugversuche über die Landschaft segeln. Wer sich für die Geschichte von Film und Fotografie interessiert, für Glastechnik, die Schreib- und Drucktechnik oder Raumfahrt ist im Deutschen Museum bestens aufgehoben, wen Himmelskunde fasziniert, der gehe in den fünften Stock und vergesse das Planetarium im sechsten Stock nicht. Und was sich unter der Erde tut, das zeigt eine naturgetreue Nachbildung eines Bergwerkes für Kohle, Erz und Salz.
Das Museum ist ein idealer Schau- und Spielplatz für jung und alt! Ein Restaurant mit Terrasse bietet ausreichend Erholung für Bein- und Sehmüde. Eilige können sich an einer Snackbar selbst bedienen.
Ein Tip: Die Museumswärter in der Musikinstrumenten-Abteilung sind alle Musiker und spielen auf Wunsch gerne alte Kompositionen auf den Ausstellungsstücken.

22 Auf der Isarinsel
Tel. 2 17 91
S-Bahn: Isartor; Tram 18; Bus 52, 56

Tgl. 9–17 Uhr
Eintritt: Erw. 8 DM, Schüler 2,50 DM
(→ Karte S. 179)

Glyptothek

Mit der Glyptothek am Königsplatz verwirklichte Bayernkönig Ludwig I. eine seiner Lieblingsideen: die Errichtung eines marmornen Kunsttempels im »reinsten antiken Geschmacke«, in dem er seine auf vielen Italien-Reisen erworbenen und von Experten in Rom und Athen zusammengetragenen antiken Skulpturen und Bildwerke und die bereits von Herzog Albrecht V. geschaffene Antikensammlung (→ Antiquarium S. 57) unterzubringen gedachte. 1816 begann der Architekt Leo von Klenze mit dem klassizistischen Tempelbau. Die dem Königs-

Erlesene Kopien: Glyptothek

platz zugekehrte Südfront trägt über drei Sockelstufen einen ionischen Säulenportikus mit einer 1818 von Martin von Wagner entworfenen Giebelplastik, die Athena im Kreise von Künstlern zeigt. 1831 wurde die Glyptothek, dieser »narrische Kronprinzenstadel«, wie der Volksmund das zu jener Zeit noch im freien Getreidefeld stehende Museum zynisch zu nennen pflegte, eingeweiht.
Die Glyptothek, in ihrer Gesamtheit ein architektonisches Kunstwerk, ist die bedeutendste Sammlung Deutschlands von Skulpturen aus fast einem Jahrtausend griechischer und italienischer Kunst. (Es handelt sich dabei in erster Linie um Kopien.) Um einen quadratischen, südlich anmutenden Lichthof (sehenswert), in dem man sich bei einem Imbiß wunderbar ausruhen kann, gruppieren sich dreizehn Säle. Der Rundgang durch die gewölbten Räume mit den großen Fenstern (man achte auf das schöne Spiel von Licht und Schatten) beginnt mit griechischen Jünglingsstatuen aus der archaischen und hellenistischen Epoche und endet mit römischen Skulpturen und Reliefs aus dem 4.–1. Jahrhundert v. Chr. Die 160 Plastiken der Glyptothek sind frei im Raum aufgestellt und können von allen Seiten betrachtet

werden. Wertvollster Besitz des Museums sind die sogenannten »Ägineten« (um 500 v. Chr.), Giebelskulpturen des Tempels der Aphaia, die 1811 auf der Insel Ägina ausgegraben wurden und erst 1827 – nach einer gefahrvollen Reise über steile Pfade, stürmisches Meer und schwierige Alpenpässe – in München eintrafen. Die fein gemeißelten Marmorgestalten sind in ihrer ursprünglichen Gruppierung angeordnet – sie stellen den Kampf äginetischer Griechen gegen die Trojaner dar.
Beachten sollte man den »Apoll von Tenea« und den sogenannten Barberinischen Faun. Höhepunkt der Galerie römischer Porträts aus fünf Jahrhunderten bilden die Büste des römischen Kaisers Augustus und die des griechischen Dichters Homer.
Während des Zweiten Weltkrieges wurde das Museum schwer beschädigt, fast 90 Prozent des Innern (unter anderem die Fresken von Peter Cornelius) wurde zerstört. Josef Wiedemann baute die Glyptothek wieder auf. Die hervorragende Neukonzeption beherbergt auch eine der schönsten Cafeterias der Stadt.
Bevor der Besucher den als klassisches Forum gedachten Königsplatz mit seinen Tempelbauten verläßt, bedenke er, daß dieser einzigartige, weiträumige Platz einst eine Oase städtebaulicher Ruhe bildete, ehe er durch Hitlers Steinplattenbelag zum Paradeplatz und durch die Öffnung neben den Propyläen zur Durchfahrt wurde. So gehört es zu den erfreulichen städtebaulichen Maßnahmen, daß der Platz 1987 teilweise wieder begrünt wurde.

2 Königspl. 3
Tel. 28 61 00
U-Bahn: Königspl.

Tgl. außer Mo 10–16.30, Do 12–20.30 Uhr
Eintritt 3,50 DM, So frei
(→ Karte S. 179)

Lenbach-Villa

»In jenen Anfangsmonaten des Jahres 1900 gehörte sein angelegentlichstes Denken und Sorgen dem ›Künstlerhaus‹ – diesem endlich zur Verwirklichung gelangten Traum langer Jahre«, schrieb der Schweizer Schriftsteller Walther Siegfried über den Palazzo des Münchner Malerfürsten Franz von Lenbach an der Luisenstraße, mit dem sich der Kunstdiktator der Jahrhundertwende nicht nur eine Atelierwohnung hatte schaffen wollen, sondern auch der »Künstlerschaft ein Heim für die abendliche Erholung und Räume zu ihren Festen«.
Die ockerfarbene Villa im Renaissance-Stil – unweit der Bauten des Königsplatzes – mit ihren steinernen Schalen, Brunnen, Wasserbecken, gepflegten Pfaden, Rondells, Hecken, Terrassen, Loggien und dem kostbaren Interieur ist ein einzigartiges Beispiel für den

Palazzo im Renaissancestil: Lenbach-Villa

repräsentativen Lebensstil eines »Malerfürsten« des 19. Jahrhunderts. Franz von Lenbach (1836–1904), ein Maurerssohn aus Schrobenhausen, der durch seine Malerei zu einem stattlichen Vermögen und gesellschaftlichem Ruhm gekommen war, hatte die Winter 1882–1887 in Rom in der Villa Borghese verbracht. Bei ihm trafen sich Hochadel und Großbürgertum. Der Künstler porträtierte berühmte Persönlichkeiten, kopierte (im Auftrag seines Förderers Graf Schack) große Meister wie Tizian, Velásquez und Rubens. Lenbach genoß den römischen Lebensstil und wollte – in der Tradition der berühmten Maler der Renaissance und des Barock – in München ein fürstliches Domizil nach römischem Muster schaffen, in dem sich Könige, Künstler, Fürsten und Gelehrte treffen sollten.
In den Jahren 1887–97 baute der renommierte Architekt Gabriel von Seidl den Stadtpalast für den Maler und stellte ein Atelierhaus in den Garten. Bei der Innendekoration legte Lenbach selbst Hand an: »Lenbach in eigener Person hatte mit Ruedorffer auf den schwindelnd hohen Leitern gestanden, die Ornamente an die Decke des Festsaals zu heften, ihre Wirkung zu prüfen, sie wieder heruntergeholt, neu entworfen, anders bemalt, wieder hinauf, wieder herunter. Es mußte alles so schön, so harmonisch werden, wie es nur irgend zu ersinnen war« (Walther Siegfried). Nach dem Tode Lenbachs verkaufte die Witwe des Künstlers die Villa an die Stadt und stiftete das kostbare

Interieur sowie die Sammlung Lenbachs. Heute ist der Palazzo ein Museum, das eine wichtige Sammlung der Malerei des 19. und 20. Jahrhunderts beherbergt, wobei die umfangreiche Sammlung der Gabriele-Münter-Stiftung eine Sonderstellung einnimmt. Kandinsky, Klee, Macke und Marc (»Blauer Reiter«) sind hier vertreten. Im Obergeschoß sind Werke der Münchner Landschaftsmaler zu sehen: Albrecht, Dillis, Kobell, Spitzweg, Leibl und andere, und in einem Seitentrakt befindet sich eine wachsende Sammlung aktueller Kunst, unter anderem ein bekanntes Beuys-Environment, das für großen Wirbel in der eher konservativen öffentlichen Kunstszene Münchens sorgte.

Im Lenbach-Haus finden außerdem regelmäßig Ausstellungen zeitgenössischer Kunst statt.

Im Sommer stehen Stühle in dem wunderschönen Garten – man meint tatsächlich, vor der Tür einer florentinischen Villa zu sitzen.

2 Luisenstr. 33
Tel. 52 10 41
U-Bahn: Königspl.

Tgl. außer Mo 10–18 Uhr
Eintritt 5 DM, So und Fei frei
(→ Karte S. 179)

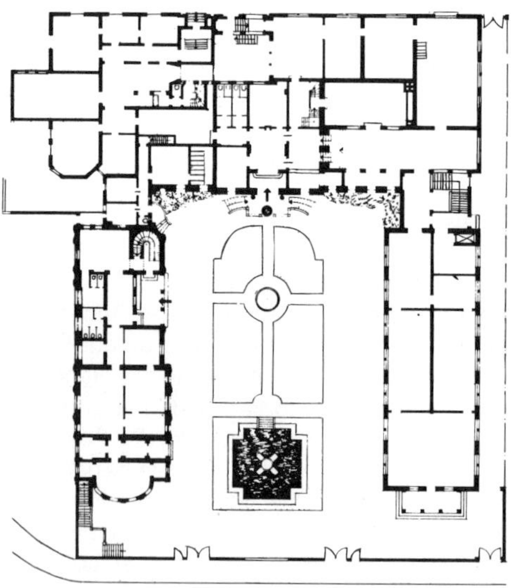

Die »Residenz« Lenbachs bestand ursprünglich aus einer asymmetrischen Anlage: dem Wohnhaus (oben) und einem Gartenatelier (links), das später an das Wohnhaus angeschlossen wurde. Der Nordflügel (rechts) entstand 1927–29 für die Städtische Galerie

Früher Zeughaus – heute Stadtmuseum

Stadtmuseum

In der historischen Mitte Münchens steht das Stadtmuseum, das Ernst von Destouches 1888 in den Räumen des ehemaligen städtischen Zeughauses (sehr schöne spätgotische, gewölbte Erdgeschoßhalle) am St.-Jakobs-Platz eröffnete. Hier ist ein Kunstwerk aus dem Mittelalter aufbewahrt, das zu den größten Schätzen der Stadt gehört: die Moriskentänzer von Erasmus Grasser (1450–1518), farbenprächtige, gotische Tanzfiguren, die der berühmte Bildhauer der Dürerzeit um 1480 für den Tanzsaal des Münchner Rathauses schnitzte. »Lustig werfen sie die Beine durcheinander«, beschreibt ein Chronist die Figuren, »sie überbieten sich an grotesker Komik und geschraubter Zierlichkeit. Spielend gefallen sie sich in den schwierigsten Verrenkungen und treiben Narrenpossen, springend und hopsend, schleifend und sich drehend.« Von den ursprünglich 16 Figuren sind leider nur noch zehn erhalten. Anhand des »Sandtnerischen Stadtmodells« von 1570 (Kopie) kann sich der Besucher ein Bild davon machen, wie München zur Zeit der Renaissance ausgesehen haben muß. Wer etwas über die Münchner bürgerliche Wohnkultur vornehmlich des 19. Jahrhunderts wissen möchte, wandere durch die 16 Räume im 2. Obergeschoß, in denen stilgerechte Möbel aus jener Zeit ausgestellt

sind. Im Fotomuseum »rast« ein Reporter um 1872 auf seinem Dreirad an den Ort des Geschehens, man kann die Originalwerkstatt des Physikers Joseph Fraunhofer (1787–1826) besichtigen, der neue Fernrohre entwickelte und sich als erster mit der »Spektralanalyse« beschäftigte, und ein Fotoatelier aus der Gründerzeit steht hier auch. In vier Galerien auf dieser Etage finden ständig wechselnde Ausstellungen zu gegenwärtigen und historischen Aspekten, Themen oder Persönlichkeiten der Fotografie statt. Eine der größten Puppentheatersammlungen der Welt und eine Sammlung diverser internationaler Musikinstrumente befinden sich im dritten und vierten Obergeschoß. Werfen Sie unbedingt auch einen Blick in das Brauereimuseum, das dem Besucher anhand zahlreicher interessanter Zeugnisse einen guten Einblick in die Geschichte des Bierbrauens vermittelt.
Im Stadtmuseum befindet sich auch ein hervorragendes Kino: das sogenannte Filmmuseum. Hier werden alte und seltene Spielfilmreihen vorgeführt, auch Valentin-Filme und ganz neue Filme. Eine Programmvorschau ist im Stadtmuseum erhältlich.

2 St.-Jakobs-Pl. 1
Tel. 23 32 23 70
S- und U-Bahn: Marienpl. oder Sendlinger Tor; Bus 52, 56
Di, Do–So 10–17 Uhr, Mi 10 bis 20.30 Uhr
Vorführungen im Filmmuseum 18 und 21 Uhr, So auch 11 und 15 Uhr
Eintritt: Museum 5 DM, So und Fei frei
Filmmuseum Mitglieder 4 DM, Gäste 6 DM
(→ Karte S. 179)

Neue Pinakothek

Nach den Museumsbauten für antike Kunst und die Gemälde alter Meister ließ Ludwig I. als drittes Galeriegebäude die Neue Pinakothek errichten. Mit der Planung wurde Friedrich von Gärtner betraut, die Ausführung lag nach dessen Tod 1847 in Händen August von Voits. Der aus Privatmitteln des Königs finanzierte Bau war ausschließlich für zeitgenössische Malerei bestimmt und damit das erste zu diesem Zweck eigens errichtete Galeriegebäude überhaupt, das in der Folge überall in der Welt Nachahmung fand. Am 12. Oktober 1846 legte der Bayern-König den Grundstein zur Neuen Pinakothek und sagte in seiner Festrede: »Für Gemälde aus diesem und aus künftigen Jahrhunderten ist die Neue Pinakothek bestimmt. Erloschen war die höhere Malkunst, da erstand sie wieder im 19. Jahrhundert . . . Ein Phönix, entschwang sie sich der Asche, und nicht allein die malende, jede bildende Kunst erstand aufs neue herrlich. Als Luxus darf die Kunst nicht betrachtet werden, in allem drücke sie sich aus, sie gehe über ins Leben, nur dann ist sie, was sie sein soll. Freude und Stolz sind

Unter Fachleuten und beim Publikum umstritten: Neue Pinakothek

mir meine großen Künstler. Des Staatsmanns Werke werden längst vergangen sein, wenn die des ausgezeichneten Künstlers noch erhebend erfreuen.«

1944 zerstörte der Bombenhagel des Zweiten Weltkrieges das königliche Werk, und erst am 28. März 1981 konnte die Neue Pinakothek auf dem Gelände des einstigen Galeriegebäudes, gleich gegenüber dem Prachtbau der Alten Pinakothek, wiedereröffnet werden.

In seinen 22 Sälen und 10 Kabinetten beherbergt der vom Architekten Alexander von Branca errichtete (und unter Kritikern umstrittene) Museumsbau rund 500 Bilder und Skulpturen aus dem 19. Jahrhundert – von europäischen Meistern des 18. Jahrhunderts und der Frühromantik über die Nazarener, die französischen und deutschen Spätromantiker und Realisten, die Historien- und Genremaler der Münchner Schule zu den deutschen und französischen Impressionisten und den Symbolisten bis hin zum Jugendstil.

Durch eine weiträumige, hohe Eingangshalle betritt der Besucher die Galerie. Die Schauräume gruppieren sich in Form einer liegenden Acht um zwei Innenhöfe. Sie sind zum Teil durch flache Treppen voneinander abgesetzt, ein Mittel, um den Betrachter auf die

Verschiedenheit und Vielfalt der Kunst im 19. Jahrhundert hinzuweisen. Die Räume werden durch Oberlicht beleuchtet, ein optimales System, das bereits Leo von Klenze in der Alten Pinakothek anwendete.
Man braucht mindestens zwei Stunden Zeit, um einen einigermaßen informativen Überblick zu bekommen.
Das Restaurant mit Blick auf einen kleinen künstlichen See bietet 120 Gästen Platz und ist von neun Uhr morgens bis 18 Uhr geöffnet. Die Speisekarte reicht vom Schnellimbiß bis zum Pfeffersteak.

40 Barer Str. 29
Tel. 238 05–195
U-Bahn: Theresienstr.; Tram 18
Tgl. außer Mo 9–16.30, Di 19–21 Uhr

Eintritt: 4 DM, Doppelkarte Neue und Alte Pinakothek 7 DM, So und Feiertage frei
(→ Karte S. 179)

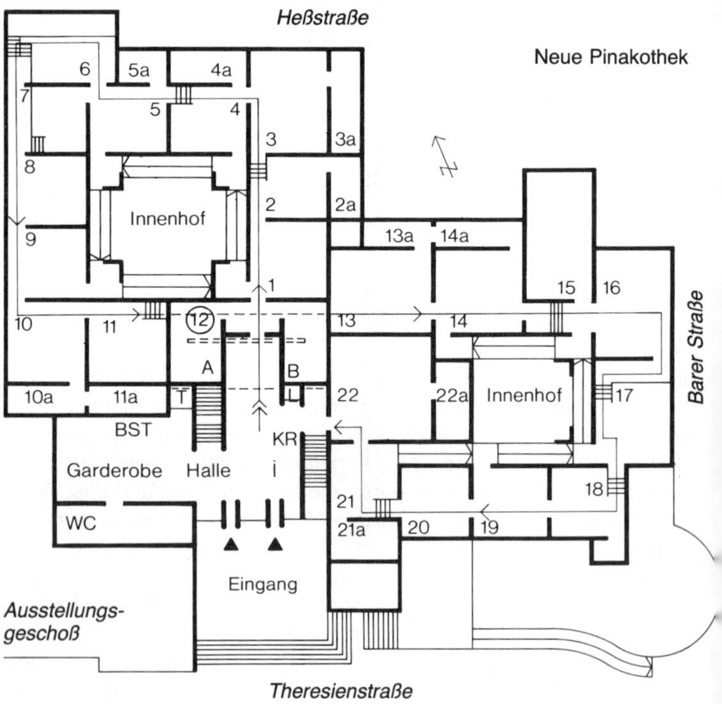

Einkaufen

Petit Faune

Der kleine Laden – er liegt, wie es dem kostbaren Nachwuchs gebührt, in einer Seitenstraße der Maximilianstraße – führt entzückende Garderobe für Kinder bis zu zwei Jahren: dunkelblaue Matrosenkleidchen mit großer, weißer Schleife, Spielensembles aus leuchtendrotem Strick, einen schwarzen, mehrteiligen Schneeanzug mit Silberlamé und Kapuze . . .
Gleich nebenan, im Grand Faune, erfüllt Nicole Pape die Garderobenwünsche von Kindern und Teens bis zu ungefähr 18 Jahren. Im selben Geschäft sind Schuhe, Spielzeug und Möbel für die hoffnungsfrohen Sprößlinge zu haben. Natürlich eignet sich eine Kommode als Mitbringsel nur bedingt. Der kleine silberne Beißring dagegen findet sicher noch in jedem Koffer Platz.

22 Maximilianstr. 22
Tel. 29 96 88
Tram 19, 27
Mo–Fr 9.30–18.30 Uhr, Sa 9.30 bis 13.30 Uhr

Radspieler

»Er sucht jedes einzelne Stück persönlich aus«, beschreibt eine Mitarbeiterin die Einkaufs-Abwicklung bei Radspieler und gleichzeitig ihren Arbeitgeber Hubert von Seidlein. »Wenn Sie so wollen, dann ist all das, was Sie hier sehen, ein Spiegel seiner Seele.« So ist zumindest ein gemeinsamer Nenner gefunden für die in aller Welt zusammengetragenen Herrlichkeiten, die den dreistöckigen Laden in der Residenzstraße und zwei weitere Geschäfte in der Hackenstraße – mit dem renommierten Altmünchner Namen – füllen: Regenschirme mit Entenknauf und leuchtendblaues Briefpapier, indische Leinentischdecken und Mondphasenuhren, kantige Lederschuhe von Free-Lance und kunstgewerblich bestickte Hängekleidchen, Gmundner Geschirr und japanische Teekannen.
Radspieler-Ware findet bei den Münchner Damen reißenden Absatz.

2 Residenzstr. 23
2 Hackenstr. 4 und 7
Tel. 26 36 36
Mo–Mi, Fr 9.30–18.30 Uhr (Hackenstr. bis 18 Uhr), Do bis 20.30 Uhr, Sa 9–14 Uhr (langer Sa bis 16 bzw. 18 Uhr)
S- und U-Bahn: Marienpl.
(→ Karte S. 153)

Feine Garderobe aus »zweiter Hand«: Second Hand Boutique

Second Hand Boutique

Kein Laden – wie man meinen könnte – mit alten Klamotten und Grabbelkörben, sondern dieses ist eine modische Schatzkammer. In der Schwabinger Siegesstraße führen zwei charmante Münchner Frauen ein Geschäft für Garderobe, die wohl aus zweiter Hand kommt, aber so fashionable ist und »neu«, daß von »getragen« kaum die Rede sein kann. Modelle des Pariser Haute-Couture-Helden Yves Saint-Laurent, Kostüme von Jil Sander aus Hamburg und Kreationen des Italieners Valentino sind plötzlich keine unerreichbaren Träume mehr, und ein Pullover von Sonja Rykiel kann schon morgen früh genauso selbstverständlich in Ihrem Kleiderschrank liegen wie eine seidene Hose von Cardin. Der farbige Shop im Hinterhof der Siegesstraße ist nicht nur ein tolles Kleiderkarussell, sondern auch Treffpunkt der schönen Münchnerin mit elitärem Touch.

Nehmen Sie sich Zeit für Ihre Suche nach einem ausgefallenen Stück zu einem Drittel des Preises – man läßt sie Ihnen.

40 Siegesstr. 20, im Hof
Tel. 39 20 23
U-Bahn: Münchner Freiheit
Mo–Fr 10–18 Uhr, Sa 10–13 Uhr
(→ Karte S. 153)

Feinkostimperium: Dallmayr

Dallmayr

Niemand im München des ausklingenden 19. Jahrhunderts hatte je zuvor so etwas gesehen: ein krummes Gebilde mit knallgelber Schale. Die Banane, von Dallmayr erstmals nach München importiert, schmeckte der Gesellschaft vorzüglich und wurde zum Verkaufshit. Es folgten Kaktusfeige, Grapefruit und Avocado. Dallmayr bot den Münchnern frische Trüffeln, Schildkrötenfleisch, Gebirgsschnecken und römische Tauben an, Bärentatzen aus Rußland und Rentierschinken. Königliche Hoheiten fuhren in ihren Kutschen in der Dienerstraße vor, das Feinkostimperium versorgte die Küchen fast aller bayerischen Prinzen und Herzöge. 1913 wurde Dallmayr zum »Kaiserlichen Hoflieferanten« ernannt.

Die Qual der Wahl ist groß angesichts der rund 13 000 verschiedenen, dekorativ zusammengestellten Artikel in Münchens ältestem Feinkostladen, der zu den führenden Delikateßhäusern Europas gehört und nicht zuletzt durch seine eigene Kaffeerösterei international bekannt wurde. Ganz italienisch mutet die Halle mit dem von wuchtigen Marmorsäulen getragenen Gewölbe und dem berühmten Dallmayr-Fischbrunnen an, ein beliebter Treffpunkt vieler Münchner. Hier werden diverse Spezialitäten angeboten, von rund 60 frisch zubereiteten Salaten am kalten Buffet (der Dallmayr-»Renner«) über Span-

ferkel, Schweinskopfsülze, Krebse, Kaviar, Hummer, Lachs, junge Tauben, Barbarie-Enten, geröstete Grashüpfer bis zu Kaffee, Tee, Confiserie und Patisserie. Dabei verzeichnet der »Kaiserliche Hoflieferant« von einst keineswegs nur einen exklusiven Kundenkreis: bei Dallmayr stehen Münchens Hausfrauen genauso Schlange wie Angehörige des Hauses Wittelsbach oder die Königin von Schweden. Und sympathisch ist, daß das Feinschmeckerparadies sein »münchnerisch-bürgerliches« Flair hat wahren können.
Im Restaurant im ersten Stock des Hauses trifft sich München gern zu einem Krabbencocktail um die Mittagsstunde oder zu einem gespickten Hirschlendchen auf Waldorfsalat nach der Oper. Und wer vielleicht in einem der Schlösser rund um München zum Dinner laden oder bei sich zu Hause ein Gartenfest geben möchte, muß nur die Dallmayr-Nummer wählen: dann liefert das Haus Tische und Stühle, Blumen und Bedienung, ein Superbuffet oder eine bayerische Brotzeit.

2 Dienerstr. 14–15
Tel. 21 35–0
S- und U-Bahn: Marienpl.
Geschäft: Mo–Fr 9–18.30 Uhr (Do bis 20.30 Uhr), Sa 9–14 Uhr
Restaurant: Mo–Fr 9–24 Uhr, Sa 9–15 Uhr
Kleine Speisen um 25 DM
(→ Karte S. 153)

Sport-Scheck

Mitten in München, in der Sendlinger Straße, liegt der Welt größtes Sportfachgeschäft – Sport-Scheck. Sein Angebot ist derart umfassend, daß es sommers wie winters je einen knapp tausendseitigen Katalog füllt (dessen Präsentation, wie sollte es in München auch anders sein, zu den gesellschaftlichen musts gehört). Der Kenner des Hauses freilich assoziiert mit Sport-Scheck nicht nur die fünf Verkaufsetagen, in denen sich Surfbretter stapeln, Fahrräder in Reih und Glied stehen und Snowboards auf wagemutige Käufer warten und in denen natürlich auch fündig wird, wer mit Steilwandzelten liebäugelt, mit Rettungsdecken, Safarisets, tragbaren Toiletten mit schwarzem Luxussitz, wasserunempfindlichen Streichhölzern, gefriergetrockneter Spezialnahrung und Eiweißkonzentraten für die Muskelkraft. Sport-Scheck steht vor allem auch für Reisen – im eigenen Reisebüro kann man zum Beispiel von Scheck maßgeschneiderte Ski-Safaris nach Gudauri im Kaukasus buchen. Es werden »Openings« und später »Finishs« für die Ski-, die Golf- und die Tennis-Saison angeboten, Rad-Trainings-Wochen und Tauchkurse. Wer soviel Aktivität theoretisch unterfüttern möchte, dem sei die hauseigene Buchhandlung ans Herz gelegt.

Erholung nach dem Sportartikelkauf: Scheck-Alm

Das große Haus verfügt außerdem über eine Skischule mit zirka 800 Lehrern – in den traditionellen Samstag-Skikursen hat halb München die Brettl zu beherrschen gelernt. Auf 114 Freiluft-Tennisplätzen und in zwei Allwetter-Anlagen betreuen Sport-Scheck-Lehrer einen Stamm von rund 200 000 Tennisspielern.
Kindern und Jugendlichen bietet Sport-Scheck mit seinem Jugendhaus gleich gegenüber die Möglichkeit, ihre Wünsche nach adäquater Bekleidung für Tennis und Jogging, Wandern und Gymnastik zu erfüllen.

2 Sendlinger Str. 85
Tel. 21 66–1
S- und U-Bahn: Marienpl.

Mo–Fr 9.30–18.30 Uhr (Do bis 20.30 Uhr),
Sa 9–14 Uhr (langer Sa bis 16 Uhr)
(→ Karte S. 153)

Sweetheart

Wenn in der laut und schrill werbenden, neonleuchtenden Leopoldstraße ein einzelner Schaukasten steht, der weder groß noch in irgendeiner Weise dekoriert ist, wenn dann ausgerechnet vor diesem an sich so unscheinbaren Werbeträger jede, aber wirklich jede Frau stehenbleibt und jenen hungrigen, ja gierigen Blick bekommt, dann ist das fast ein Wunder und kann nur mit den beiden Schneiderpuppen im Schaufenster erklärt werden: Sie tragen Kleider von Sweetheart. Kleider? Phantasien aus Tüll und Seide sind das, gebauschte, gerüschte und gefältelte Illusionen, zu Stoff gewordene Frauenträume von Rosengärten, Liebesrausch und champagnerbeschwingten Ballnächten. Da wundert es nicht, daß die beiden »Sweethearts« Bernd Stockinger und Rolf Albrecht mit ihren Abendkreationen (die Modelle für tagsüber fallen schlichter aus) schon beinahe so berühmt geworden sind wie ihre Klientel: Mirja und Maryam Sachs zählen dazu, die Schriftstellerin Sandra Paretti und die Fernsehmoderatorin Petra Schürmann. Society-Profis eben, die sich darauf verlassen können,

Im Sweetheart gibt es zu Stoff gewordene Frauenträume

daß ihnen in ihrer Sweetheart-Robe kein peinliches face-à-face mit einer Doublette passiert. Denn kein Kleid gleicht dem anderen, und außerdem wird genau darüber Buch geführt, wer in welchem Traum zu welchem Event geht.
Schwellenangst braucht niemand zu haben. Auch wenn Bernd Erstbesucher noch nicht mit Bussi begrüßt, ist jeder Interessent gern gesehen und wird freundlich beraten.

40 Leopoldstr. 54
Tel. 39 93 71
U-Bahn: Giselastr.
Mo–Fr 10–18.30 Uhr, Sa 10–14 Uhr

Kaufhaus Beck

Aus dem Königlich Bayerischen Hofposamentier von einst ist längst eines der phantasievollsten Kaufhäuser Deutschlands geworden. Die Fremden besuchen Beck wie eine Sehenswürdigkeit mit drei Sternen. Damen mit Hang zum Avantgardistischen finden ebenso reiche Auswahl wie Frauen mit größeren Größen, die Schickes suchen. Männer-Mode, Kinderkleidung, Geschenke aller Art, Schreibutensilien, Parfüms und Pflege-Produkte, Spielsachen und Schallplatten runden das Angebot ab. Eine Spezialität von Beck sind Spitzen, Borten, Bänder und Knöpfe, damit hatte Ludwig Beck der Hofposamentier bei der Ausstattung der Königsschlösser begonnen.
Richtig hat das Management auch erkannt, daß ein Kaufrausch hungrig macht, und für Abhilfe in den eigenen Räumen gesorgt: mit dem Gasthaus zur weiß-blauen Rose, mit einem von der Rolltreppe aus gut einsehbaren Café im ersten Stock und mit einer Japan-Bar im Dach-Juchhe, wo die bei der Anprobe gefaßten Diätpläne bei etwas rohem Fleisch gleich in die Tat umgesetzt werden können.
Das Beck-Konzept war so erfolgreich, daß es geradezu dumm gewesen wäre, nicht zu expandieren: Gleich neben dem Stammhaus wurden je ein Wäsche- und ein Strumpfhaus eröffnet, um die Ecke in der Burgstraße ist das Trachtengeschäft »Heimatwerk« ansässig. In der Burgstraße gibt es jetzt auch »Raritäten und Café«: Hier wählt man beim Kaffee allerlei schöne, alte Dinge aus.

2 Marienpl. 11
Tel. 23 69 10
S- und U-Bahn: Marienpl.

Mo–Fr 9.30–18.30 Uhr (Do bis 20.30 Uhr), Sa 9–14 Uhr (langer Sa bis 16 bzw. 18 Uhr)

Hotel am Markt

Hotels

Am Markt

In der Hotelpension »Am Markt« bei Harald Herrler logieren Sie im Herzen der Stadt und an einem der schönsten kleinen Plätze mit Altmünchner Charakter, dem Dreifaltigkeitsplatz. Nur zwei Schritte vom Hotel entfernt liegt gleich das urbayerische »Bratwurst-Herzl« (echte München-Fans verraten diesen Geheimtip nur ungern), um die Ecke locken die kulinarischen Köstlichkeiten des Viktualienmarktes, und der Marienplatz ist auch nicht weit.

Herrlers 35-Zimmer-Hotel, Anno Domini 1891 erbaut, mit Kupfertürmchen und steinernen Figuren an der Fassade verziert, bietet zwar keine Luxus-Suiten, dafür aber eine originell eingerichtete Lounge mit Plüschmöbeln, Grünpflanzen, Fernseher und einem Flügel, der zum Anziehungspunkt für eine illustre Klientel geworden ist. Weil sie – begleitet vom Klavier – vor ihrem Auftritt im Nationaltheater hier noch ein paar Probetöne schmettern konnte, wurde Opernstar Maria Callas Gast bei Harald Herrler; Caterina Valente und Mireille Mathieu sangen sich im Hotel vor ihrer Show ein.

Wenn Sie Glück haben, wohnt zur selben Zeit wie Sie ein berühmter Pianist im Hotel »Am Markt«, und Ihnen ist – gratis – ein Schubert oder Schönberg vergönnt. Eine Unterhaltung allerdings nur für Hotelgäste. Schaulustigen ist der Eintritt in die Hotel-Lounge – verständlicherweise – verwehrt.

2 Heiliggeiststr. 6
Tel. 22 50 14
U-Bahn: Marienpl.

30 Zimmer, EZ 54 DM, DZ 84–110 DM
Frühstück inkl.
(→ Karte S. 183)

Opéra

Das Hotel Opéra residiert in einem vom Königlich-Bayerischen Hof-Traiteur Brutscher erbauten Stadtpalais im Lehel, dessen blaugraue Sgraffito-Fassade ins Auge fällt. Daß das Haus mit größter Behutsamkeit eingerichtet und modernisiert wurde, zeigt sich unter anderem darin, daß das TV im Louis-Seize-Zimmer nicht plump auf dem Beistelltischchen thront, sondern diskret hinter einer Schrank-

Anziehungspunkt für Künstler: Hotel am Markt

Im Sommer lädt der Hof zum Frühstücken ein: Hotel Opéra

wand verborgen ist. Fast alle Hotelzimmer besitzen einen kleinen Balkon mit Blick auf den italienisch anmutenden Innenhof, unter dessen Arkaden es sich im Sommer aufs angenehmste und in nahezu vollkommener Stille frühstücken läßt. Belebt wird all die Pracht und Herrlichkeit von der Warmherzigkeit Ernestine Lutzens, die ihr Hotel seit 20 Jahren führt und bisher auf jede Werbung verzichtet hat. Nicht einmal der Passant sieht dem Haus das Hotel an. Wer hinein will, muß klingeln, wird dann aber von Irish-Setter Tasso nicht etwa angebellt, sondern mit freundlicher Zurückhaltung begrüßt. Ein echter Tip.

22 St.-Anna-Str. 10
Tel. 22 55 33
U-Bahn: Lehel

54 Betten, EZ 198 DM, DZ 260 bis 280 DM, mit Salon 400 DM
(→ Karte S. 183)

Gutbürgerlich:
Blauer Bock

Blauer Bock

Gewiß, von außen wirkt das Hotel »Blauer Bock« nicht gerade einladend, aber nicht immer läßt sich von der Physiognomie auf das Innere schließen. Das zeigt sich, wenn man erst einmal den Schritt über die Schwelle des Hotels getan hat. Der »Blaue Bock« ist ein adrettes, freundliches, gutbürgerliches und recht preiswertes Haus mit 120 Betten, Zimmer teilweise mit Bad und WC, einem Lift, einer Garage und einem Parkplatz im Hof. Reizvoll ist die zentrale Lage und die Nähe zum Viktualienmarkt.
Gleich nebenan liegt das Vollwert-Restaurant »Jahreszeiten«, schräg gegenüber der »Straubinger Hof«, der zu den besten bayerischen Wirtschaften zählt (→ Der gute Tip S. 111).

2 Sebastiansplatz 9
Tel. 23 17 80
S- und U-Bahn: Marienpl.

115 Betten, EZ mit Dusche 90 bis 100 DM, DZ mit Bad und WC 120 bis 140 DM
Frühstück inkl.
(→ Karte S. 183)

Luxuriöse Unterkunft: Vier Jahreszeiten

Vier Jahreszeiten

An Münchens eleganter Maximilianstraße, die zur Oper führt, an der die Kammerspiele liegen, die Café-Bar »Die Kulisse« und ein Privattheater, wo sich exquisite Geschäfte etabliert haben und berühmte Galerien, steht ein Hotelpalast, der seit 1858 einer kosmopolitischen Gästeschar eine luxuriöse Unterkunft bietet und zu den letzten europäischen Grand-Hotels zählt: das »Vier Jahreszeiten Kempinski«.

Schon die dezent herrschaftliche Fassade des Neoklassizismus weist darauf hin, daß man es hier mit einem der traditionellen Grand-Hotels zu tun hat. Die große Eingangslobby unter der bunten, gläsernen Deckenkuppel wird von Kennern als der schönste Salon Münchens gepriesen. Die angrenzende Bar öffnet bereits um elf Uhr. Service, Auswahl und Qualität der Getränke gehören zur internationalen Spitzenklasse. Das Feinschmeckerlokal »Vier Jahreszeiten« gehörte als »Walterspiel« einst zu den renommiertesten Restaurants der Stadt. Auch heute erfüllt die Küche dem anspruchsvollen Gast schon mal einen Sonderwunsch, wenn dieser nicht auf der Speisekarte steht. Der

legendäre Alfred Walterspiel brachte zu Anfang dieses Jahrhunderts die französische Küche nach Deutschland. Heute wird das Restaurant sowohl nach den Ideen seines Gründers als auch nach neuen Tendenzen geführt. Hier findet der Gast täglich wechselnde Kompositionen aus tagesfrischen Produkten: vom konservativen Gericht bis zur Création der Neuen Küche: Michelin verlieh dem Walterspiel einen Stern.
Die 365 Hotelzimmer sind ausnahmslos mit TV, Minibar, Radio und Selbstwähltelefon ausgestattet. Sie sind wohnlich, niemals aufdringlich, sondern mit zurückhaltender Eleganz eingerichtet. Vom Hallenschwimmbad aus sieht man über die Dächer Münchens. Hier kann der Gast auch frühstücken oder sich nach Sauna oder Massage Cocktails an der Poolbar servieren lassen. Autos können in der unterirdischen Garage abgestellt werden.

2 Maximilianstr. 17
Tel. 23 03 90
570 Betten, EZ 364–424 DM, DZ 533–608 DM, Frühstücksbüfett 29 DM, Continental 21 DM
(→ Karte S. 183)

Restaurant
Tgl. 12–15 und 18–22.45 Uhr

Rafael

Der Palast der Neurenaissance liegt in der Nähe von Hofbräuhaus und Maximilianstraße. Schon 1880 diente es als Ballhaus für große gesellschaftliche Ereignisse. Nach der Restaurierung hat das historische Bauwerk durch das Luxushotel »Rafael« erneut an Bedeutung gewonnen.
Die Eleganz der Lobby wird unterstrichen durch die Ausstattung mit Antiquitäten, Kunstgegenständen und Blumen. Im Tearoom gibt es zu Harfenklängen Konfiserien aus eigener Konditorei. In »Mark's Restaurant« werden ausgefallene Rezepte kreiert. Vom schönen Schwimmbad auf der Dachterrasse aus kann man den Blick über Münchens Dächer schweifen lassen. Die Zimmer sind geräumig und komfortabel ausgestattet: 3 Telefone, Telefax- und Computeranschluß, Farbfernseher, Videorecorder, Radio und Safe. Getränke aus der Minibar sind gratis.

2 Neuturmstr. 1
Tel. 29 09 80
S- und U-Bahn: Marienplatz

74 Zimmer, EZ 380–580 DM, DZ 480–680 DM inkl. Frühstück

Restaurants

Mövenpick im Künstlerhaus
Hier befinden sich jetzt sechs Lokale unter einem Dach in der Umgebung eines interessanten historischen Münchner Gebäudes. Das Künstlerhaus wurde von 1896 bis 1900 von Gabriel von Seidl als ein »Musterbeispiel Münchner Neurenaissance« mit einem prächtigen Festsaal erbaut. Es diente den Münchner Künstlern als Vereinshaus. Das Gebäude wurde im Kriege zerstört, aber in den fünfziger Jahren wiederaufgebaut. Von den historischen Räumen benutzen die Mövenpick-Restaurants freilich nur das venezianische Zimmer (Venezia) und das neu hinzugekommene stilvolle Rosenzimmer. Außer Venezia und Rosenzimmer gehören zu diesem gastronomischen Unternehmen ein Pub (Rob-Roy), eine Eß-Bar (Möpi-Square), ein rustikales Restaurant im ersten Stock (Pastorale), ein Luxus-Restaurant (Long Horn) und eine Sonnenterrasse (Locanda). Mövenpick-Küche steht vor allem für knackige Salate und abwechslungsreiche und gute Fischgerichte und natürlich Eiskreationen, die kaum einen Wunsch offenlassen. Der Mövenpick im Künstlerhaus bietet dank der Verschiedenartigkeit seiner Lokale auch alle Preiskategorien an. Deshalb sollte man – ehe man sich für eines der sechs Restaurants entscheidet – erst einmal auf die Speisekarte nach den Preisen gucken.

2 Lenbachpl. 8
Tel. 55 78 65
U- und S-Bahn: Karlspl.

Long Horn und Pastorale
12–14.30 und 18–23.15 Uhr (14.30 und 23.15 Uhr letzte Bestellung)

Le Gourmet
Schlemmern öffnet sich im Hotel Bayerischer Hof das Tor zu einem Gourmet-Tempel, dessen Meister, Otto Koch, zu den gekrönten Häuptern der deutschen Kochkunst zählt. Die kreative, frische und leichte Nouvelle Cuisine des Kochtopfkünstlers überrascht immer wieder mit phantasievollen Kombinationen. Was der Meister und seine hervorragende Crew auf den Tisch bringen, ist exzellent und perfekt, vom Horsd'œuvre bis zum Dessert (reichhaltige, faszinierende Auswahl). Empfehlungen sind schwer zu geben: Ob nun Wachtelkirschen auf Gänseleber, Bayerische Creme von Langustinen, Lachs in Gin gebeizt, die ebenso originelle wie köstliche »Weißwurst von Meeresfrüchten auf Senfbutter« oder die »Krautwickerl« vom Lamm-

rücken, ob Flugentenbrust mit schwarzen Nüssen oder Seestern auf Basilikumsahne, ob Mandeleis mit Früchten oder Délice du Pâtissier – alles hat seinen kulinarischen Pfiff.
Unter der Vielzahl an Weinen kann man sowohl elsässische als auch französische oder deutsche wählen, vom 89er Pinon Blanc von Karl Johner bis zum 28er Château Brane Cantenac.
Als auffallend angenehm empfindet der Gast die zwar anspruchsvolle, dabei jedoch harmonische und familiäre Atmosphäre in dem dezent und liebevoll dekorierten Toprestaurant.

2 Hartmannstr. 8
Tel. 2 12 09 58
So und U-Bahn: Marienplatz;
Tram 19, 27

Tgl. außer So und Mo 12–14 und 19 bis 24 Uhr
Menü von 126–190 DM, Weine ab 34 DM

Straubinger Hof
In den beiden Gastzimmern dieses rot angestrichenen Gebäudes am Viktualienmarkt erwartet den Gast eine Speisekarte mit bayerischen Schmankerln, wie es sie – so einfach, echt, gut und dabei preiswert – nur noch in wenigen Münchner Wirtschaften gibt. Zu den

Eine Kochmütze von Gault Millau: Straubinger Hof

Spezialitäten aus der Wirtsmetzgerei gehört neben der gedünsteten Ochsenkron mit Gemüsebratfüllung die Kälberne Briesmilzwurst nach Altmünchner Rezept, gesotten, gebraten oder gebacken. Den »Apfelschmarrn nach Großmutters Art« muß man unbedingt probieren und auch den hausgemachten Rahmapfelstrudel. Der Wirtschaft schließt sich ein kleiner Biergarten an.

2 Blumenstr. 5
Tel. 2 60 84 44
S- und U-Bahn: Marienpl.
Tgl. 9–23 Uhr, warme Küche bis 21.30 Uhr, Sa 9–14.30 Uhr, So und Feiertage geschl.
Hauptgericht ab 8,50 DM
(→ Karte S. 165)

Gratzer's Lobby

In der Lobby des Gerold Gratzer und seiner Frau gibt es vom eigenen Herd Ossobuco oder Brathendl. Auf Wunsch werden aber auch Filetspitzen, Fischragouts, Pasteten und Suppen – zu- bzw. vorbereitet von der Hand des Meisterkoches Otto Koch aus dem »Le Gourmet« – serviert.

In Gratzer's Lobby herrscht von der Lampe über das Chippendalesofa bis zum Teppich die feine englische Art. Hervorragend ist die reiche

Erlesene Köstlichkeiten: Gratzer's Lobby

Auswahl an Weinen – kein Wunder, denn Gerold Gratzer hat acht Jahre lang den Weinkeller von »Tantris« besorgt. Das Angebot umfaßt 200 französische und deutsche Weine vom Schoppen bis zum neunzehnhunderter Jahrgang. Vierzig verschiedene Whiskysorten warten an der Bar, und wer Champagner möchte: Mit siebzehn Sorten ist auch hier die Auswahl groß genug. Als solide Grundlage für harte Trinker spendiert der Wirt kleine Appetithappen.

2 Beethovenpl. 2–3
Tel. 53 11 54
U-Bahn: Goethepl.
Mo–Fr 17–1 Uhr nachts, Sa ist die »Lobby« für private Veranstaltungen (25–40 Personen) reserviert, So und Feiertage sowie im Aug. vier Wochen geschl.
Kleine Gerichte ab 16 DM

Aubergine

Sternenreicher als über München funkelt der kulinarische Himmel nirgends in der Bundesrepublik. Allein zwei Restaurants an der Isar dürfen sich mit jeweils dreien der begehrten Michelin-Auszeichnungen schmücken – das Tantris und das Aubergine, von denen schon gesagt wurde, besser als hier könne man nirgends auf der Welt essen.
Eckart Witzigmann gilt neben Tantris-Winkler immer noch als der ungekrönte Koch-König Deutschlands. Ihm ist es gelungen, bei der breiten Masse bekannt zu sein, und so ist er auch bei denen Gesprächsthema, die nie im Leben für ein Abendessen zu viert tausend Mark auf den Tisch legen würden. Er kocht im Fernsehen (Kartoffelsuppe bei Thomas Gottschalk), er steht in der Zeitung, er spricht über seine Arbeit und hat mit alledem kulinarisches Bewußtsein unters Volk gebracht. Und das ist ein Verdienst angesichts der amerikanischen Fast-Food-Bedrohung!
Bei all seinen Nebenaktivitäten hat Witzigmann nichts von der Kreativität und dem Enthusiasmus eingebüßt, die er braucht, um der Beste zu bleiben. Bis heute jedenfalls konnte ihn keiner überrunden. Gaumenkitzelnde Kompositionen wie Frikassée vom Steinbutt mit Champagnersauce, Cassolette von Schnecken und Pfifferlingen und Taubenbrust auf Artischocken-Trüffel-Salat seien hier nur genannt, um Ihren Appetit zu wecken. Ihn im Aubergine zu stillen, ist die angenehmste Art, ein kleines Vermögen auszugeben.

2 Maximilianspl. 5
Tel. 59 81 71
S- und U-Bahn: Karlspl.
Di–Sa 12–14 Uhr und 19–24 Uhr
Menü mittags 165 DM, abends 220 DM

Tantris

Mit der ihm eigenen Gelassenheit hat sich Heinz Winkler inzwischen an Witzigmann vorbei auf Platz eins der Gourmet-Tempel-Hitliste gekocht. Die höchsten Auszeichnungen sind ihm sicher: 3 Michelin-Sterne, 4 Gault-Millau-Kochmützen, 5 gekreuzte Bestecke im Aral-Schlemmeratlas und die Aufnahme in die strenge Hotel- und Restaurant-Vereinigung Relais & Chateau.

Das postmoderne, stark ins Orange tendierende Outfit des Restaurants regt zu Diskussionen an. Sie verstummen beim Lesen der Speisekarte. Eine kleine Auswahl: gedämpfte Entenleber mit Trüffelsalat, Krebse auf Rucchetta-Salat, Hirschrücken in Salzteig, Seeteufel im Kartoffelmantel mit Zitronensauce, Hummermedaillons auf schwarzen Nudeln.

Zur Phantasie des Küchenchefs, die von Fachleuten gern als sensationell bezeichnet wird, kommt das Gespür für höchste Qualität. Die Geschmacksnuancen überwältigen, hier läßt man sich gerne Zeit, stundenlang verwöhnt zu werden. Die Weinkarte hat Charakter, französische Sorten dominieren, allen voran Bordelais und Burgund.

Eine neue Aktivität von Heinz Winkler sollte nicht verschwiegen werden: Im Chiemgau steht seit Sommer 1991 »Winklers Residenz zu Aschau«, ein Hotel mit 35 Zimmern und 18 Suiten (Übernachtung 150 bis 300 DM pro Person), Bad in der Felsengrotte, Sauna, Massage, Kosmetik. In dem neuen Haus, das Antiquitäten und Komfort stilvoll vereint, hat natürlich auch die Küche entsprechendes Format.

40 Johann-Fichte-Str. 7
Tel. 36 20 61
U-Bahn: Münchner Freiheit

Di–Fr 12–15, 18.30–24 Uhr; Mo und Sa 18.30–24 Uhr; So, Fei geschl.
Menü mittags 140 DM, abends 190 DM

Katzlmacher

Nahezu jeder Münchner kennt in seiner Nachbarschaft einen, wenn nicht gar zwei »Da Fernandos« und »Bella Ischias«, bei denen er bei Pizza und einem Schoppen Bardolino Urlaubserinnerungen auffrischen kann. Nicht so beim Katzlmacher, der sich schon namentlich von all den anderen Italienern abhebt: Katzlmacher nannten die Bayern früher die italienischen Händler, die hier handgeschnitzte Löffel feilboten, »Katzl« eben.

Claudio Zanuttigh aus dem Friaul bäckt keine Pizza, sondern hat die gemütliche verwinkelte Schwabinger Trattoria binnen kurzer Zeit zum Geheimtip der Freunde modernisierter, aber klassischer italienischer

Katzlmacher:
Klassische moderne
Küche aus Italien

Küche gemacht. Hervorragende Antipasti – zum Beispiel in Fett schwimmend herausgebackene Zucchiniblüten –, viel frischer Fisch – auch in Kombination mit Pasta –, Hase und Perlhuhn dominieren die Speisekarte, die bei Zanuttigh durch große schwarze Schiefertafeln ersetzt wird. Kellner schleppen sie zu den Tischen und lesen laut vor – auf italienisch natürlich! Eng ist es, geräuschvoll geht es zu und sehr, sehr vergnügt – was vielleicht an den friaulischen Gewächsen liegt, die in der Weinkarte vorherrschen.

40 Kaulbachstr. 48
Tel. 34 81 29
U-Bahn: Giselastr.

Tgl. außer Sa und So 12–15 Uhr und 18.30–23 Uhr
Hauptgericht ab 26 DM

Pfälzer-Wein-Probierstube

Bei aller Bedeutung, die er dem Bier einräumt – auch dem Wein gibt sich der Münchner ab und zu genüßlich hin. Seinen alkoholischen Seitensprung leistet er sich am liebsten in einem historischen Gemäuer, das einst nur Bayerns Herzögen und Königen zugänglich war: im Erd- und Zwischengeschoß des sogenannten Steinzimmertraktes der maximilianischen Residenz, der zwischen 1611 und 1619 vom bayerischen Kurfürsten Maximilian I. erbaut wurde und zu der Vierflügelanlage um den Kaiserhof gehört, hat sich die Pfälzer-Wein-Probierstube eingerichtet. Allerdings irritiert die Bezeichnung »Stube« ein wenig, handelt es sich doch hier um eine Reihe repräsentativer Räumlichkeiten, die Platz für 450 Gäste bieten. Schönster und größter Raum ist der Pfalzgrafen- oder Viersäulensaal mit seinen vier schweren Säulen, dem Kreuzrippengewölbe, mit Lüstern und langen gescheuerten Tischen. Flinke Frauen in Pfälzer Tracht servieren dem Gast, was immer er an Weinen aus den Pfälzer Weinanbaugebieten wünscht. Dazu kann er sich einen Saumagen oder eine Griebenwurst bestellen. Oder einen Weinkäse. Die Palette der Speisespezialitäten ist groß!

In diesem immer proppenvollen Weinlokal herrschen Wohlbehagen und Gemütlichkeit. Wie eine Woge schlägt Ihnen der Wortschwall der fröhlichen Gesellschaft an der Tür entgegen. Glücklich beschwingt, mit glühenden Wangen und glänzenden Augen, leeren die Zecher Schoppen um Schoppen, das vorsichtig begonnene Gespräch mit dem Nachbarn entwickelt sich zum engagierten tête-à-tête und endet so manches Mal in inniger Umarmung. Und viele, die nur zum Frühschoppen kommen wollten, sitzen zum Dämmerstündchen immer noch am selben Tisch. Wer schließlich den Weg nach Hause findet, sollte es nicht versäumen, den Phantasiefiguren auf den Schilden unter den beiden Löwen vor der Pforte zu der »Pfälzer-Wein-Probierstube« über die bronzenen Nasen zu streichen – das soll, so die Legende, Glück bringen.

2 Residenzstr. 1, in der Residenz
Tel. 22 56 28
Tgl. 10–24 Uhr
U-Bahn: Odeonspl.

Schoppen Wein ab 3,90 DM, kleine Gerichte ab 7 DM
(→ Karte S. 165)

Wohlbehagen und Gemütlichkeit: Pfälzer-Wein-Probierstuben

PFALZER
WEIN
PROBIER
STUBE

Bamberger Haus

In der stillen Idylle des Luitpold-Parks ist eins der schönsten klassischen Münchner Café-Restaurants, das seine Glanzzeit in den Jahren 1913–1942 hatte, nach mehrjähriger Restauration wiedereröffnet worden: das Bamberger Haus, eine barocke Villa mit großer Terrasse. Hier versammelt sich an sonnigen Nachmittagen ganz München um Torten- und Creme-Stücke. Die Küche bietet Spezialitäten aus Süddeutschland, Österreich, der Schweiz und dem nördlichen Italien. Wer zum Dinner kommen möchte, sollte unbedingt frühzeitig einen Tisch bestellen.
Im ersten Stock der Villa werden übrigens Ausstellungen organisiert; der Saal kann ebenfalls für größere Gesellschaften gemietet werden.

40 Brunnerstr. 2
Tel. 3 08 89 66
U-Bahn: Scheidpl.

Tgl. 12–1 Uhr
Hauptgerichte ab 16 DM

Augustiner-Großgaststätten

Münchens Innenstadt birgt eine gastronomische Stätte, die trotz Bombenhagel im letzten Krieg und Sanierungsgelüsten überlebte und allein schon wegen ihres innenarchitektonischen Seltenheitswertes aufgesucht werden sollte. Die Augustiner-Großgaststätten mit ihren Bierhallen und Sälen sind der Stamm- und Hauptausschank der Augustiner-Brauerei, der ältesten aller noch in München bestehenden Brauereien. An dieser Stelle legten am 4. Mai 1294 die Augustiner-Mönche, die Herzog Ludwig der Strenge nach München geholt hatte, unter Leitung ihres Priors Pater Otto von Vohburg den Grundstein zu einem Kloster. Nur dreißig Jahre vergingen, bis die Klosterbrüder auch ihr eigenes Brauhaus errichteten und betrieben. 1328 gilt als das Gründungsjahr der Augustiner-Brauerei, die erst 1885 an die Landsberger Straße verlegt wurde.
Die Großgaststätte besteht aus zwei Teilen, einem eher gutbürgerlich-gemütlichen Lokal mit gedeckten Tischen und Kellnerinnen im Dirndl und der sogenannten »Schwemme«, in der sich Handwerker zur Brotzeit und Eilige zum Schnellimbiß niederlassen. Gehen Sie in die »gutbürgerliche« der beiden Gaststättenhälften. Reizvoll und kurios ist der mittlere der insgesamt drei ineinandergehenden Räume mit seiner großen gläsernen Kuppel, den Hirschtrophäen auf den maritimen Muschelintarsien, die die Wände zieren, mit den Säulen aus Tuffstein und den Bronzestatuen in den Nischen. Man fühlt sich sogleich an den Grottenhof und das Antiquarium in der Residenz

Lauschiger Biergarten: Augustiner-Großgaststätten

erinnert. Und man ist erstaunt über dieses präzise und phantasievoll gearbeitete Interieur, das aus einer Zeit nach König Ludwig II. stammt, da keine Schlösser mehr gebaut wurden, das Handwerk jedoch noch ganz im Sinne einer höfischen Architektur arbeitete.
An die Raumflucht der Gaststätte schließt sich ein lauschiger kleiner Biergarten mit einem Laubengang in griechischem Stil an, den man inmitten des Gewimmels von Menschen, Straßen und Kaufhäusern in Münchens Mitte nicht vermutet.
Diesen »Augustiner« verwechsele man nicht mit dem derselben Brauerei gehörenden »Augustinerkeller« in der Arnulfstraße, einem riesigen Biergarten, der zu den traditionsreichsten und beliebtesten gehört.

2 Neuhauser Str. 16
Tel. 55 19 92 57
S- und U-Bahn: Marienpl.
Tgl. 9–24 Uhr

Hauptgerichte ab 19 DM
(→ Karte S. 165)

Augustinerkeller
→ Essen und Trinken, S. 159

Abwechslung zum Mensa-Essen: Weinbauer

Weinbauer

Eine der letzten preiswerten »Oasen« in Schwabing ist der Weinbauer, ein Lokal, das hauptsächlich Studenten aufsuchen, um sich eine Abwechslung zum Mensa-Essen zu verschaffen. Ein Wammerl mit Blaukraut und Semmelknödel gibt es hier schon für unter zehn Mark, und die Portionen sind reichlich und gut. Das Restaurant ist unter jungen Leuten sehr bekannt und meistens proppenvoll.

40 Fendtstr. 5
Tel. 39 81 55
U-Bahn: Münchner Freiheit

Tgl. außer Mi 9–1 Uhr nachts
Kleine Gerichte ab 6 DM

Zum Klösterl

Dieses gemütliche und immer gut besuchte bayerische Lokal liegt sehr zentral in der Innenstadt, dennoch ist es gar nicht so leicht zu finden. Man muß von der Maximilianstraße aus durch die Arkaden der Regierung von Oberbayern gehen – plötzlich ist man in einer ganz anderen Welt: im Lehel. Die Atmosphäre in den verwinkelten Räumen ist gepflegt: Blumengestecke an den Wänden und zur Bekräftigung des Lokalkolorits eine Heugabel an einer Säule. Unter dem Publikum finden sich immer wieder Journalisten und Künstler, die Theater sind nicht weit, beispielsweise die Kleine Komödie oder die Kammerspiele. Der Spaziergänger Blasius – ein ehemaliger Kolumnenschreiber der Abendzeitung – hat hier seinen Stammtisch, er ist freilich auch alt geworden, aber sein Buch »Meine 99 Bräute« hat nichts von seiner Lebendigkeit eingebüßt. Das Speisen- und Getränkeangebot ist reell. Es gibt 14 Schoppenweine und zwei Faßbiere. Auf der Speisekarte steht auch ein Zneimer Rostbraten aus Großmutters Kochbuch. Neben Bayerischem gibt's im »Klösterl« auch Böhmisches.

22 St.-Anna-Str. 2
Tel. 22 50 86
Mo–Sa 17.30–1 Uhr nachts, So und Mai–Aug. auch Mo geschl.

Hirschgarten
Nach Einzug der ersten warmen Tage fühlt sich der Münchner nirgends so friedlich und wohlgesonnen wie in »seinen« Biergärten, wo unter schattigen Kastanien der Gerstensaft im Glase schäumt.

Schach im Freien: Hirschgarten

In der Nähe von Schloß Nymphenburg: Hirschgarten

In der Nähe von Schloß Nymphenburg liegt der große »Königliche Hirschgarten«, einer der schönsten Biergärten Münchens. 7000 Menschen haben im weitläufigen Garten Platz. Bier, Brez'n, Hendl oder Schweinswürstl holt man selbst vom »Standl«. An den Biergarten schließt sich ein weitläufiger Park an mit Spazierwegen, einem Kinderspielplatz, mit Bodenschach und einer Sommerstockbahn sowie einem Tiergehege für Dam- und Edelhirsche. Ein Paradies besonders auch für Kinder. Der »Königliche Hirschgarten« wurde 1780 von Kurfürst Karl Theodor angelegt. 1791 entstand ein kleines Jägerhaus, das 1970 zu einer Wirtschaft umgebaut wurde. Wenn der Biergarten überfüllt ist, bietet sie meistens noch Platz.

19 Hirschgartenstr. 19
Tel. 17 25 91

Tgl. 9–24 Uhr
Hauptgerichte ab 12 DM

Für den Abend

Nachtcafé

Wenn gegen elf Uhr nachts in den Restaurants das letzte Glas geleert und die Tische geräumt werden, begeben sich Münchens buntgefiederte Nachtvögel und New-Wave-Fans neuerdings an einen Platz, der nicht nur Vergnügungssüchtige und elitäre Müßiggänger, sondern auch jene anzieht, die Jazz besonders mögen und hier neben Funk und Rock auch »ihre« Musik live hören können. Es spielen gute Bands und ausgezeichnete alte Jazzer! Je später der Abend, desto voller das Nachtcafé. Die Getränkekarte bietet vom Glas Fachinger bis zur Sechsliterflasche Moët Chandon Brut Methusalem (920 DM!) alles, was die durstige Kehle begehrt. Sollte ihr Magen zwischendurch knurren: Die Küche serviert eine Vielzahl pikanter Leckerbissen, von Galettes mit Atlantikkrabben über weiße Nudeln mit Lachsjulienne zu Rinderfilet mit Gorgonzolacreme. Sollten Sie in den frühen Morgenstunden immer noch hier sitzen und Ihnen der Sinn nach einer Mahlzeit stehen: Im »Nachtcafé« gibt es bis fünf Uhr morgens warme Küche.

2 Maximilianspl. 5
Tel. 59 59 00
U- und S-Bahn: Karlspl.; Tram 18

Tgl. 21–5 Uhr morgens
Schoppen toskanischer Landwein
7,50 DM

Wunder Bar

Als »ausgefallen und schwer vergleichbar« bezeichnet »Wunder Bar«-Mitinhaber Thomas Bedall sein 1986 gegründetes Etablissement, das in den Kellergewölben eines ehemaligen Animierlokals liegt und zu einem der beliebtesten Treffpunkte für Münchens Nachtschwärmer gehört – selbst jene suchen den Keller auf, die sich bisher nur ungern in einer Bar niederließen. Die Musik in der grob verputzten, mit Fackeln aus Plexiglas ausgeleuchteten grünen Gruft schallt nicht etwa aus dem Kassettenrecorder, sondern wird ab neun Uhr abends von einem Diskjockey zusammengestellt: eine Mischung aus den diversen Bereichen der Barmusik der 40er und 50er Jahre im Wechsel mit alten Soul-Rhythmen. Spezialdrink des Hauses: Heavens Gate.

2 Hochbrückenstr. 3
Tel. 29 51 18
U- und S-Bahn: Marienpl.

Tgl. 19–3 Uhr morgens
Cocktail ab 11,50 DM

Nightclub im Bayerischen Hof

Selbst in einer so lebenslustigen Stadt wie München ist es gar nicht so einfach, ein hübsches Fleckchen zum Tanzen zu finden: nicht deftig, sondern gepflegt, keine laute Disko, sondern »live«-Musik und diese wiederum nicht zu spießig, sondern spritzig. Diese Voraussetzungen erfüllt der Nightclub in Münchens renommiertem Hotel Bayerischer Hof in jeder Beziehung. Das Haus engagiert wirklich erstklassige Orchester wie beispielsweise Hazy Osterwald. Man sitzt bequem und kann von einem erhöhten Rund sehr gut auf die Tanzfläche herunterschauen, auf der es meistens auch nicht zu eng zugeht. Die Preise für Getränke halten sich in Grenzen, das Publikum ist angenehm, vor allem Hotelgäste besuchen diesen Club. Da sich aber auch die »Münchner Gesellschaft« für diesen schicken Tanztreff interessiert, ist Tischbestellung zu empfehlen. Noch ganz neu ist die »Piano Bar«.

2 Promenadeplatz 6
Tel. 2 12 00
S-Bahn: Karlspl.

So–Do 21–2 Uhr, Fr und Sa 21 bis 3 Uhr
Bargetränke ab 15,50 DM

Zirkus Krone

Mit Glanz und Gloria und einem sensationellen Programm eröffnet alljährlich am 1. Weihnachtsfeiertag der weltberühmte Münchner Zirkus Krone in Anwesenheit bayerischer Prominenz seine dreimonatige Winterspielzeit: Begleitet von Paukenschlag und Trommelwirbel ziehen im Licht der Scheinwerfer Löwen, Tiger und edle Pferde, Zebras, Elefanten und Krokodile, Dompteure, Ballerinen, Akrobaten und Clowns zur großen Supershow in die Manege.

Unter der Kuppel des rot-goldenen Zirkuszeltes dreht sich Krones Luftballett in schwindelnden Höhen, Trapezkünstler wie die »Farrell Brothers« aus Amerika sorgen mit einem Kopfstand auf dem Seil für Nervenkitzel in den Rängen, ein Wunderpferd wird mit Peitschenhieb und lieben Worten zum Lachen gebracht. Mit einem Striptease in der Luft überrascht der berühmte Komiker Ray Dondy, und das Publikum ist begeistert, wenn Krone-Chefin Christel Sembach-Krone mit Pferden und Elefanten klassische Dressuren präsentiert. Und tritt etwa ein Clown von Weltklasse auf, dann wollen die Ovationen gar nicht aufhören.

Der Zirkus des längst legendär gewordenen Carl Krone steht seit 1919 in München: »Meinen Bretterzirkus baute ich aus zum festen

Weltklasse-Artistik: Zirkus Krone

Zirkusgebäude, das einen Fassungsraum von 4000 Menschen bekam. Im Geviert um diesen mächtigen Kuppelbau ließ ich riesige Steinhallen errichten, von denen eine die Raubtiere, die andere Elefanten, eine dritte in zwei Stockwerken die Pferde und exotische Tiere beherbergte . . .«

Rund 400 Tiere und ebenso viele Menschen, 110 Eisenbahnwaggons, 330 Geräte- und 90 Wohnwagen zählt das international bekannte Zirkusunternehmen, das bei seinen Tourneen durch Deutschland, Holland, Belgien und Österreich alljährlich in rund 30 Städten sein Zelt aufbaut und Zirkusfans mit Weltklasse-Artistik begeistert.

In der Pause, vor allem bei den Nachmittagsveranstaltungen, kann man – mit oder ohne Kinder – die Tierschau des Zirkus Krone besichtigen.

2 Marsstr. 43
Tel. 55 81 66
S-Bahn: Hackerbrücke
Vorstellungen ab 25. Dez. bis Ende März
Beginn werktags 20 Uhr, Mi, Fr, Sa 15 und 20 Uhr, So und Feiertage 14.30 und 18.30 Uhr
Eintritt 8–35 DM

Volkssängerbühne

Schon im Mittelalter fühlten sich Hofnarren und Spaßmacher an der Isar zu Hause, im 19. Jahrhundert wurde München geradezu Heimstätte humoristischer Liedersänger, Komödienspieler und Musicalclowns. Als der geniale Komiker Karl Valentin das »Brettl« betrat und Liesl Karlstadt, Weiß Ferdl, Papa Geis, die Gebrüder Albrecht und andere an der seither berühmten Volksbühne »Platzl« spielten, erlebte das Volkssängertheater seine Sternstunde. »Das Programm der Münchner Volkssänger bot für jeden Geschmack etwas«, schrieb der weltberühmte Komiker Weiß Ferdl, der heute in Stein auf dem Viktualienmarkt steht, in seinen »Erinnerungen«, »die Soubrette zeigte sich den Männern recht offenherzig in ihrem kurzen, mit Flitterplättchen aufgenähten Röckchen und sang vom Schnurrbart, der beim Küssen so schön kitzelt. Für die Frauen mit Gemüt sang der Liedersänger: ›Zu jener Zeit, wie liebt ich dich, mein Leben, ich hätt' geküßt die Spur von deinem Tritt.‹ Wenn böse Menschen vorkamen, ging es ihnen zum Schluß schlecht, immer siegte die Liebe und das Gute.«

Fernsehen und Filmpaläste haben zum Verfall des Volkssängertums beigetragen, und daß sich heute noch ein Versicherungsagent und eine Lehrerin, ein ADAC-Angestellter und einer vom Europäischen

Patentamt am Feierabend treffen, um für die Bühne eine »bayerische Gaudi« einzustudieren, ist eine echte Rarität. Das rund 20 Personen zählende Ensemble der »Münchner Volkssängerbühne« ist eine der letzten Laienspielgruppen dieser Art, es tritt jeden Samstagabend in dem Saal der Schwabinger Max-Emanuel-Brauerei auf und erheitert das Publikum mit Schauspiel und Gesang. Unter den Gründern des Ensembles war Hannes König, der Leiter und »Vater« des Valentin-Musäums (→ Valentin-Musäum S. 85).

Ab 18 Uhr ist bereits Saaleinlaß. Die Besucher können sich einen deftigen Schweinsbraten bestellen oder eine Portion Saures Lüngerl, zumindest aber ein gutes Bier, und während Sie dicht an dicht an langen Tischen sitzend genüßlich Ihr Schmankerl verzehren, sammeln sich auf der weiß-blau dekorierten Bühne beispielsweise für das Stück »Faust in Schliersee« Bauern und Handwerker um ihren Stammtisch am Schliersee. Da tritt der Herr Geheimrat Goethe persönlich auf und a einheimischer Burgamoasta, wo a Banzen Bier stiften muaß, der Dorfboda, a ganza G'scheiter und sei Oide, d'Hebamm von rundumadum . . . Die Volkssängerbühne eröffnete ihr Repertoire am 1. November 1965 mit der Tragödie »Der Müller und sein Kind«. Jährlich wird ein neues Stück präsentiert. Spielzeit ist zwischen Fasching und Ende Mai und vom 1. November bis 5. Dezember.

Eine echte Rarität: Volkssängerbühne

Ein echt bayerisches Erlebnis selbst für jene, die sich der Problematik des bayerischen Dialekts hilflos ausgesetzt fühlen. An warmen Sommerabenden lädt übrigens ein kleiner reizvoller Biergarten zu einem Glas nach dem Theater ein.

Max-Emanuel-Brauerei
40 Adalbertstr. 33
Tel. 2 71 51 58
U-Bahn: Universität
Tgl. 10–1 Uhr nachts
Warme Küche von 11.30–23.30 Uhr
Bühne Sa 20 Uhr (nicht im Sommer)
Saaleinlaß ab 18 Uhr
Kartenbestellung bei
Roland Roder
50 Netzerstr. 76
Tel. 14 27 58
Karten 10 und 12 DM
(→ Karte S. 237)

Bayerische Staatsoper/Nationaltheater

Der Münchner liebt die Musik und fast mehr noch als diese die Kunst des dramatischen Theaters, das Sich-in-Szene-Setzen, das Kostümspiel, und überall dort, wo musiziert und inszeniert wird, ist er dabei. Glanzvoller Mittelpunkt der an Bühnen, Konzertsälen und Kabaretts reichen Stadt ist die Oper, das heißt, das Nationaltheater am Max-Joseph-Platz, und sowohl musikalischer als auch gesellschaftlicher Höhepunkt im Münchner Leben sind die alljährlich im Sommer stattfindenden Opernfestspiele.
Die musikalische Tradition der Bayern-Metropole entspringt einer Leidenschaft der Wittelsbacher Herrscher: Seit Herzog Albrecht V. 1556 den großen Niederländer Orlando di Lasso als Hofkapellmeister an die Residenz gerufen hat, riß die Reihe bedeutender Komponisten und Dirigenten, die an die Isar kamen, nicht ab. 1780 dirigierte Mozart zum ersten Mal seine Oper »Idomeneo«, 1868 konnten Wagners »Meistersinger« im Hoftheater uraufgeführt werden, 1901 die »Feuersnot« von Richard Strauss, und im Mai 1910 dirigierte Gustav Mahler erstmals seine Achte Sinfonie. Im Sommer 1917 leitete Bruno Walter die Premiere von Pfitzners »Palestrina« im Hoftheater, und 1957 begannen die berühmten Opernfestspiele mit der Uraufführung von Hindemiths »Harmonie der Welt«. Der Dirigent Franz Lachner wirkte am Nationaltheater, Hermann Levi und Franz Mottl, Hans Knappertsbusch, Clemens Krauss, Fritz Rieger und Karl Böhm standen am Dirigentenpult. Momentan wirkt Prof. Wolfgang Sawallisch als Chef der Münchner Oper, im Herbst 1993 wird Peter Jonas diese Aufgabe übernehmen. Das zwischen 1811 und 1818 von Karl von Fischer nach dem Vorbild des Pariser Odéon errichtete Nationaltheater ist der bedeutendste Theaterbau des Klassizismus in Deutschland. 1823 brannte das Gebäude ab, konnte jedoch nach zwei Jahren Wieder-

Bedeutender Bau des Klassizismus: Nationaltheater

aufbau durch Leo von Klenze (nach Fischers Plänen) schon wieder eine festliche Premiere erleben. 1943 wurde der ruhmreiche Bau zum zweiten Mal zerstört – die Wiedereröffnung des Nationaltheaters im November 1963 wird als Jahrhundertereignis in der Theatergeschichte Münchens verzeichnet: »Wochenlang war die bevorstehende Eröffnung des Nationaltheaters am Max-Joseph-Platz Tagesgespräch der Münchner. Zwar wurde dabei auch münchnerisch gegrantelt, über die hohen Preise und ›da kommen wir ja doch net rein‹, auch über die ›Kasernenfassade‹ an der Maximilianstraße, aber überwiegend war man der Meinung, daß sich München auf das neue Haus freuen dürfe . . .« (Ludwig Wismeyer).

Über 2000 Menschen haben Platz in dem großartigen, festlichen Innenraum in Gold, Rot und Weiß. Zahlreiche Staatsoberhäupter erlebten von der sogenannten Königsloge aus festliche Galavorstellungen, und hier gab sich auch Seine Majestät, der Märchenkönig Ludwig II. – privat – dem Rausch von Wagners »Tristan und Isolde« hin.

Ein Spektakel vor den Toren der berühmten Bühne bietet sich – gratis – allabendlich gegen halb sieben, wenn die Geschäfte schließen und die Trambahnen die letzten Menschen aus der Innenstadt nach Hause transportieren. Dann fährt Münchens elegante Welt am Max-Joseph-Platz vor, Damen in gelbem Organza und farbigem Trachten-Talar entsteigen dem Taxi, Herren im Frack suchen einen Platz für ihre Limousinen, und Busse halten, um Opernfans aus der Provinz vor dem Theater auszuladen. Unter knielangen Mänteln und kurzen Nerzen flattern seidene Kreationen im Wind, und im Schein der untergehenden Sonne wandelt zwischen den Säulen, wer noch ein wenig die Luft genießen, ein bißchen schwätzen oder sich ganz einfach präsentieren möchte.

1 Max-Joseph-Pl. 2
Tel. 2 18 51
U-Bahn: Odeonspl. oder Marienpl.; Tram 19, 27
Tgl. Vorstellungen

Vorverkauf jeweils 7 Tage im voraus:
22 Maximilianstr. 11
Tel. 22 13 16
Mo–Fr 10–13 Uhr, 15.30–17.30 Uhr, Sa 10–12.30 Uhr
Stehplätze 4,50–21 DM, Sitzplätze 6,50–174 DM
(→ Karte S. 237)

Ausflüge

Dachau

In seinem Kapitel »Die nähere Umgebung Münchens« schreibt ein bayerischer Reiseführer im Jahre 1923 über Dachau: »Bekannt als der Sitz einer Münchner Malerkolonie. Reizvolles Ortsbild im terrassenförmigen Aufbau über der Amper mit altem Schloß auf der Höhe. Das Bild im Ort charakteristisch für einen oberbayerischen Bauernmarkt mit stattlichen Bräus, Rathaus und Kirche an der großen Verkehrsstraße . . .« Dachau – das war die Sommerresidenz der bayerischen Könige schon zu Zeiten der Renaissance, hier wurde der Münchner Hofarchitekt Josef Effner (1687–1744) geboren, und der bayerische Volksdichter Ludwig Thoma bezeichnete die Künstlerkolonie vor den Toren der Landeshauptstadt als seinen literarischen Geburtsort.
Dachau – seit dem 21. März 1933 bedeutet das auch NS-Terror und Verfolgung, Unmenschlichkeit, Folter, Mord und Massenerschießungen. An jenem Tage nämlich verkündete der damalige kommissarische Polizeipräsident von München, Heinrich Himmler, die Eröffnung des ersten Konzentrationslagers für kommunistische und sozialdemokratische Funktionäre in der Nähe von Dachau, und schon am 24. März berichtete der »Völkische Beobachter«: »Ungefähr eine halbe Stunde von Dachau entfernt liegt die ehemalige Munitionsfabrik der Deutschen Werke . . ., seit 14 Jahren liegen die Werke still und verlassen . . . In der kurzen Zeit von drei Tagen richtete der Freiwillige Arbeitsdienst in fieberhafter Arbeit das Lager her . . . gegenwärtig befinden sich in Dachau über 140 Häftlinge . . .« Bereits 1937 erwies sich das ursprünglich für 5000 Menschen geplante Lager, in dem Juden, unliebsame politische Gegner, oppositionelle Geistliche und sogenannte »asoziale« Elemente isoliert werden sollten, als zu klein. Die Inhaftierten mußten ein größeres Lager bauen, das 1938 fertig wurde. In den zwölf Jahren seines Bestehens hat man im Lager Dachau insgesamt 206 000 Häftlinge aus allen Nationen und Konfessionen registriert – die Zahl der beurkundeten Toten (1933–1945) beträgt 31 951. »Als am 29. April 1945 die Amerikaner das Lager Dachau befreiten«, sagte im Mai 1945 der katholische Priester Eduard Farwer in einer Predigt über seine Erlebnisse als Dachau-Häftling, ». . . lagen im Krematorium noch 3000 unbestattete Leichen, die ich selbst gesehen habe, dazu standen auf dem Bahnhof Dachau noch

viele Waggons, die bis oben mit Leichen aus anderen Lagern gefüllt waren. Die Bevölkerung von Dachau hat eine Woche mit Fuhrwerken fahren müssen, damit diese armen Opfer unmenschlicher Grausamkeit endlich in Massengräbern beigesetzt werden konnten. Der Grund des Todes dieser Menschen waren Flecktyphus, Typhus, Mißhandlungen schlimmster Art, meistens aber Hunger. Monatelang gab es im letzten Winter mittags eine Suppe, die fast nur aus Kartoffelschalen, manchmal auch aus ungenießbaren Unkrautsamen bestand . . .«
Lagerstraße, Wohnbaracken, Appellplatz, Totenkammer, Strafblöcke, Desinfektionsbaracke, Krematorium mit Verbrennungsöfen und Kapellen – wer das Lagergelände mit der von den Häftlingen selbst gepflanzten Pappelallee betritt, schaudert angesichts der Eiseskälte, die von dieser totenstillen Stätte ausgeht.
Im Museum (am 9. Mai 1965 eröffnet) kann sich der Besucher anhand von Fotos, Texten und Filmmaterial ein Bild von der Vorgeschichte des Dritten Reiches, von der Machtergreifung und von der Entstehung des KZ-Dachau machen. Erschütternde Aufnahmen dokumentieren die Judenverfolgung während der NS-Zeit und die »Endlösung der Judenfrage«. Die Dokumentation endet mit der Befreiung Dachaus und anderer Lager.

KZ-Gedenkstätte Dachau mit Museum
Tel. 0 81 31/17 41
Tgl. außer Mo 9–17 Uhr
Eintritt frei
S-Bahn: S 2 bis Dachau, von dort weiter mit dem Bus 722

Freilichtmuseum Glentleiten
Wer sich über Kirchen, Klöster und Schlösser hinaus auch für die bäuerische Kultur der Bayern interessiert, dem vermittelt das in einer außergewöhnlich reizvollen Landschaft gelegene Freilichtmuseum Glentleiten einen aufschlußreichen Einblick. Auf einem rund 22 Hektar großen Freigelände verteilen sich die verschiedensten Haus- und Hoftypen. Angesichts von etwa 20 abgetragenen und – originalgetreu – wieder aufgebauten und eingerichteten Exponaten kann sich der Besucher ein Bild davon machen, wie Bayerns Bauern während der letzten vier Jahrhunderte kunstvoll gebaut, wie sie gewohnt und gewirtschaftet haben. »Im Voralpenland sind es die stolzen Einhöfe mit flachgeneigtem Satteldach, die oft einsam auf den Höhenzügen thronen, im Osten die geschlossenen Vierseithöfe, herb und abweisend, und im Berchtesgadener Land die weit in die Landschaft blickenden offenen Zwiehöfe mit den typischen im Obergeschoß überhängenden Feldkästen. Im Gegensatz dazu dann die oft eng

Wie Bayerns Bauern lebten: Freilichtmuseum Glentleiten

zusammengebauten Mittertennhäuser mit ihren reichen Bundwerkgiebeln im Werdenfelser Land oder die charakteristischen Heustadel um Mittenwald. Nördlich Münchens herrscht das westbayerische Haus vor, mit mittelsteilem Giebeldach, vielfach direkt auf dem Erdgeschoß, und um Ingolstadt ragt bereits das Jurahaus herein mit seinem schweren flachen Kalkplattendach auf den mächtigen Rafen« (Ottmar Schuberth).

Auf der Glentleiten kann man einem Wagner (Wagenbauer) in seiner Werkstatt bei der Arbeit zuschauen, hier führen noch Weber, Töpfer, Seiler und ein Schmied ihre Handwerkskunst vor. Der Rundgang von Haus zu Haus – durch Stuben, Küchen, Kammern, Ställe, Tennen und Höfe – führt über Wiesenland, durch Wälder, an einem Bach entlang, vorbei an einer Fischerhütte und einer Schmiede, wo die Schmiedehämmer und der Schleifstein durch ein Wasserrad angetrieben werden. Auf hölzernen Bänken, die vor dem kleinen alten Kramerladen (in Betrieb) stehen, kann man sich ausruhen und eine Brotzeit zu sich nehmen.

In unmittelbarer Nähe des Museums befindet sich übrigens ein einladender Gasthof mit Aussichtsterrasse und Biergarten: der Alpengasthof Kreutalm, der zu Fuß von der Glentleiten aus zu erreichen ist.

Wer noch gerne in der Gegend bleiben möchte, vielleicht um einen

Abstecher nach Garmisch-Partenkirchen zu machen, sich den wunderschönen, 200 m tiefen Walchensee anschauen oder sich im supermodernen Freilichtbad »Trimini« direkt über dem Kochelsee sonnen möchte, der miete sich im »Schmied von Kochel« ein, einem Hotel, das seinen Namen nach der Symbolfigur des Bauernaufstands von 1705 trägt. Das 80-Betten-Hotel bietet komfortable Zimmer im bayerischen Stil, eine Sonnenterrasse und eine anspruchsvolle Küche. Im Sommer kann man sich hier ein Boot leihen und über den Kochelsee schippern, im Winter vermittelt Ihnen das Hotel auf Wunsch sogar Skikurse.

Alpengasthof Kreutalm
Tel. 0 88 41/58 22
Tgl. 8–24 Uhr mindestens!
Alpenhotel Schmied von Kochel
Kochel am See
Tel. 0 88 51/2 16 und 2 32
Ganzjährig geöffnet
34 Zimmer, EZ ab 95 DM, DZ 150 bis 180 DM
Frühstück inkl.
Freilichtmuseum Glentleiten
Tel. 0 88 41/10 98
Autobahn E 6, Ausfahrt Murnau, Kochel, Großweil
Tgl. außer Mo April–Okt. 9–18 Uhr, Nov. am Wochenende 10–17 Uhr,
Eintritt 5 DM; Kinder 1 DM
Trimini
Tel. 0 88 51/53 00
Tgl. 9–20.15 Uhr
Eintritt: Erwachsene 3 Std. 8 DM, ganztags 12 DM,
Kinder 3 Std. 6 DM, ganztags 8 DM

Herrenchiemsee

Drei Schlösser hat Bayerns Misanthrop und Märchenkönig Ludwig II. seinem Volk hinterlassen: das romantische Neuschwanstein bei Füssen, das prunkvoll-verträumte Linderhof, wo alle Bediensteten unsichtbar bleiben mußten, und das prächtige Herrenchiemsee, das allerdings nie vollendet wurde ... Dieses Schloß, das der Souverän in seiner Begeisterung für das Versailles des französischen Sonnenkönigs als prunkvolles Pendant dazu im Chiemgau errichten ließ, liegt, harmonisch eingebettet in die Landschaft, auf der größten (250 Hektar) der insgesamt drei Chiemsee-Inseln, Herrenwörth. Der »Kini« hatte das Eiland auf die Bitte von Bürgern hin gekauft, denen die Rodungsabsichten des Vorbesitzers mißfielen. Architekt war Georg Dollmann. Die 1878 begonnenen Bauarbeiten sowie die Gartengestaltung (mit dem Latona-Brunnen und seinen Wasserspielen, die seit 1972 wieder in Betrieb sind) von Karl Effner mußten jedoch ein Jahr vor dem Tod des Monarchen, 1885, eingestellt werden, weil die Finanzkasse des Herrschers leer war.
Insbesondere der Gestaltung der Spiegelgalerie und der Schlafgemächer hat sich Ludwig II. schon bei der Planung des Schlosses mit

aller Hingabe gewidmet. Der königliche Spiegelsaal mit seinen Deckengemälden, den 33 Glaslüstern und 44 Kandelabern erstreckt sich in seiner verschwenderischen Pracht über die 98 Meter lange Gartenfront des Schlosses.
Vor der marmornen Statue Ludwigs II. im nördlichen Treppenhaus von Herrenchiemsee verweile man einen Augenblick: »In den ›Kulissen‹ von Herrenchiemsee, die fast alle zunächst auf der Bühne des Münchner Hoftheaters erprobt worden waren«, so hat Detta Petzet die Funktion des Schlosses für den jungen Monarchen zu deuten versucht, »sollte sich eine Art Wiedergeburt des absoluten Königtums vollziehen, das Ludwig II. versagt war, an das er sich aber in den von keiner Hofgesellschaft mehr erfüllten Räumen erinnern wollte, um fern der bürgerlichen Welt des 19. Jahrhunderts als echter König zu leben.«
Gewohnt hat der König jedoch nie in seinem Schloß, er bevorzugte das sogenannte Alte Schloß, ein ehemaliges Benediktinerkloster mit prachtvollem Kaisersaal (1700) und einer Bibliothekshalle. Die kleine Pfarrkirche (17. Jh.) geht auf einen gotischen Bau zurück.
Die Reise zum Schloß kann der Besucher stilecht und nostalgisch gestalten: Vom Bahnhof Prien geht es mit einem kleinen Bahnwagen hinter Bayerns ältester noch verkehrender Lokomotive zur Dampfer-

Aus Begeisterung für Versailles: Herrenchiemsee

anlegestelle Stock. Und von hier aus mit dem Schaufelraddampfer »Ludwig Feßler« (1926) weiter auf die Insel. Das Neue Schloß erreicht man zu Fuß oder mit einem Pferdewagen.

Neues Schloß und König-Ludwig-II.-Museum
Tel. 0 80 51/30 69
Autobahn Salzburg Ausfahrt Bernau nach Prien
Tgl. 9–17 Uhr April–Sept.
Im Winter 10–16 Uhr
Eintritt 5 DM, Schüler 2,50 DM
Im Sommer (Mai–Sept.) Busexkursionen von München nach Herrenchiemsee, Auskunft über
Panorama-Tours
2 Arnulfstr. 8
Tel. 59 15 04

Sehenswerte Klöster in Münchens Umgebung

Rund um München sind zahlreiche Klöster zu finden, die 1803 säkularisiert, also weltlichen Zwecken zugeführt wurden. Im »Klosterjahr« 1991 holte das »Haus der Bayerischen Geschichte« viele Zeugnisse aus der Versenkung hervor. Mehr als zuvor lohnt sich eine Tour zu Bayerns Klöstern. Hier seien nur drei genannt.

Das Kloster Benediktbeuern, 740 gegründet, seit 1930 wieder von den Salesianern Don Boscos besetzt, gehört zu den ältesten in Bayern. Die Mönche leisteten neben der Christianisierung vor allem die wirtschaftliche Erschließung des Gebietes. Nach der Aufhebung des Klosters wurden die Gebäude unter anderem als optische Werkstätte (Herstellung von optischen Geräten, Mikroskopen usw.) genutzt. Die fast vollständig erhaltene Fraunhofer Glashütte gehört zu den Attraktionen Benediktbeuerns. Zur Anlage gehört eine Klosterwirtschaft mit Biergarten.

Erwähnenswert ist ein Besuch des Zisterzienser-Klosters Fürstenfeld bei Fürstenfeldbruck. Es wurde im Jahr 1263 gegründet und besitzt eine der schönsten Barockkirchen in Bayern. Die Innenausstattung stammt von den Brüdern Asam. Im Klosterhof gelegenen Klosterbräustüberl bekommen Sie die besten Weißwürste der Umgebung.

In Freising steht das Kloster Weihenstephan, eine ehemalige Benediktinerabtei aus dem Jahre 1020. Hier wurde die bekannte Hochschule für Brauerei untergebracht, gleichzeitig gilt sie als eine der ältesten Brauereien. Im benachbarten Bräustüberl gehört ein »Obazder“, eine deftige Camembert-Quark-Mischung, zur Brotzeit.

Kloster Benediktbeuern
Autobahn 95, Ausfahrt Sindelsdorf
Kloster Fürstenfeld
S-Bahn: S 4 bis Fürstenfeldbruck
Autobahn 8, Ausfahrt Fürstenfeldbruck
Kloster Weihenstephan
S-Bahn: S 1 bis Freising
Autobahn 9, Ausfahrt Allershausen, oder Autobahn 92, Ausfahrt Freising

München von A bis Z

Von Marina Bohlmann-Modersohn

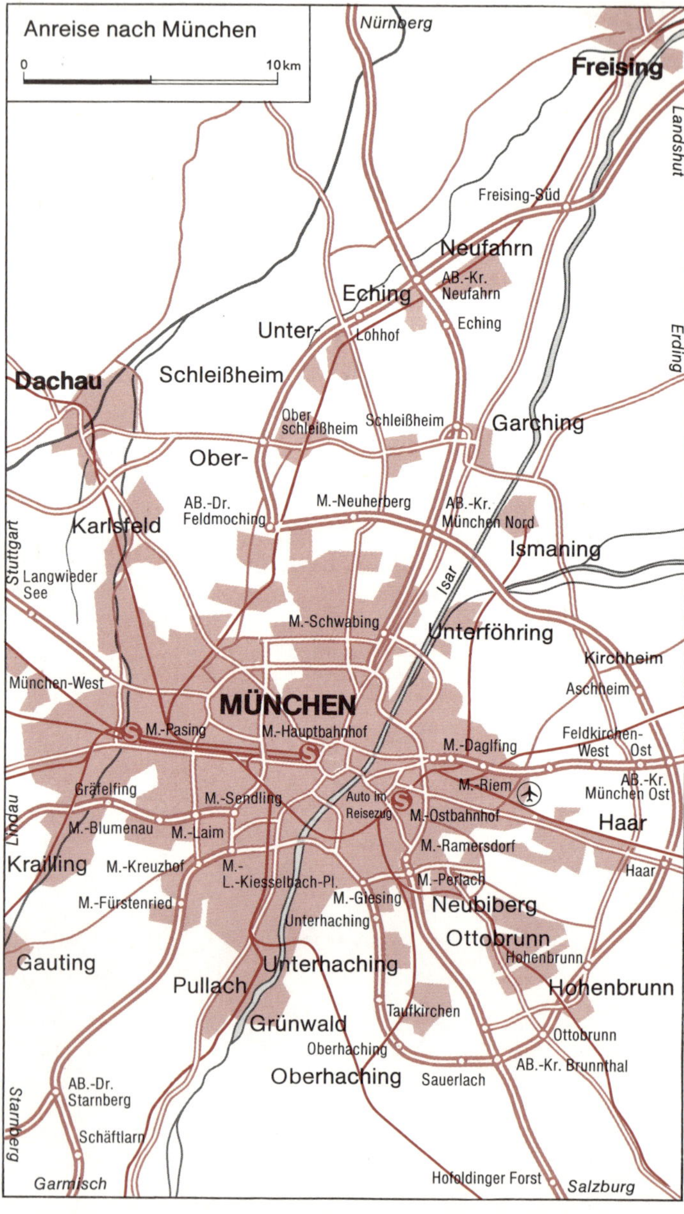
Anreise nach München
0
10 km
Nürnberg
Freising
Landshut
Freising-Süd
Neufahrn
AB.-Kr. Neufahrn
Eching
Eching
Unter-
Lohhof
Erding
Dachau
Schleißheim
Ober schleißheim
Schleißheim
Garching
Ober-
AB.-Dr. Feldmoching
M.-Neuherberg
AB.-Kr. München Nord
Karlsfeld
Ismaning
Stuttgart
Langwieder See
Isar
M.-Schwabing
Unterföhring
Kirchheim
München-West
Aschheim
MÜNCHEN
M.-Pasing
M.-Hauptbahnhof
M.-Daglfing
Feldkirchen-West
Ost
AB.-Kr. München Ost
Gräfelfing
M.-Sendling
Auto im Reisezug
M.-Riem
M.-Ostbahnhof
Haar
Lindau
M.-Blumenau
M.-Laim
M.-Ramersdorf
Krailling
M.-Kreuzhof
M.-L.-Kiesselbach-Pl.
M.-Perlach
Haar
M.-Fürstenried
M.-Giesing
Neubiberg
Unterhaching
Ottobrunn
Hohenbrunn
Gauting
Unterhaching
Pullach
Hohenbrunn
Taufkirchen
Grünwald
Ottobrunn
Oberhaching
AB.-Kr. Brunnthal
Oberhaching
Sauerlach
AB.-Dr. Starnberg
Starnberg
Schäftlarn
Hofoldinger Forst
Garmisch
Salzburg

Anreise

Mit dem Auto Die Hauptverbindungen von Norddeutschland, Österreich und der Schweiz nach München sind:
– von Hamburg auf der Autobahn über Hannover, Kassel, Würzburg, Ingolstadt (rund 780 km).
– von Wien auf der Autobahn über Salzburg (rund 412 km).
– von Genf auf der Autobahn über Lausanne, Zürich, Bregenz, Lindau, Kempten.

Mit der Bahn Die Züge der Deutschen Bundesbahn aus Norddeutschland, Österreich und der Schweiz kommen am Münchner Hauptbahnhof auf den Gleisen 11 bis 26 an. An der südlichen Seite des Hauptbahnhofs liegt der Holzkirchner Bahnhof (Gleise 1 bis 10), auf dem die Züge aus Wolfratshausen, Bad Tölz, Lenggries, vom Tegernsee und Schliersee einfahren. Am Starnberger Bahnhof auf der nördlichen Seite des Hauptbahnhofs (Gleise 27 bis 36) kommen die Züge aus Richtung Garmisch-Partenkirchen an.
An der Südseite des Hauptbahnhofs fahren die Flughafenbusse ab, südlich des Starnberger Bahnhofs die Bahn- und Fernbusse. Im Untergeschoß des Hauptbahnhofs sind die S- und U-Bahn-Stationen.

Fahrpreisermäßigungen:
Die angegebenen Preisbeispiele gelten auf allen Strecken der Deutschen Bundesbahn und der Deutschen Reichsbahn.
»Sparpreis«: Die 1. Person zahlt für die Hin- und Rückfahrt 2. Klasse einen Pauschalpreis von 190 DM, Zuschläge sind extra zu zahlen (im ICE 220 DM inkl. Zuschlag). Mitfahrer erhalten eine Ermäßigung von 50 Prozent. Gemeinsame Hin- und Rückfahrt erforderlich, Geltungsdauer 1 Monat, im Ausland 2 Monate. Wochenend-Bindung.
»Super-Sparpreis«: Die 1. Person zahlt für die Hin- und Rückfahrt 2. Klasse pauschal 140 DM, Zuschläge sind extra zu zahlen (im ICE 180 DM inkl. Zuschlag). Mitfahrer zahlen die Hälfte. Geltungsdauer 1 Monat, nicht Fr und So.
Kinder vom vollendeten 4. bis zum 12. Lebensjahr zahlen 50 Prozent des Fahrpreises.
Der *Familienpaß* kostet 130 DM, Geltungsdauer 1 Jahr. Familien und Elternteile mit mindestens 3 Kindern erhalten den Paß kostenlos. Er gewährt 50 Prozent Ermäßigung auf den normalen Fahrpreis.
Seniorenpässe erhalten Damen und Herren ab 60 Jahren. Seniorenpaß A kostet 75 DM (Fr und So ungültig), der

Ausgewählte Bahnverbindungen nach München

Abfahrtsort	*Reisezeit in Stunden*	*Fahrpreise für Rückfahrkarten* 2. Klasse	1. Klasse
Berlin	8	222 DM	338 DM
Düsseldorf	6½	296 DM	444 DM
Frankfurt/M.	4	186 DM	280 DM
Hamburg	6½	360 DM	540 DM
Hannover	5	282 DM	424 DM
Köln	6	278 DM	418 DM
Stuttgart	2	106 DM	160 DM
Wien	7	1148 öS	1724 öS
Zürich	4½	134 sfr	210 sfr

Stand: Frühjahr 1991

Preis für Paß B beträgt 110 DM (tgl. gültig). Dafür gibt es 50 Prozent Ermäßigung auf den normalen Fahrpreis und den ICE-Preis.
Den *Taschengeld-Paß* gibt es für Jugendliche von 12 bis 17 Jahren für 40 DM. Er gilt ein Jahr, an allen Tagen der Woche. Ermäßigung wie beim Seniorenpaß.
Juniorpaß: Für Jugendliche von 18 bis 22 Jahren, Studenten, Schüler unter 27. Der Paß gilt ein Jahr, an allen Tagen der Woche, Preis 110 DM. Ermäßigung wie beim Seniorenpaß.
Tramper-Monats-Tickets gibt es für alle unter 23 Jahren, für Schüler und Studenten unter 27 Jahren. Das Ticket gilt einen Monat lang für beliebig viele Bahnfahrten 2. Klasse. Preis auf allen DB-Strecken 290 DM und auf allen DB- und DR-(Deutsche Reichsbahn)Strecken 320 DM.
Twen-Tickets erhalten Jugendliche unter 26 Jahren in allen Reisebüros mit DER-Vertretung.

Mit dem Bus Das Omnibusnetz der europäischen Eisenbahngesellschaften führt durch touristisch besonders interessante Gebiete und ist auch besonders preisgünstig. »Europabusse« fahren aber nicht nur durch die Bundesrepublik, sondern schaffen auch Verbindungen zwischen München–Österreich und München–Schweiz. Auskunft erteilt:

Deutsche Touring-Gesellschaft
Am Römerhof 17
6000 Frankfurt a. M.
Tel. 069/790 30

Zahlreiche Reiseveranstalter bieten Wochenend- und längere Buspauschalreisen nach München an. Auskunft in Reisebüros.

Mit dem Flugzeug Innerhalb der Bundesrepublik, von Österreich und der Schweiz aus bestehen unter anderem folgende Flugverbindungen nach München:

Flugverbindungen nach München (Hin- und Rückflug)

Abflugsort	*Flugzeit*	*Normaltarif*	*»flieg & spar«*
Berlin	1 Std. 20 Min.	686 DM	432 DM
Düsseldorf	1 Std. 10 Min.	682 DM	433 DM
Frankfurt/M.	1 Std.	488 DM	314 DM
Hamburg	1 Std. 20 Min.	774 DM	491 DM
Hannover	1 Std. 10 Min.	678 DM	430 DM
Köln	1 Std. 5 Min.	608 DM	386 DM
Wien	1 Std.	5040 öS	2930 öS
Zürich	50 Min.	496 sfr	290 sfr

Stand: Frühjahr 1991

Flugpreisermäßigungen Kinder unter 2 Jahren fliegen innerhalb Deutschlands kostenlos, auf internationalen Flügen werden 10 Prozent des Tarifs berechnet. Kinder zwischen 2 und 11 Jahren zahlen 50 Prozent des Normaltarifs. Jugendliche bis 21 Jahre und Studenten und Schüler bis 25 Jahre fliegen mit 25 Prozent Ermäßigung. Eine Ermäßigung von 30 Prozent erhalten Schwerbehinderte. Die Seniorenvergünstigung für Damen und Herren ab 60 Jahren entspricht den Super-flieg & spar-Tarifen. Ehepartner: Die erste Person zahlt den vollen Tarif, die zweite 50 Prozent bei internationalen Reisen innerhalb Europas.

Spartarife:
1. flieg & spar-Tarif: Vorgeschriebener Mindestaufenthalt: Rückkehr frühestens am ersten So nach Reiseantritt.
2. Super-flieg & spar-Tarif: Nur für bestimmte Flüge. Reservierung, bei innerdeutschen Flügen spätestens 7 Tage vor Reiseantritt. Der Flugschein muß innerhalb von 24 Stunden ausgestellt werden. Rückreise frühestens am ersten So nach Hinreise. 3 Monate gültig.
3. IT-Flüge: Das sind Reisepakete, die Flug, Transfer vom und zum Flughafen oder Stadtrundfahrt und Hotelübernachtung umfassen. Die Reise muß 6 Übernachtungen einschließen (Ausnahme: Wochenendpauschalreisen).

Ärzte

Adressen von Bereitschaftsärzten kann man über die Polizeiinspektionen erfahren. Sofortige Hilfe in Notfällen wird durch den Kassenärztlichen Notfalldienst gewährleistet.

Ärztlicher Notfalldienst
Tel. 55 86 61

Polizei
Tel. 110

Feuer
Tel. 112

Alle Münchner Krankenhäuser verfügen über eine Ambulanz, die durchgehend Tag und Nacht besetzt ist.

Krankenhaus München-Schwabing
40 Kölner Pl. 1
Tel. 30 68–1
– Chirurgische Notfallversorgung für Erwachsene: Tel. 38 68–359
– Chirurgische Notfallversorgung für Kinder: Tel. 38 68–459
– Medizinische Aufnahme für Erwachsene: Tel. 30 68–210

Klinikum Rechts der Isar der Technischen Universität München Informations- und Behandlungszentrum für Vergiftungen und Suizid, medizinische Klinik und Poliklinik, Toxikologische Abteilung.
80 Ismaninger Str. 22
Tel. 41 40–1

Deutsches Herzzentrum München des Freistaats Bayern
2 Lothstr. 11
Tel. 12 09–01

Zahnärzte
Notdienst: 7 23 30 93
Unter dieser Nummer erfährt der Patient, welcher Zahnarzt Notdienst hat, und zwar am Samstag, Sonntag und an Feiertagen zwischen 10 und 12 Uhr und 15 und 19 Uhr.

Tierarzt
Chirurgische Tierklinik der Universität
22 Veterinärstr. 13
Tel. 21 80 26 34
Tag und Nacht durchgehend geöffnet

Apotheken

Unter der Rufnummer 59 44 75 können Sie Auskunft über alle Notdienst-Apotheken erhalten. Außerdem finden Sie an jeder Apothekentür die Adresse der nächsten Apotheke (jeweils zwei Apotheken in einem Stadtteil) mit Bereitschaftsdienst angeschlagen.

Eine Auswahl fremdsprachiger Apotheken:
Bahnhof-Apotheke
2 Bahnhofspl. 2
Tel. 59 41 19
City-Apotheke
2 Schillerstr. 9
Tel. 55 55 21/22
Inter-Apotheke
2 Ecke Luisen-/Elisenstr. 5
Hauptbahnhof Nordausgang
Tel. 59 54 44/45
Internationale Ludwigs-Apotheke
2 Neuhauser Str. 8
Tel. 260 30 21

Auktionen und Versteigerungen

Mit dem Einzug von Christie's und Sotheby's dürfte München wohl inzwischen der bedeutendste deutsche Auktionsort geworden sein.

Christie's Versteigerung hochwertiger Kunst, Antiquitäten, Schmuck.
2 Residenzstr. 27
Tel. 22 96 39
S- und U-Bahn: Marienplatz; Tram 19, 27
Hartung & Hartung Dekorative Graphik, alte Atlanten und Tafelwerke, wertvolle Bücher, Autographen.
2 Karolinenpl. 5a
Tel. 28 40 34
U-Bahn: Königspl.; Tram 18
Karl & Faber Gemälde, Graphik, Handzeichnungen, alte und neue Kunst.
2 Amirapl. 3
Tel. 22 18 65
U-Bahn: Odeonspl.
Wolfgang Ketterer Malerei und Graphik des 20. Jahrhunderts, Jugendstil, Art Déco, Afrikanische Kunst, Asiatika.
2 Brienner Str. 25
Tel. 59 11 81
U-Bahn: Odeonspl.; Tram 18
Neumeister KG Zählt zu den renommiertesten deutschen Auktionshäusern. Versteigert 6–8mal jährlich Gemälde, Ostasiatica und Antiquitäten.
40 Barerstr. 37
Tel. 2 31 71 00
Tram 18; Bus 53
Hugo Ruef Münchens ältestes Auktionshaus, gegründet 1844. Gemälde, Antiquitäten, Skulpturen, Teppiche, antike Möbel.
2 Gabelsbergerstr. 28
Tel. 52 40 84/85
U-Bahn: Königspl.; Tram 18
Sotheby's Hochwertige Kunst, Antiquitäten, Schmuck und vieles mehr.
22 Odeonsplatz 16
Tel. 2 91 31 51
U-Bahn: Odeonsplatz

Ausflugsziele rund um München

Nur wenige Kilometer von Münchens Stadtmitte entfernt, sozusagen »vor der Haustür«, breitet sich das grüne Ferienland Oberbayern mit seinen kleinen Dörfern, Schlössern und Burgen, Klöstern und Kirchen, Wäldern, Wiesen und Seen in seiner ganzen Pracht aus. Wenn der Besucher durch die allmählich hügelig werdende Landschaft in Richtung Süden fährt, ahnt er die Alpennähe (oft sieht er auch die Berge) und ein bißchen Italien; der Westen mit dem Ammersee ist eher flach, im Nordosten bestimmen die Isar mit dem Erdinger Moos, im Osten der Ebersberger Forst das Gesicht der Landschaft. Für Ausflüge in die nähere Umgebung Münchens bietet sich die S-Bahn an, die Sie – beispielsweise vom Marienplatz aus – schnell und bequem in die ländliche Idylle transportiert.

Wer mehr von Oberbayern kennenlernen will, sollte sich Kloster Ettal ansehen und Oberammergau im Südwesten, die Schlösser des Märchenkönigs Ludwig II. »Linderhof«, »Neuschwanstein« und »Hohenschwangau«. Garmisch-Partenkirchen mit der 2963 Meter hohen Zugspitze, Deutschlands höchstem Berg, ist ein »Muß« und auch der sogenannte »Pfaffenwinkel« mit der wunderschönen Wallfahrtskirche »Wies«. Im Südosten liegt der berühmte Tegernsee mit seinen vielen kleinen Ortschaften und Prominenten-Herbergen und im Osten das mittelalterliche Wasserburg. Von hier aus ist der Chiemsee mit Schloß »Herrenchiemsee« nicht weit, und eine der größten Attraktionen Oberbayerns erwartet den Besucher mit dem südöstlich gelegenen Königssee bei Berchtesgaden.

Busausflüge veranstaltet:
Autobus Oberbayern
2 Lenbachpl. 1
Tel. 55 80 61
Abfahrt (April–Okt. tgl. 8.30 Uhr am Neptunsbrunnen im Alten Botanischen Garten, Elisenstr.
S- und U-Bahn: Hauptbahnhof

Andechs 42 km südwestl. Oberhalb des östl. Ammerseeufers liegt, 700 m hoch in wunderschöner Umgebung das Ausflugsziel Andechs, Benediktinerkloster und Wallfahrtskirche – der wohl älteste Wallfahrtsort Deutschlands. Einst stand hier eine große Burg, deren Herren während der Kreuzzüge drei Hostien erworben und diese in der Burgkapelle untergebracht hatten. 1388 wurde das durch Kämpfe verloren geglaubte »Andechser Heiligtum« jedoch auf »wunderbare Weise« wiedergefunden. Herzog Ernst gründete daraufhin 1438 auf dem »Heiligen Berg« ein Kanonikerstift. Daraus machte 1455 Albrecht III. ein Benediktinerkloster. Die Klosterkirche (um 1420) wurde oft umgebaut und ist heute ein Beispiel prachtvoller Barockarchitektur.
Eine besondere Anziehungskraft übt der »Heilige Berg« heute besonders im Sommer durch seine Klosterbrauerei aus. Dort gibt es kräftiges, selbstgebrautes dunkles Bier vom Faß und den nicht weniger deftigen Andechser Käse aus der Familie des Romadurs.
Kloster: 7–18 Uhr
Bräustübl: Tgl. 9–20 Uhr
Anreise: Mit dem Auto auf der B 12, Richtung Herrsching/Ammersee, oder mit der S-Bahn S 5, Endhaltestelle Herrsching, dann Bus 956 nach Andechs. (→ Karte Umschlag-Innenseite hinten)

Dachau → Der gute Tip S. 131
Freilichtmuseum Glentleiten → Der gute Tip S. 132

Freising 33 km nordöstlich, 35 000 Einwohner. Zu Beginn des 8. Jahrhunderts war Freising bajuwarischer Herzogssitz. 739 gründete Bonifatius hier ein Bistum, und die Burg ging an den Klerus über. Bis zum 14. Jahrhundert bestimmte Freising Kultur und Geistesleben in Oberbayern. 1821 wurde der Bischofssitz nach München verlegt. Sehenswert: der romanische Dom St. Maria und St. Corbinian mit einer um 1200 entstandenen Krypta und einem dreiflügeligen Kreuzgang (Mitte des 15. Jahrhunderts), der 1716 von Johann Baptist Zimmermann mit Stuck und Fresken versehen wurde. 1724 gestalteten die Brüder Asam den Innenraum barock um.
Dom: Tgl. 7–12 und 14–18 Uhr
Anreise: Mit dem Auto auf der B 11, mit der S-Bahn S 1 nach Freising (Endstation).
(→ Karte Umschlag-Innenseite hinten)

Herrenchiemsee → Der gute Tip S. 134

Schäftlarn 20 km südlich. Das harmonisch in das Isartal gebettete Kloster Schäftlarn wurde ursprünglich als Benediktinerabtei um 760 gegründet,

im 10. Jahrhundert wieder verlassen und 1140 von Bischof Otto I. von Freising dem Prämonstratenserorden übergeben. Um 1702/06 entstand das heutige Kloster nach Plänen Giovanni Antonio Viscardis.
Die Kirche wurde von François Cuvilliés d. Ä. zwischen 1733/51 gestaltet. Ab 1751/57 arbeiteten Johann Baptist Gunezrainer und wahrscheinlich auch Johann Michael Fischer an dem Kirchenbau weiter. Kloster Schäftlarn gilt als eine der großartigsten Leistungen des bayerischen Barock.
Die Kirche ist bis Sonnenuntergang geöffnet.
Anreise: Mit dem Auto auf der B 11 in Richtung Wolfratshausen, mit der S-Bahn S 7 in Richtung Wolfratshausen, Haltestelle Ebenhausen-Schäftlarn.
(→ Karte Umschlag-Innenseite hinten)

Schleißheim 13 km nördlich. Die Wittelsbachsche Schloßanlage ist eine der größten, stolzesten und schönsten des europäischen Barock und bekannt für ihre alljährlich stattfindenden Musikwochen im Großen Barocksaal.
1597 hatte sich Herzog Wilhelm V. hier eine Musterschwaige mit Herrenhaus errichten lassen, sein Sohn, Kurfürst Maximilian I., machte Schleißheim ab 1616 zu seinem Sommersitz und ließ es dann zum »Alten Schloß« umbauen. Um 1684 errichtete Enrico Zucalli im Auftrag Kurfürst Maximilian Emanuels II. das 1 Kilometer von Schleißheim entfernte Schlößchen Lustheim nach römischem und französischem Muster. Ab 1719 leitete Joseph Effner den weiteren Ausbau Schleißheims. Sein endgültiges Gesicht erhielt das Schloß schließlich unter Ludwig I. Im Schlößchen Lustheim befindet sich eine bedeutende Sammlung Meißner Porzellans.
Schloß Schleißheim: Tgl. außer Mo 10–12.30 Uhr und 13.30–17 Uhr
Eintritt 2 DM
Schloß Lustheim mit Meißner-Porzellan-Sammlung: Tgl. außer Mo 10 bis 12.30 Uhr und 13.30–17 Uhr
Eintritt 2 DM
Anreise: Mit dem Auto auf der B 13, mit der S-Bahn S 1 in Richtung Freising, Station Oberschleißheim. Bus 292
(→ Karte Umschlag-Innenseite hinten)

Starnberger See 25 km südwestlich. Schlösser, Villen, Sommersitze, Kapellen, alte Gasthöfe, Dampferanlegestege, Segelboote, Surfer, Badestrände, Wälder, Felder, Spazierwege: der Starnberger See gehört zu den beliebtesten und berühmtesten Freizeitreichen Oberbayerns. Am Ostufer (eher dörflich und still im Gegensatz zum städtisch-prominenten Westufer) des 57 Quadratkilometer großen und an seiner tiefsten Stelle 130 m tiefen Sees liegt das 1640 erbaute Schloß Berg (1849 durch König Maximilian II. in englischer Neugotik umgestaltet), in dem sich der legendenumwobene Märchenkönig Ludwig II. gerne aufhielt und in das er nach seiner Verhaftung in Neuschwanstein überführt wurde. Zwischen Berg und Leoni steht die von Ludwig II. errichtete Votivkapelle (1876). Von hier aus führt durch einen kleinen Buchenwald ein Weg an jene Seestelle, wo der bayerische Souverän und sein Arzt am 13. Juni 1886 auf ungeklärte Weise ertranken.
Am genußvollsten erlebt man das oberbayerische Frischluftparadies zu Fuß wie der »Kini«: auf dem 120 km langen König-Ludwig-Fernwanderweg (mit Wanderführer, Karte, gemütlichen Nachtquartieren, Gepäcktransfer, genau beschilderten Wegen) von Berg aus zu den Schlössern Neuschwanstein und Hohenschwangau.
Anreise: Mit dem Auto auf der E 6, mit der S-Bahn S 6 in Richtung Tutzing, Station Starnberg.
(→ Karte Umschlag-Innenseite hinten)

Auskunft

Zur Auskunft zählen nicht nur Telefon- und Fahrplanauskunft. Hier sind nach den Fremdenverkehrsbüros alle wichtigen Adressen in alphabetischer Reihenfolge aufgezählt, die während eines Münchenaufenthaltes nützlich sein können.

Fremdenverkehrsbüros Die Zentrale des Fremdenverkehrsamtes der Stadt München liegt in der Innenstadt, nicht weit vom Marienplatz. Zweigstellen befinden sich im Hauptbahnhof und im Flughafen Riem, sie erteilen kostenlos touristische Auskünfte jeder Art, helfen bei der Zimmervermittlung, verteilen Prospekte und Stadtpläne und sind bei der Planung von Stadtbesichtigungen und Ausflügen in die nähere Umgebung Münchens behilflich.

Fremdenverkehrsamt München
1 Postfach
Tel. 23 91–1
– am Hauptbahnhof (Hbf.-Südausgang Bayerstr.)
Tel. 23 91–256/23 91–257
Tgl. 8–22 Uhr
Keine telefonische Zimmervermittlung
– Flughafen Riem (Ankunftshalle)
Tel. 90 72 56
Mo–Sa 8.30–22 Uhr, So 13–21 Uhr
Für Informationen außerhalb der Stadt:
Fremdenverkehrsverband München-Oberbayern e. V.
2 Sonnenstr. 10
Tel. 59 73 47/48

Fahrplanauskunft und Reservierung (telefonisch)
– Bahn
Zugauskunft: Tel. 1 94 19
Tgl. 6–23 Uhr
Reservierung von Sitz-, Liege- und Bettplätzen: Tel. 128 59 94
Tgl. 6–18 Uhr
– Flug
Flughafenzentrale: Tel. 92 11–0
Fluginformation: Tel. 92 11 21 27
– Fluggesellschaften
Air France
22 Theatinerstr. 23
Tel. 210 67
Austrian Airlines
2 Promenadepl. 9
Tel. 22 66 66
Lufthansa
2 Lenbachpl. 1
Tel. 51 13–0
Lufthansa-Information
Tel. 9 21 20
Pan Am
2 Schwanthalerstr. 73
Tel. 129 70 67 und 538 98 11
Swissair
2 Marienpl. 21
Tel. 236 33

Das Amtliche Bayerische Reisebüro (abr) kümmert sich um Fahrkarten für In- und Auslandsreisen, Platzkarten, Schlaf- und Liegewagen, Auto im Reisezug, um Flugtickets aller Fluggesellschaften, um Sonderflüge, Hotelreservierungen, Mietwagen sowie um Theater- und Konzertkarten.
abr – Amtliches Bayerisches Reisebüro
– Im Hauptbahnhof
Tel. 120 40
– Flughafen Riem
Tel. 90 80 18

Fundbüro
Fundbüro der Stadtverwaltung
2 Ruppertstr. 19
Tel. 23 31
Mo–Fr. 8.30–12 Uhr, Di auch 14–17.30 Uhr
Fundbüro der Bundesbahn
Hauptbahnhof/Bahnhofspl. 2
Tel. 128 66 64
Tgl. 6.30–23.30 Uhr
Fundbüro der Bundespost (auch für Funde in Telefonzellen)
2 Arnulfstr. 195
Tel. 12 62–552
Mo–Fr 8–11.15 Uhr, Mo, Di auch 12.15–15.15 Uhr, Do, Fr auch 12.15 bis 14.15 Uhr

Informationsbroschüren Das »Offizielle Monatsprogramm« des Fremdenverkehrsamts München enthält ein Unterkunftsverzeichnis und eine Vorschau auf kommende Veranstaltungen, Theaterspielpläne, Öffnungszeiten und Eintrittspreise aller Münchner Sehenswürdigkeiten. Es wird in den letzten Tagen des Vormonats ausgeliefert und kostet 1,80 DM.

Alle vierzehn Tage, an jedem zweiten Donnerstag, erscheint »IN München« mit einem Veranstaltungskalender und Berichten über das kulturelle Leben der Stadt. Kostenlos in Kinos und vielen Kneipen zu haben.

Stadtnachrichten, aktuelle, teils brisante Interviews mit Größen der Szene, Konzert-Kritiken und einen ausführlichen Veranstaltungskalender bringt zweimal monatlich das »Münchner Stadt-Magazin« (Preis: 3,50 DM).

Herausgeber des ebenso monatlich erscheinenden »Münchentip – aktuell« ist das Jugendkulturwerk im Stadtjugendamt. Die Broschüre weist speziell auf Veranstaltungen für die Jugend hin.

Die Zusendung erfolgt kostenlos durch das

Jugendinformationszentrum
2 Paul-Heyse-Str. 22
Tel. 51 41 06 60
Mo–Mi, Fr 12–18 Uhr, Do 12–20 Uhr

Kontaktadressen für Österreicher und Schweizer

Österreichisch-Bayerische Gesellschaft
80 Prinzregentenpl. 15
Tel. 47 40 57
Mo–Fr 9–17 Uhr

Österreichisches Generalkonsulat
80 Ismaninger Str. 136
Tel. 921 09 00
Mo–Fr 9–12 Uhr

Schweizerisches Generalkonsulat
40 Leopoldstr. 33
Tel. 34 70 63
Mo–Fr 9.30–12 Uhr

Stadtpläne: Das Fremdenverkehrsamt gibt kostenlos einen Verkehrsnetz- und Detailstadtplan heraus. Der »Falk Stadtplan München« kostet 8 DM, der »ADAC-Stadtplan« 7,90 DM. Auch ein sehr guter Plan: »Kompaß-Stadtplan«, München mit Außenbezirken: 5,90 DM.

Telefonischer Auskunftsdienst:
Fernsehprogramme: Tel. 115 03
Kabarett, Variété: Tel. 115 18
Kirchliche Informationen: Tel. 11 57
Sportnachrichten: Tel. 11 63
Straßenzustandsbericht: Tel. 11 69
Theater und Konzerte: Tel. 115 17
Weckdienst: Tel. 11 41
Wetter: Tel. 11 64
Zeitansage: Tel. 11 91

Aussichtspunkte

Den schönsten Rundblick über München und – bei klarem Wetter – die großartigste Aussicht auf die fernen Berge hat der Besucher vom Turm des Alten Peter. Der höchste Turm Münchens (290 m) ist der Olympiaturm, der dem Betrachter natürlich auch einen herrlichen Ausblick bietet.

Alter Peter → Der gute Tip, Turmbesteigung Alter Peter S. 60
Bavaria → Der gute Tip S. 81

Maximilianeum Blick über die Altstadt und die Maximilianstraße.
80 Maximiliansbrücke/Max-Planck-Str.
Tel. 47 50 55
Tram 19, 27

Monopteros Von diesem kleinen Rundtempel, den Leo von Klenze in den Jahren 1837–1838 für Ludwig I. auf der höchsten Erhebung im Englischen Garten erbaute, hat man einen

wunderbaren Blick auf die Altstadt mit ihrer Turmsilhouette. Innerhalb des Tempels steht eine Gedächtnisstele für die den Garten fördernden Wittelsbacher.
Beliebter Treffpunkt für jugendliche Müßiggänger. Neben dem Altstadtblick hat man jetzt von hier aus auch einen Blick auf die Nackten, die »neuen« Wahrzeichen des Englischen Gartens.
22 Englischer Garten
U-Bahn: Universität

Neues Rathaus Im 9. Stock befindet sich eine Aussichtsgalerie, die mit einem Lift zu erreichen ist.
2 Marienpl.
Tel. 233–1
S- und U-Bahn: Marienpl.
Mo–Fr 9–19 Uhr, Sa und So 10 bis 19 Uhr
Eintritt: 2 DM

Olympiaturm Er wurde in den Jahren 1965 bis 1968 errichtet. In 189 bis 192 m Höhe befinden sich Aussichtsterrassen. Sie bieten mit Abstand die beste Rundsicht über München. Bei gutem Wetter und vor allem bei Föhn geht der Blick aber auch weit ins Münchner Umland und sogar bis zu den Alpen. Die Aussichtskanzel dreht sich. Mit dem Lift erreichbar.
40 Oberwiesenfeld
Tel. 306 13–320
U-Bahn: Olympiazentrum
Tgl. 9–23.30 Uhr
Eintritt: Erwachsene 5 DM, Kinder 2,50 DM

Auto

München ist Knotenpunkt vieler wichtiger Hauptverkehrsstraßen, hier enden die Autobahnen Stuttgart, Nürnberg, Salzburg, Garmisch, und trotz des Ausbaus des innerstädtischen Verkehrsnetzes und des Entlastungsrings um die von engen Straßen und Gassen durchzogene Altstadt kommt es immer wieder zu Stauungen während der Hauptgeschäftszeiten, der verkaufsoffenen Samstage und an Hochsaison-Wochenenden.
Selbst Eingeweihten gelingt es kaum, in den Seitenstraßen der Innenstadt einen Parkplatz, geschweige denn einen kostenlosen Abstellplatz zu finden.
Ein Heer von Polizisten und Polizistinnen wacht von früh bis spät darüber, daß nicht falsch geparkt wird. Besondere Vorsicht sei all jenen geraten, die versucht sind, ihren Wagen auf dem Bürgersteig zu parken!

Pannenhilfe
ACE Autoclub Europa e. V.
2 Bayerstr. 69
Tel. 192 16
ADAC
70 Am Westpark 8
Tel. 192 11

Parken in der Stadt Ehe der München-Besucher viele sinnlose Runden dreht, um sein Auto an einem der rund 7000 Parkuhr-Stellplätze unterzubringen, suche er lieber gleich eins der zahlreichen Parkhäuser auf, die sich im Stadtzentrum befinden.
Die Parkgebühren liegen bei etwa 3,50 DM für eine und bei etwa 5 DM für zwei Stunden.

Parkhaus am Färbergraben
Zufahrt Altheimer Eck/Rindermarkt
Parkhaus am Stachus
Zufahrt über Goethe-/Bayer-/Schillerstr.
Fina Parkhaus am Hauptbahnhof
Zufahrt über Mars-/Lämmer-/Hirtenstr.
Fina Parkhaus am Hofbräuhaus
Zufahrt über Maximilianstr.
Motorama Tiefgarage
Gegenüber Gasteig-Kulturzentrum
Park-Etagen im Hauptbahnhof
Zufahrt Bayer-/Arnulfstr.
Tiefgarage vor der Oper
Max-Joseph-Pl.
Parkhaus Jakobsplatz
Oberanger 35

Oberpollinger-Tiefgarage
Kapellenstr.
Parkgarage am Isartorplatz
Isartorpl.

Straßenzustandsbericht
Tel. 11 69

Tankstellen Bis auf ein paar Ausnahmen schließen die meisten Tankstellen zwischen 20 und 22 Uhr. Rund um die Uhr haben geöffnet:

– **Bogenhausen**
Bavaria-Petrol
80 Richard-Strauss-Str. 70
– **Freimann**
BP
45 Freisinger Landstr. 26
– **Haidhausen**
Esso
80 Hochstr./beim Penta-Hotel
– **Milbertshofen**
Shell
40 Petuelring 92/Ecke Knorrstr.
– **Schwabing**
Shell
40 Leopoldstr. 140
– **Zentrum**
BP
2 Oberanger 35

Verkehrsfunk Bayern 3, Servicewelle des Bayerischen Rundfunks (98,5 MHz).

Verlust des Autoschlüssels
Wenn Sie Ihren Autoschlüssel verloren und auch den Zweitschlüssel nicht bei sich haben, hilft Ihnen die
Funkstreife
Tel. 110
und läßt Ihren Wagen in eine Werkstatt schleppen. Die Autotür – sollte der Schlüssel im Wagen liegen – öffnet:
Schlüsseldienst Strittmatter
40 Römerstr. 13
Tel. 34 25 52 und 33 30 79

Wagendiebstahl – wer hilft? Sollten Sie plötzlich einen leeren Platz dort finden, wo Sie eben noch Ihren Wagen geparkt hatten, brechen Sie nicht gleich in Panik aus: Vielleicht wurde Ihr Auto lediglich abgeschleppt, weil es in einem Halteverbot stand. Wenden Sie sich auf jeden Fall an die nächste Polizeidienststelle, die wird Ihnen auch im Falle eines Diebstahls weiterhelfen.

Babysitting → Kinder S. 189
Bahn → Anreise: Mit der Bahn S. 139; Auskunft: Fahrplanauskunft S. 145
Banken → Geld S. 181

Besichtigungen

»Besichtigungen« ist in diesem Führer ein eigenes Stichwort neben den »Sehenswürdigkeiten«. Warum? Hier stellen wir unter anderem einige Einrichtungen und Institutionen vor, die üblicherweise nicht zum touristischen Programm gehören, die aber unserer Meinung nach besonders geeignet sind, das Münchner Leben der Gegenwart besser kennenzulernen als nur durch den Glanz alter Baudenkmäler: etwa die Bayerischen Motorenwerke (BMW) oder auch den Bayerischen Landtag.

Bayerischer Landtag Öffentliche Plenarsitzungen des Landtags finden – mit Ausnahme der Parlamentsferien im August und September – jeden Monat eine Woche lang im Plenarsaal des Maximilianeums statt. Soweit Plätze vorhanden, können Gruppen und Einzelpersonen teilnehmen. Personalausweis mitbringen! Schriftliche Voranmeldungen sind zu richten an:

Bayerischer Landtag, Abt. Presse und Öffentlichkeitsarbeit
Maximilianeum
8000 München 85
Tel. 412 61
Tram 19, 27

Bayerische Motorenwerke AG (BMW) Das neue BMW-Museum präsentiert BMW-Geschichte. Hier wird modernste Elektronik in einem fast romantischen Umfeld vorgeführt.
40 Petuelring 130
(gegenüber dem Olympiagelände)
Tel. 38 95–33 07
U-Bahn: Olympiazentrum
Tgl. 9–17 Uhr. Eintritt 4,50 DM

Bavaria Film Tour Mit dem »Filmexpreß« kann man durch Deutschlands Filmstadt Geiselgasteig fahren und Kulissen des Filmarchitekten und Oscar-Preisträgers Zehetbauer besichtigen, Stuntmen bei der Arbeit zusehen und Zeuge von künstlichen Feuersbrünsten und Schneestürmen werden.
Bavaria-Atelier GmbH
Geiselgasteig
Bavaria-Film-Pl. 7
Tel. 64 90 67, Anmeldung für Gruppen über 20 Personen:
Tel. 64 99–23 04
U-Bahn 8 bis Silberhornstr., weiter mit Tram 25
Führungen vom 1. März bis 31. Okt. tgl. 9–16 Uhr, Dauer 1½ Stunden.
Eintritt: Erw. 11 DM, Kinder 7 DM

Burgmuseum Grünwald »Ja so san's, de alten Rittersleut' . . .« – das an Popularität kaum zu übertreffende »bayerische Volkslied« wird in diesem Zweigmuseum der Prähistorischen Staatssammlung Wirklichkeit. Lebendige Geschichte der Burg Grünwald; unbedingt zu empfehlen die Turmbesteigung, die schon bei halbwegs gutem Wetter ein herrliches Alpenpanorama bietet.
8022 Grünwald, Zeiller Str. 3
Tel. 641 32 18
Tram 25; Bus 224, 271
Mi–So 8.45–16 Uhr, Dez.–Feb. geschl.
Sonderausstellungen sind der Tagespresse zu entnehmen.
Eintritt: Erwachsene 3,50 DM, Kinder 1 DM

Europäisches Patentamt Diese bedeutendste europäische Behörde in der Bundesrepublik wurde 1980 eingeweiht. Rund 1500 Bedienstete arbeiten in dem zehnstöckigen Hochhaus. In Anpassung an das Grün der Isar sind offene Parkanlagen geschaffen worden. Ein öffentlicher Fußweg führt durch den Eingangsbereich. Als Innen- und Außendekoration wurden Plastiken europäischer Bildhauer aufgestellt. Schulklassen und größere Gruppen können das Patentamt auch von innen besichtigen.
Anmeldungen sind zu richten an:
EPA (Hausverwaltung)
2 Erhardstr. 27
Tel. 23 99–52 10
U-Bahn: Fraunhoferstr.; Bus 52, 56

Löwenbräu Das ist einer der sechs großen Münchner Brauereibetriebe (die anderen sind: Augustiner, Hacker-Pschorr, Hofbräuhaus, Paulaner-Salvator-Thomasbräu und Spaten-Franziskaner). Der traditionelle Festsaal ist am 24. Juli 1986 einer Brandstiftung zum Opfer gefallen. Mit rund 10 Millionen Mark wurde er wiederaufgebaut und Ende 1987 eingeweiht. Wer sich vorher anmeldet, hat die Möglichkeit, einen Einblick in das Metier der Bierbrauer zu bekommen. Eine Führung – kostenlos – dauert etwa zwei Stunden, anschließend folgt eine bayerische Brotzeit.
2 Nymphenburger Str. 4
Tel. 52 00–496
U-Bahn: Stiglmaierpl.; Tram 20, 25
Zwei bis drei Wochen vorher anmelden.

Rathaus – Stadtrat Öffentliche Vollversammlungen des Münchner Stadtrats finden jeden 3. Mittwoch im Monat – mit Ausnahme der Ferien-

monate August und September – ab zirka 9 Uhr im Großen Saal des Rathauses statt. Wer sich über die Tagesordnung informieren möchte, wende sich an den:
Sitzungsdienst für Stadtratsitzungen
Rathaus
Marienpl.
Tel. 233 86 11
U-Bahn: Marienpl.

Siemens-Museum Anhand von rund 2000 Objekten und 500 Schautafeln wird der Besucher in mehreren Ausstellungsräumen über die Entwicklung der Elektronik und die Geschichte des Hauses Siemens informiert. Fachorientierte Sammlungen ergänzen in den sogenannten Studienräumen das Gezeigte. Das Museum wurde schon im Jahre 1916 in Berlin gegründet und befindet sich seit 1954 in München.
2 Prannerstr. 10
Tel. 234–26 60
S- und U-Bahn: Marienpl.; Tram 19, 27
Mo–Fr 9–16 Uhr, Sa, So 10–14 Uhr

Städtische Großmarkthalle Die Besichtigung dieses größten Binnenumschlagplatzes für Obst und Gemüse in der Bundesrepublik macht während des Marktgeschehens von Montag bis Freitag zwischen acht und zehn Uhr vormittags am meisten Vergnügen.
Schriftliche Anmeldungen an
Direktion der Städtischen Großmarkthalle
70 Thalkirchner Str. 81
Tel. 233–1
U-Bahn: Implerstr.

Brücken

Großhesseloher Brücke Das Original aus dem Jahr 1857 mußte abgerissen werden; einen herrlichen Blick übers Isartal hat man aber auch von der Neukonstruktion.
S-Bahn: Großhesselohe

Ludwigsbrücke An dieser Stelle der Isar hat wahrscheinlich der München-Begründer Heinrich der Löwe 1158 die erste Brücke in München angelegt. Die jetzige Brücke wurde um 1890 gebaut.
Der Vater-Rhein-Brunnen auf der Kalkinsel stammt von Adolf von Hildebrand, der ihn ursprünglich für den Broglie-Platz in Straßburg schuf. Dort stand er bis 1919 und wurde dann an München verkauft, wo er 1932 aufgestellt wurde. An der Schmalseite des rechteckigen Beckens befindet sich eine mehrtreppige Kaskade, die von Puttengruppen mit Fischen flankiert wird. Der Sockel trägt die Bronzestatue von Vater Rhein (1901).
22 Zweibrückenstr./Rosenheimer Str.
S-Bahn: Isartorpl.; Tram 18

Maximiliansbrücke Die Maximiliansbrücke geleitet die Maximilianstraße über die Isar. Der westliche Teil der Maximiliansbrücke wurde zwischen 1857/63 nach Plänen von Arnold Zenetti gestaltet, der östliche Teil zwischen 1903/05 von Friedrich von Thiersch. 1906 wurde auf diesem Teil der Brücke die von Franz Drexler geschaffene Athena-Skulptur aufgestellt. Aus derselben Zeit stammt auch die Erneuerung der Brücke mit Steingeländer in floralem Jugendstil.
80 Maximilianstr.
Tram 19, 27

Prinzregentenbrücke/Luitpoldbrücke Die Prinzregenten- oder Luitpoldbrücke wurde 1900/01 nach Entwürfen von Theodor Fischer anstelle der 1899 durch Hochwasser zerstörten Brücke gebaut. Die vier Liegefiguren am Isarufer versinnbildlichen die Stammesgebiete Bayerns: Schnitter für Altbayern (von Wackerle), Fischer für Franken (B. Schmitt), Frau mit Trauben für die

Pfalz (A. Drumm) und Frau mit Schild für Schwaben (E. Kurz). Am östlichen Hochufer an der Luitpoldbrücke bietet die Prinzregententerrasse mit dem Friedensengel einen schönen Blick.
80 Prinzregentenstr.
Bus 55

Cafés → Essen und Trinken S. 161
Denkmäler → Sehenswürdigkeiten: Denkmäler und Monumente S. 214

Einkaufen

Deutschlands »heimliche Hauptstadt« ist nicht nur die Metropole von Kunst und Kultur, auch der Konsum spielt eine beträchtliche Rolle, und viele Besucher kommen an die Isar, nur eines exklusiven Einkaufsbummels wegen.
Elegantester Flanier- und Shoppingboulevard ist die Maximilianstraße mit ihren Dependancen der Pariser und Mailänder Haute Couture, den schönsten Porzellan- und Wäschegeschäften, vielen Luxusläden für Kleider und Anzüge. Topboutiquen, Parfümerien, Pelz- und Schuhgeschäfte findet man auch in der Theatiner- und Residenzstraße und dem dazwischenliegenden Fußgängerbereich mit seinen reizvollen Durchgängen. Im »Luitpold-Block« an der eleganten Brienner Straße befinden sich neben Banken und Kanzleien diverse Möglichkeiten, luxuriös einzukaufen (vor allem in Einrichtungsgeschäften). In der großzügig angelegten Fußgängerzone zwischen Stachus (mit unterirdischem Ladenzentrum) und Marienplatz lockt in vielen Schaufenstern ein farbenfrohes Warenangebot. Auch Münchens über die gesamte Stadt verteilten Kaufhäuser verfügen bis auf wenige Ausnahmen über eigene Boutiquen. Antiquitäten und Kurioses gibt es rund um den Marienplatz, in der Westenriederstraße am Viktualienmarkt oder in Schwabing (Türken-, Schelling- und Kurfürstenstraße). In Schwabing haben auch die junge Mode und viele Secondhandshops ihr Quartier.
Feinschmeckermetropolen sind die Geschäfte »Käfer« in der Prinzregentenstraße und Dallmayr in der Dienerstraße. Eine schier unendliche Auswahl an Delikatessen bietet auch die Feinkostabteilung des Kaufhofs am Marienplatz.
Im allgemeinen sind die Geschäfte werktags von 9 oder 9.30 Uhr bis 18 oder 18.30 Uhr, donnerstags in der Innenstadt bis 20.30 Uhr geöffnet. Die meisten Bäckereien und Metzgereien öffnen ihre Läden in der Regel schon um 7 Uhr morgens. Samstags sind die Geschäfte bis 13 oder 14 Uhr geöffnet.

Antiquitäten Jeweils im Herbst findet in den Räumen des Hauses der Kunst die vom Bundesverband des Deutschen Kunst- und Antiquitätenhandels veranstaltete Kunst- und Antiquitätenmesse statt. Zudem versammeln sich Münchens Kunst- und Antiquitätenhändler ein paarmal im Jahr auf der Theresienhöhe oder im Löwenbräukeller, um ihre Objekte zu präsentieren. Die genauen Termine können Sie jeweils den Tageszeitungen entnehmen. Viele kleine Antiquitätenläden liegen in der Gegend um den Viktualienmarkt sowie in Schwabing in der Türken- und Kurfürstenstraße. Die Auer Dult (→ Der gute Tip S. 82) ist immer noch eine Fundgrube für Sammler.
Eine Auswahl aus der Vielzahl an Antiquitäten-Geschäften:
Antiquarius Jugendstil, Art deco.
2 Theresienstr. 19
Tel. 2 80 97 97

Einkaufen

Ludwig Beck (Textilien), 2 Marienpl. 11	**35**
Breede (Schmuck), 2 Residenzstr. 11	**18**
Brückner (Parfümerie), 2 Marienpl. 8	**30**
Ciro (Schmuck), 2 Theatinerstr. 27	**12**
Dallmayr (Delikatessen), 2 Dienerstr. 14–15	**25**
Dirndlkönigin (Trachten), 2 Residenzstr. 19	**15**
Elisabethmarkt, 40 Elisabethpl.	**7**
Café Frischhut (Schmalznudeln), 2 Blumenstr. 8	**38**
Glasmarkt (Gläser), 2 Oberanger 30	**37**
Willi Grossmann (Blumen), 22 Maximilianstr. 20	**26**
Hillenbrandt (Antiquariat), 40 Adalbertstr. 10	**8**
Kaufhof (Delikatessen), 2 Marienpl	**29**
Kaut-Bullinger (Papierwaren), 2 Rosenstr. 8	**32**
Kornkammer (Naturkost), 40 Haimhauserstr. 8	**1**
Kräuter-Paradies, 2 Blumenstr. 15	**40**
Kreutzkamm (Süßwaren), 2 Maffeistr. 4	**20**
Franziska Krines (Dessous), 2 Residenzstr. 18	**17**
Luitpold (Süßwaren), 2 Brienner Str. 11	**10**
Loden-Frey (Lodenbekleidung), 2 Maffeistr. 7–9	**19**
Magellan (Inneneinrichtung), 22 Maximilianstr. 22	**23**
Eduard Meyer (Schuhe), 2 Residenzstr. 22	**13**
Muskelkater (Sport), 40 Römerstr. 31	**2**
Nordendquelle (Weine), Nordendstr. 52	**5**
Patini (Italienische Spezialitäten), 2 Weinstr. 6	**24**
Petit Faune (Kindermoden), 2 Maximilianstr. 22	**27**
Pfeifen-Huber (Tabak), 2 Tal 66	**36**
Second Hand Boutique (Mode), 40 Siegesstr. 21	**4**
Schreibmayr (Papierwaren), 2 Theatinerstr. 9	**16**
Schlemmermeyer (Würste), Viktualienmarkt	**39**
Sport-Scheck, 2 Sendlinger Str. 85	**33**
Nymphenburger Porzellanmanufaktur, 2 Odeonspl. 36	**11**
Radspieler, 2 Residenzstr. 23, 2 Hackenstr. 4 und 7	**14**
Monika Schmidt (Kunstantiquariat), 40 Türkenstr. 48	**9**
Steigerwald (Porzellan), 2 Residenzstr. 19	**15**
Sweetheart, 40 Leopoldstr. 54	**6**
Wachszieherei Wesely, 2 Im Pfarrhaus St. Peter am Rindermarkt	**34**
Wallach (Bauernschränke), 22 Residenzstr. 3	**22**
Weinhandlung Peter Barthel & Sohn, 40 Haimhauserstr. 1	**3**
WOM (Schallplatten), 2 Kaufingerstr. 15	**28**
Max Zechbauer (Pfeifen, Tabak), 2 Residenzstr. 10	**21**
Zerwirkgewölbe (Wild und Geflügel), 2 Ledererstr. 3	**31**

La Belle Epoque Französische Antiquitäten.
2 Augustenstr. 41
Tel. 52 73 77

Bohnhoff und Pluntke Empire und Biedermeier.
40 Adalbertstr. 54
Tel. 2 71 75 62

Neidhardt Münchens »feinster« Antiquitätenhändler. Der Schwerpunkt liegt bei Möbeln des 18. Jahrhunderts.
2 Brienner Str. 11
Tel. 22 35 10
U-Bahn: Odeonspl.

1 Sparkassenstr.
2 Heiliggeiststr.
3 Orlandostr.
4 Rich.-Wagner-Str.
Englischer Garten
Eisbach
Hofgarten
Münchener Freiheit
Ungererstr.
Gohrenstr.
Occamstr.
Feilitzschstr.
Biedersteiner
Mandlstr.
Werneckstr.
Seestr.
Siegesstr.
Nikolaistr.
Herzogstr.
Clemensstr.
Destouchesstr.
Mittermayrstr.
Fallmerayerstr.
Emanuelstr.
Belgradstr.
Kaiserstr.
Kurfürstenpl.
Hohenzollernstr.
Bismarckstr.
Wilhelmstr.
Elisabethstr.
Bauerstr.
Jakob-Klar-Str.
Nordendstr.
Kurfürstenstr.
Ainmillerstr.
Römerstr.
Franz-Joseph-Str.
Friedrichstr.
Martiusstr.
Thiemestr.
Gedonstr.
Zentnerstr.
Hiltenspergerstr.
Agnesstr.
Georgenstr.
Adelheidstr.
Tengstr.
Isabellastr.
Hohenstaufenstr.
Leopoldstr.
Giselastr.
Ohmstr.
Königinstr.
Görresstr.
Neureutherstr.
Adalbertstr.
Arcisstr.
Schellingstr.
Zieblandstr.
Schnorrstr.
Akademiestr.
Schackstr.
Augustenstr.
Heßstr.
Schraudolphstr.
Blütenstr.
Barer Str.
Theresienstr.
Veterinärstr.
Luisenstr.
Steinheilstr.
Gabelsbergerstr.
Türkenstr.
Amalienstr.
Fürstenstr.
Kaulbachstr.
Arcisstr.
Königspl.
Prinz-Ludwig-Str.
Oscar-von-Miller-Ring
Glückstr.
Ludwigstr.
Von-der-Tann-Str.
Lerchenfeldstr.
Karolinenpl.
Brienner Str.
Meiserstr.
Karlstr.
Max-Joseph-Str.
Odeonspl.
Galeriestr.
Prinzregentenstr.
Oettingenstr.
Sophienstr.
Ottostr.
Maximilianspl.
Hofgartenstr.
Karl-Scharnagl-Ring
Unsöldstr.
Elisenstr.
Theatinerstr.
Residenzstr.
Marstallpl.
Marstallstr.
Liebigstr.
Reitmorstr.
Promenadepl.
Maffeistr.
Max-Joseph-Pl.
St.-Anna-Str.
Maxburgstr.
Maximilianstr.
Widenmayerstr.
Karlsplatz
Neuhauser Str.
Frauenpl.
Weinstr.
Am Kosttor
Platzl
Thierschstr.
Sternstr.
Kaufingerstr.
Dienerstr.
Neuturmstr.
Hildegardstr.
Herzog-Wilhelm-Str.
Herzogspitalstr.
Damenstiftstr.
Münzstr.
Sonnenstr.
Hotterstr.
Marienpl.
Tal
Herrnstr.
Th.-Wimmer-Ring
Rosental
Viktualienmarkt
Kreuzstr.
Sendlinger Str.
Oberanger
St.-Jakobs-Pl.
Frauenstr.
Zweibrückenstr.
Sendlinger Tor-Pl.
Unterer Anger
Blumenstr.
Fraunhoferstr.
Rumfordstr.
Klenzestr.
Auf der Insel
Innere Wiener Str.
Thekla-str.
Buttermelcherstr.
Baaderpl.
Kohlstr.
Am Gasteig
Preysingstr.
Müllerstr.
Gärtnerpl.
Baaderstr.
Ludwigsbrücke
Keller-str.
Corneliusstr.
Erhardtstr.
Rosenheimer Str.
Pestalozzistr.
Holzstr.
Hans-Sachs-Str.
Jahnstr.
Klenzestr.
Zeppelinstr.
Lilienstr.
Hochstr.
0
500 m
1
2
3
4
5
6
7
8
9
10
11
12
13
14
15
16
17
18
19
20
21
22
23
24
25
26
27
28
29
30
31
32
33
34
35
36
37
38
39
40

Auktionen und Versteigerungen → S. 142

Bauernschränke

Wallach Hier gibt es neben schönen – allerdings nicht billigen – Bauernschränken typisch Bayerisches, vom Dirndl bis zum Gewürzsträußerl.
2 Residenzstr. 3
Tel. 22 08 71
S- und U-Bahn: Marienpl.; Tram 19, 27
(→ Karte S. 153)

Blumen

Caesar Ausgefallene Sträuße und Arrangements; die Floristinnen fragen auch nach der Augenfarbe der zu beschenkenden Dame, um den Strauß farblich darauf abzustimmen.
20 Wilhelmstr. 23
Tel. 39 42 51
U-Bahn: Münchner Freiheit

Willy Grossmann Hier bekommen Sie blühende Kreationen für festliche Anlässe. Der luxuriöse Laden liegt gleich gegenüber dem Hotel Vier Jahreszeiten.
22 Maximilianstr. 20
Tel. 22 31 55 und 22 31 57
S- und U-Bahn: Marienpl.; Tram 19, 27, 29
(→ Karte S. 153)

Viktualienmarkt → Der gute Tip S. 78

Brot

Hofpfisterei Das Münchner Pfister-Brot ist eine köstliche Spezialität. Hier werden viele verschiedene Sorten verkauft.
2 Kreitmayrstr. 5, Filialen im ganzen Stadtgebiet
Tel. 52 02-1
Tram 20, 25

Die Backstube Hier bekommen Sie die besten Brezen Münchens, etwa zwei Dutzend verschiedene Sorten von Semmeln und ausgefallene Backwaren.
40 Feilitzschstr. 33
Tel. 33 25 62
U-Bahn: Münchner Freiheit

Delikatessen

Dallmayr → Der gute Tip S. 99

Feinkost Käfer Jährlich kauft Münchens Feinkost-König Gerd Käfer rund 5000 Hummer, 7000 Rehrücken, 6 Tonnen Räucherlachs und viele andere Köstlichkeiten für seine anspruchsvolle Kundschaft in der Käfer-Schänke und in den Restaurants der Münchner Staatstheater ein.
80 Prinzregentenstr. 73
Tel. 41 68-0
Tram 18
(→ Karte S. 165)

Kaufhof Das Kaufhaus hat eine hervorragende Feinkostabteilung. Überwältigendes Käse-Sortiment.
2 Kaufingerstr. 2
Tel. 23 85-1
S- und U-Bahn: Marienpl.
(→ Karte S. 153)

Viktualienmarkt → Der gute Tip S. 78

Gewürze → Viktualienmarkt S. 78

Gläser

Glasmarkt Hier gibt es die billigsten Gläser in ganz München. Eine riesige Auswahl.
2 Oberanger 30
Tel. 26 43 52
U-Bahn: Sendlinger Tor
(→ Karte S. 153)

Inneneinrichtung

Magellan An der jugendstilistischen Rückpartie der Kammerspiele verbirgt sich ein efeuüberwachsenes Gartenhaus voller Überraschungen: Florentinische Vasen, englische Dekorationsstoffe, französisches Porzellan und viele herrliche Überflüssigkeiten!
22 Maximilianstr. 22
Tel. 22 41 81
Tram 17, 27
(→ Karte S. 153)

Italienische Spezialitäten

Patrini Der älteste italienische Laden in München. Einmalige Auswahl an Nudeln. Sie können unten eine

Lasagne kaufen und sie oben in der kleinen Imbißstube verzehren.
2 Weinstr. 6
Tel. 22 35 14
S- und U-Bahn: Marienpl.
(→ Karte S. 153)

Kaffee und Tee
Dallmayr → Der gute Tip S. 99
Eilles Traditionsreiche Kaffeegroßrösterei und Teepackerei, sehr schönes, antik eingerichtetes Tee- und Kaffeegeschäft vis-à-vis der Oper.
Residenzstr. 13
Tel. 22 61 84
S- und U-Bahn: Marienpl.

Lichtobjekte
Neon-Design Design-Studio für Lichtobjekte.
40 Leopoldstr. 112
Tel. 39 50 47
U-Bahn: Münchner Freiheit

Lodenkleidung
Loden-Frey Modisch ländliche und moderne sportliche Kleidung. Münchens traditionelles Textilkönigreich, in dem sich auch schon Bayernkönig Maximilian II. Josef einkleiden ließ. Dirndl, Lederhosen und Trachten für alle Altersstufen. Es gibt sogar ein Loden-Parfüm.
2 Maffeistr. 7–9
Tel. 236 93–0
S- und U-Bahn: Marienpl.; Tram 19, 27
(→ Karte S. 153)

Märkte
Elisabethmarkt
40 Elisabethpl.
U-Bahn: Hohenzollernpl.; Tram 18
Tgl. außer So ca. 7.30–18 Uhr,
Sa 7.30–12.30 Uhr
(→ Karte S. 153)
Viktualienmarkt → Der gute Tip S. 78
Wiener Platz Kleiner idyllischer Markt in Haidhausen.
80 Wiener Pl.
U-Bahn: Max-Weber-Pl.
Mo–Fr 8–18 Uhr, Sa 8–14 Uhr

Naturkost
Kornkammer Hier gibt es auch Naturkosmetik und einen Stehimbiß mit vegetarischen Leckerbissen.
40 Haimhauserstr. 8
Tel. 34 11 35
Mo–Fr 9.30–18.30 Uhr
Sa 9–13.30 Uhr
U-Bahn: Münchner Freiheit
Teeladen Beliebte Haidhauser Adresse. Naturkost, Bio-Wein, 220 Sorten Tee, 40 Sorten Honig.
80 Pariser Str. 27
Mo–Fr 10–13.30 Uhr, 14.30 bis 18.30 Uhr, Sa 9–13 Uhr
S-Bahn: Ostbahnhof

Papierwaren
Kaut-Bullinger Ein Spezialgeschäft für den gesamten Bürobedarf. Wunderschönes Briefpapier, große Auswahl an Markenfüllhaltern, feine Lederschreibtisch-Garnituren.
2 Rosenstr. 8
Tel. 62 26–0
S- und U-Bahn: Marienpl.
(→ Karte S. 153)
Schreibmayr Edles Schreibgerät von Parker, Dumont, Dior. Ein erstklassiges Bürosortiment. Briefpapier mit Büttenrand aus der hauseigenen Akzidenzdruckerei.
2 Theatinerstr. 9
Tel. 29 58 68
S- und U-Bahn: Marienpl.; Tram 19, 27
(→ Karte S. 153)

Parfümeriewaren
Parfümerie Brückner Alles erdenklich Kosmetische und Schöne für die Haut, alle möglichen Accessoires für die Pflege der Physiognomie.
2 Weinstr. (im Rathaus)
Tel. 22 38 74
S- und U-Bahn: Marienpl.
(→ Karte S. 153)
Douglas GmbH Sie finden hier alle namhaften internationalen Kosmetikfirmen. Zahlreiche Filialen sind über ganz München verstreut.
2 Theatinerstr. 40
S- und U-Bahn: Marienpl.

22 Maximilianstr. 12
U-Bahn: Odeonspl.
Tel. 22 70 36

Pfeifen und Tabak

Pfeifen-Huber
2 Tal 66
Tel. 22 11 93
S- und U-Bahn: Marienpl.
Max Zechbauer
2 Residenzstr. 40
Tel. 29 01 30 26
S- und U-Bahn: Marienpl.; Tram 19, 27
(→ Karte S. 153)

Porzellan

Nymphenburger Porzellanmanufaktur Die Manufaktur kann wegen der engen Platzverhältnisse leider nicht besichtigt werden. In den Verkaufsräumen sind Vasen, Tafelgeschirr und Kopien der berühmten Porzellanfiguren Bustellis ausgestellt. Hohe Preise.
19 Nördliches Schloßrondell 6–8
Tel. 17 24 39
Tram 12; Bus 41
Mo–Fr 8–12 und 12.30–17 Uhr
und
Staatliche Porzellanmanufaktur Nymphenburg
22 Odeonspl. 1
Tel. 28 24 28
U-Bahn: Odeonspl.
(→ Karte S. 153)
Steigerwald Das traditionelle – 1833 gegründete – Fachgeschäft für kostbare Porzellane, Kristall und Silber war einst königlich-bayerischer Hoflieferant. Porzellan aus den Manufakturen Meißen, Berlin, Kopenhagen, Limoges, Delfter Fayencen und Silber von Christofle, Paris.
2 Residenzstr. 19
Tel. 22 42 00
U-Bahn: Odeonspl.
(→ Karte S. 153)

Schallplatten

WOM Heißt ausgeschrieben »World of Music« und hat das größte Plattenangebot der Stadt, außerdem Konzertkarten, Magazine und T-Shirts mit dem Bild Ihrer Lieblingsmusiker.
2 Kaufingerstr. 15
Tel. 260 95 13
S- und U-Bahn: Marienpl.

Schmuck

Breede In Ulf Breedes Vitrinen liegen die schönsten alten Schmuckstücke weit und breit.
2 Residenzstr. 11
Tel. 228 56 38
Tram 19, 27
Ciro Was hier glitzert und funkelt, ist zwar alles falsch, aber richtig gut gemacht! Bei Ciro lassen die Besitzer wertvollen Schmucks täuschend echte Duplikate arbeiten.
2 Theatinerstr. 27
Tel. 29 90 30
U-Bahn: Odeonspl.
Hemmerle Gebr. Eleganter Juwelier, fertigt »großen« Schmuck, Vertreter berühmter internationaler Juweliere, verkauft auch erlesenen antiken Schmuck.
22 Maximilianstr. 14
Tel. 22 01 89
Tram 19, 27
Hoppenthaler Claus Hier können Sie Juwelenstücke nach Ihren eigenen Entwürfen fachmännisch anfertigen lassen.
40 Nordendstr. 24
Tel. 272 19 82
Tram 18

Schuhe

Eduard Meyer Im ältesten Schuhhaus Deutschlands fühlt man sich schon aus Tradition zu Qualität verpflichtet. Schuhe aus Roßleder sind hier keine Seltenheit, und dem Wunsch nach einer Maßanfertigung wird selbstverständlich auch nachgekommen.
2 Residenzstr. 22
Tel. 22 50 02
Tram 19, 27
(→ Karte S. 153)

Sport
Muskelkater/Sport-second-hand
Sportartikel aller Art aus erster und zweiter Hand.
40 Belgradstr. 19
Tel. 308 97 27
Tram 18
(→ Karte S. 153)
Sport-Scheck → Der gute Tip S. 100

Trachten
Dirndlkönigin Sie können ein einfaches Dirndl von der Stange kaufen oder sich eine Haute-Couture-Tracht anfertigen lassen. Zu den Stammkundinnen gehören die Prinzessinnen von Bayern und Prominenz von Film und Theater.
2 Residenzstr. 18
Tel. 29 38 04
U-Bahn: Odeonspl.; Tram 19, 27
(→ Karte S. 153)

Wachskerzen
Wachszieherei Wesely Diese 400 Jahre alte Wachszieherei liegt gleich gegenüber der Pfarrkirche St. Peter. Unzählige kleine und große Kerzen und Wachsplastiken werden zum Teil nach uralten Modeln hergestellt.
2 Rindermarkt 1
Tel. 26 45 19
S- und U-Bahn: Marienpl.
(→ Karte S. 153)

Wäsche und Dessous
Franziska Krines
2 Residenzstr. 18
Tel. 22 60 25
S- und U-Bahn: Marienpl.
(→ Karte S. 153)

Weine
»Nordendquelle« Hauptsächlich Weine vom Faß, qualitativ gut und dabei preiswert. Italienische, spanische und französische Landweine. Großes Sekt- und Spirituosenangebot. Auch Partyfässer.
40 Nordendstr. 52
Tel. 271 03 50
Tram 18
(→ Karte S. 153)

Wild und Geflügel
Zerwirkgewölbe Bayerns ältestes Wildgeschäft befindet sich in einem schönen Renaissancehaus. Man kann hier im Stehen eine köstliche Wildsuppe essen.
2 Ledererstr. 3
Tel. 22 68 24
S- und U-Bahn: Marienpl.
Mo geschl.
(→ Karte S. 153)

Würste
Schlemmermeyer Ein riesengroßes Angebot an Würsten aus allen Regionen gibt es bei Schlemmermeyer auf dem Viktualienmarkt.
2 Viktualienmarkt
Tel. 29 55 75
S- und U-Bahn: Marienpl.
(→ Karte S. 153)

Zeitungen und Zeitschriften
Im Südgang des Hauptbahnhofs ist von morgens früh bis abends spät der Stand der Internationalen Presse geöffnet. Die nationale Presse gibt es im Haupteingang des Bahnhofs.
2 Hauptbahnhof
S- und U-Bahn: Hauptbahnhof

Essen und Trinken

Die Lust am Leben hat sich der Bayer zum Grundprinzip seines Daseins gemacht, und nach dem alten bayerischen Spruch, daß Essen und Trinken »Leib und Seel' z'sammenhalt«, huldigt er von früh bis spät in aller Seelenruhe, an großen Tischen sitzend, den Bedürfnissen seines Magens und insbesondere denen seiner stets durstigen Kehle.

Gegen elf Uhr vormittags beginnen sich Münchens Wirtschaften zu füllen, von überall her strömt man zur »Brotzeit« an die Quellen aller Schlemmerfreuden, um sich mit einem »Schmankerl«, sprich einer Weißwurst oder einem Leberkäs', zu stärken. Und was wäre die gute Speis' ohne eine Maß Bier?! Zur Mittagsstunde ziehen Schweinsbraten-Düfte durch die Katakomben der Gemütlichkeit, und für Tausende von Bayern bedeutet der abendliche Gang in die Bierhalle etwa des Augustiners alle Herrlichkeit auf Erden und den schönsten Tagesabschluß.

Über die traditionell-deftige Schmankerl-Küche hinaus jedoch bietet München, das sich inzwischen zu Deutschlands erster Gourmet-Kapitale emporarbeitete, eine Reihe exquisiter Kochkunst-Tempel, die dem Feinschmecker die leichte Kost der Nouvelle Cuisine servieren. Keine andere bundesdeutsche Stadt verfügt über so viele Sterne, wie sie die beiden berühmt-berüchtigten Topfgucker »Michelin« und »Varta« den insgesamt 19 Münchner Schlemmerlokalen verliehen. Zwei Luxus-Restaurants erhielten sogar drei Sterne.

Wer durch München wandert, entdeckt zudem viele ausländische Restaurants, wobei die italienischen Gastronomen einen beträchtlichen Platz einnehmen. Die Küche der Apenninen-Halbinsel ist »in«. Allein in und um München gibt es rund 500 italienische Lokale, die die Spezialitäten ihres Heimatlandes repräsentieren.

Bars

Harry's New York Bar In-Treff- und Fixpunkt von schönen Mädchen und reichen Männern. Erfreut sich seit langen Jahren ungebrochener Beliebtheit.
2 Falkenturmstr. 9
Tel. 22 27 00
S- und U-Bahn: Marienpl.
Mo–Sa 16–3 Uhr morgens

Regina's Cocktail Lounge Über dreihundert Sorten Pure-Malt-Whiskey laden zum Verweilen und zum Probieren in altenglischem Ambiente. Ab 21 Uhr sorgt ein virtuoser Pianist für gedämpfte Pianomusik.
2 Maximilianspl. 5
Tel. 55 70 03
S- und U-Bahn: Karlspl.
So–Mi 19–3 Uhr
Do–Sa 19–4 Uhr

Schumann's Münchens »In«-Bar mit großer Theke und klassisch möblierten Barräumen. Geführt von Charles Schumann, dem einstigen, schon fast legendären Barmixer von Harry's New York Bar. Auch zu später Stunde noch kleine Gerichte, bei schönem Wetter Drinks im Freien.
2 Maximilianstr. 36
Tel. 22 90 60
Tram 19, 27
Mo–Fr 17–3 Uhr, So 18–3 Uhr

Vier-Jahreszeiten-Bar Hotelbar mit anspruchsvollem Ambiente, kleine Tanzfläche, Live-Musik. Internationales Publikum.
2 Maximilianstr. 7
Tel. 23 03 90
Tram 19, 27
Tgl. 11–2 Uhr morgens

Bierkeller (Biergärten)

»Leute eilten mit leeren Maßkrügen zur Schenke, andere kamen mit gefüllten von dort zurück. Man sah aufgeregte Menschen sich zur Küche hindrängen und mit gehäuften Tellern, die sie kaum zu tragen vermochten, an ihre Plätze eilen, dicke Kellnerinnen liefen zwischen den Tischen herum, wiederholten mit schrillen Stimmen die Bestellungen, und in das Schreien, Lärmen und Lachen hinein klangen die schmetternden Trompeten einer Husarenregimentskapelle.« Dieses Bierkeller-Bild, das Ludwig Thoma um 1900 malte, hat sich im wesentlichen nicht verändert. Die Biergartenzeit ist die schönste in München: wenn es warm wird, bezieht der Münchner seinen »Keller«, das heißt, er verschwindet nicht in unterirdischen Gewölben, sondern setzt sich genüßlich in einen wunderbaren Garten, grün und kastanienüberschattet. Denn Bierkeller sind Biergärten: Seit dem späten Mittelalter nämlich durfte man zwischen Georgi (24. April) und Michaeli (29. Sept.) kein Bier brauen. Da aber die Münchner nicht auf ihren geliebten Gerstensaft verzichten wollten, lagerten die Brauer ihr im Winter gebrautes Bier in tiefen Kellern und bepflanzten diese mit Kastanien, um den Trunk kühl zu halten. Noch heute sind diese schattenspendenden alten Bäume das Wahrzeichen eines jeden Biergartens.

Münchens Biergärten sind die letzten friedlich-geselligen Oasen inmitten der lärmenden Großstadt. Hier wird Freizeit zur Frohzeit. Mit bescheidenen Mitteln kann sich hier jeder eine glückliche Stunde leisten, weil er hier darf, was woanders untersagt ist: sich seine Brotzeit selber mitbringen. Seine Maß kann er sich ebenso allein von der Schenke holen und den Bierkrug spülen auch. Daß es heute in den Biergärten zwar Hendl, Semmeln, Radis und warmen Leberkäs', daß es aber in dem Sinne keine Speisekarte gibt, hat seine Geschichte: Vor rund 150 Jahren gab es einen großen Protest der Gastwirte gegen die Bewirtung in den Biergärten. Bayerns König Ludwig I. entschied daraufhin, die Bierbrauer dürften ihr Gebräu in den Gärten ausschenken, Mahlzeiten dürften jedoch nicht ausgegeben und nur selbst Mitgebrachtes verzehrt werden. So genau nimmt man es heute freilich nicht mehr.

Im letzten Jahrhundert – München zählte damals rund 40 000 Einwohner – gab es noch etwa 150 Bierwirte in der Stadt, die fast alle auch einen Biergarten hatten. Heute zählt das Millionendorf nur noch zwanzig richtige Biergärten mit 500 bis sage und schreibe 7000 Plätzen.

Augustinerkeller Großer klassischer Biergarten, Lieblingskeller der meisten Münchner. Hier hat der ehemalige AZ-Spaziergänger Sigi Sommer (»Blasius«) seinen Stammtisch. Übrigens befand sich gegenüber dieses Biergartens, auf der anderen Seite der Arnulfstraße, der sogenannte »Galgenberg«. Der Galgen stand dort von 1780–1808. 1854 wurde an dieser Stelle die letzte Hinrichtung mit Schwert, 1861 die letzte öffentliche Hinrichtung mit Fallbeil vorgenommen.
2 Arnulfstr. 52
Tel. 59 43 93
S-Bahn: Hackerbrücke
Tgl. 10.30–24 Uhr
(→ Karte S. 165)

Aumeister Die »Anreise« zu diesem wunderbar gelegenen Biergarten ist ein bißchen lang, lohnt sich aber! Gute Essensmöglichkeit auch im Speiserestaurant (mit Terrasse gen Süden).
45 Sondermeierstr. 1
Tel. 32 52 24
U-Bahn: Studentenstadt
Tgl. 9–23 Uhr. Öffnungszeiten witterungsabhängig. Restaurant montags geschlossen.

Flaucher Die Wirtschaft mit großem Biergarten liegt auf einer einsamen Insel zwischen Kanal und Flußbett. Anziehungspunkt besonders für Ehepaare mit Kindern und junge Leute. Am Wochenende sehr voll. Spaziergehmöglichkeiten und Baden in der Isar. Man sollte sich durch den recht langen Anmarsch (für Leute ohne Auto) auf keinen Fall abschrecken lassen.
70 Isarauen 1
Tel. 723 26 77
U-Bahn: Implerstr., dann Bus 57
Tgl. 10–23 Uhr

Grüntal Reizvoller, romantischer Biergarten mit alten Bäumen und Gestühl direkt an einem kleinen Bach.
81 Grüntal 15
Tel. 98 09 84
Bus 87
Tgl. 11–1 Uhr nachts, Biergarten bis 22 Uhr

Hirschgarten → Der gute Tip S. 121

Hofbräuhaus Die berühmteste Gaststätte der Welt und ein Mittelpunkt aller Sehenswürdigkeiten in München, an dem kein Weg vorbeiführt. Bauherr dieses nationalen Heiligtums war Herzog Wilhelm V. (1598): Am herzoglichen Hof wurde von der Dienerschaft so viel Bier getrunken, daß es dem Herrscher angebracht schien, ein eigenes Bräuhaus zu errichten.

Im Jahre 1808 wurde das alte Hofbräuhaus ans Platzl verlegt, 1830 wurde es öffentliche Gaststätte mit Stühlen, Bänken und Tischen, »so daß jetzt jeder Biedermann sich friedlich daran niederlassen und seinen Trunk gleich frisch vom Zapfen wegtrinken kann«. Das weltberühmte Bräuhaus, in dem allabendlich internationale Touristenscharen »In München steht ein Hofbräuhaus« singen und beim Schunkeln ein Herz und eine Seele werden, schenkt manchmal bis zu 10 000 Liter Bier am Tag aus. Seltsamerweise scheinen nur wenige zu wissen, daß das Hofbräuhaus auch einen Biergarten hat.

Im Restaurant (1. Etage) wird gute bayerische Hausmannskost wie Surhax'n, Schweinsbraten mit Knödel oder Lüngerl serviert. Sehenswert ist die Schwemme mit Brotzeitständen und Blasmusik und der unvergleichlichen Hofbräuhaus-Luft, die aus dem Boden steigt und über den Tischen lagert: eine Geruchsmischung aus Zigarettenqualm, Bratensaft und verschüttetem Bier.
2 Platzl 9
Tel. 22 16 76
S- und U-Bahn: Marienpl.
Tgl. 9–24 Uhr
(→ Karte S. 165)

Hofbräukeller Eine riesige Wirtschaft mit Biergarten, die Gasträume sind sehr typisch bayerisch eingerichtet und bieten gute bayerische Schmankerl-Küche.
80 Innere Wiener Str. 19
Tel. 448 73 76
Tram: 18
Tgl. 8–24 Uhr
(→ Karte S. 165)

Kaisergarten Die Adresse »ihres« Biergartens geben die Stammgäste dieser besonders typischen Wirtschaft nur ungern preis. Es handelt sich um eine der letzten Schwabinger Gaststätten. Nicht teuer, dafür sind die begehrten freien Plätze leider Mangelware.
40 Kaiserstr. 34
Tel. 34 77 52
U-Bahn: Münchner Freiheit
Tgl. 9–1 Uhr

Löwenbräukeller Festsaal, Galeriesaal, Restaurant, Bräustübel . . . schließlich ein herrlicher Biergarten. Zur Faschingszeit wird hier der berühmte Ball der »Damischen Ritter« gefeiert. Versuchen Sie doch einmal, den 508 Pfund schweren Stein zu heben, den der Steyrer-Hans einst mit dem Mittelfinger hob. Der Stein befindet sich im Garten.
2 Nymphenburger Str. 2
Tel. 52 60 21
U-Bahn: Stiglmaierpl.; Tram 20, 25
Tgl. 9–1 Uhr
(→ Karte S. 165)

Max-Emanuel-Brauerei → Der gute Tip: Volkssängerbühne S. 127

Salvatorkeller am Nockherberg Wenn im März die Starkbiersaison beginnt, machen sich die Münchner auf zum Nockherberg zum ältesten der Starkbiere, dem »Salvator« – ein Bier, das auch als altbewährte »Frühjahrsmedizin« gilt.
90 Hochstr. 77
Tel. 48 32 74
U-Bahn: Kolumbuspl.; Tram 15, 25, 27
Tgl. 9–23.30 Uhr

St. Emmeramsmühle Wunderschöner Biergarten in fast ländlicher

Umgebung nur ein paar Autominuten vom Stadtkern entfernt. Hier trifft sich, besonders zur Biergarten-Zeit, so ziemlich alles, was in München Rang und Namen hat, selbst von Übersee kommt Prominenz geflogen, und ein Bayern-Prinz ist Stammgast. Leider wird die Idylle allzuoft durch aufheulende Porsche- oder Range-Rover-Motoren gestört.
81 St. Emmeram 41
Tel. 95 39 71
Bus 88, 188
Tgl. 11–1 Uhr

Viktualienmarkt → Der gute Tip S. 78

Cafés

Der Münchner hält sich lieber bei Bier und Leberkäse in der Wirtschaft auf als vor riesigen Kuchenbergen und süßen Köstlichkeiten im Café – trotzdem verteilen sich rund 200 Schleckermauloasen über die Landeshauptstadt, in denen sich Sahnetorten und Pralinen hinter Glasvitrinen stapeln. Hier kehren Hausfrauen nach dem Einkaufsbummel gerne ein, um sich bei Kaffee und Kuchen auszuruhen, und sonntags sammeln sich an diesen gemütlichen Plätzen häufig ganze Familien um Schwarzwälderkirschtorte und Vanilleeis mit Schlagsahne.
Zudem nimmt der Trend jener Cafés zu, die an die »Künstler-Cafés« von einst erinnern: Orte, an denen man sich trifft, liest, schreibt, redet, wo man Salat essen oder Bier trinken und bis spät in die Nacht sitzen kann.

Annast-Hofgarten → Der gute Tip: Hofgarten S. 71

Botanischer Garten Eins der schönsten Kaffeehäuser Münchens, mitten im Botanischen Garten gelegen.
19 Menzinger Str. 65a
Tel. 17 03 33
Tram 12
Tgl. 9–18 Uhr, nur von April bis September

Café Erbshäuser Große Auswahl an Confiserien.
2 Glückstr. 1
Tel. 28 44 29
U-Bahn: Odeonspl.
Tgl. außer So 9–18 Uhr
Sa 9–13 Uhr
(→ Karte S. 165)

Café Extrablatt Bistro am »Boulevard Leopold«, Treffpunkt für die Provinzschönheiten aus den umliegenden Landkreisen und ihre Verehrer. Richtig dazu gehört man erst, wenn man den Porsche vorm Lokal auf dem Fußweg parkt. Sehr hübsch im Stil des Paris der zwanziger Jahre eingerichtet.
40 Leopoldstr. 7
Tel. 33 33 33
U-Bahn: Universität
Mo–Fr 7–24 Uhr, Sa 9–1 Uhr nachts, So 9–24 Uhr

Café Feldherrnhalle Ein gemütliches Café mit vielen hauseigenen Spezialitäten für anspruchsvolle Schleckermäuler.
2 Theatinerstr. 38
Tel. 22 95 37
U-Bahn: Odeonspl.
Mo–Fr 9–18.30, Sa 9–18, So 11 bis 18 Uhr
(→ Karte S. 165)

Café Freiheit Besonders junge Leute nehmen hier gern ihr spätes Frühstück unter Palmen ein.
19 Leonrodstr. 20
Tel. 16 09 61
U-Bahn: Rotkreuzpl.
Tgl. 9–1 Uhr nachts
Mo ab 11 Uhr

Café Frischhut, genannt »die Schmalznudel«, ein Frühcafé am Viktualienmarkt. Hier bekommen Sie die köstlichsten Schmalznudeln ganz Münchens.
2 Prälat-Zistl-Str. 8
Tel. 26 82 37

S- und U-Bahn: Marienpl.
Tgl. außer So 5 Uhr morgens bis 14 Uhr, Sa bis 13 Uhr
(→ Karte S. 153)

Glockenspiel Ein wienerisch anmutendes Café gegenüber dem Rathaus. Gute Möglichkeit, das Glockenspiel zu beobachten.
2 Marienpl. 28
Tel. 26 42 56
S- und U-Bahn: Marienpl.
Tgl. 10–20 Uhr
(→ Karte S. 165)

Café Hag In der ehemaligen Konditorei Rottenhöfer, gegründet 1825. Schönes Ambiente.
2 Residenzstr. 26
Tel. 22 29 15
U-Bahn: Odeonspl.
Tgl. außer So 8.45–19, Sa 8–18 Uhr
(→ Karte S. 165)

Café Jasmin Von jungen Leuten übernommenes Fünfziger-Jahre-Café. Tolle Atmosphäre, kleine Bar.
2 Steinheilstr. 20
Tel. 52 51 60
U-Bahn: Theresienstr.
Tgl. 9–21 Uhr
(→ Karte S. 165)

Café Münchner Freiheit Im kühlen Glas-Chrom-Ambiente schmecken die köstlichen Eisbecher erst recht.
40 Münchner Freiheit 20
Tel. 34 90 80
U-Bahn: Münchner Freiheit
Tgl. 7–20 Uhr

Johannis Drei Frauen führen dieses »In«-Café in Haidhausen, in dem man bis in den frühen Morgen trinken, essen, lesen, schreiben, reden kann.
80 Johannispl. 15
Tel. 480 12 40
Tram 18; Bus 51
Tgl. außer Di 11–1, Fr, Sa bis 3 Uhr
(→ Karte S. 165)

Kaffeehaus Altschwabing Nicht nur Studenten haben den Versuch, in Uninähe Wiener Kaffeehauskultur zu etablieren, sehr begeistert aufgenommen.
40 Schellingstr. 56
Tel. 272 01 79
U-Bahn: Universität; Tram 18
Mo–Fr 7–1 Uhr, Sa, So 9–1 Uhr

Kreutzkamm Treff der Damen mit Hut und Einkaufstüten von »Maendler« oder »Beck«.
2 Maffeistr. 4
Tel. 29 32 77
S- und U-Bahn: Marienpl.; Tram 19, 27
Mo–Fr 8–18.30 Uhr, Sa 8–18 Uhr
(→ Karte S. 153)

Nymphenburg Sekt Eng, aber gemütlich, schneller Service. Weißwürst und frische Brez'n.
Auf dem Viktualienmarkt
Tel. 260 49 11
S- und U-Bahn: Marienplatz
Mo–Fr 8–22 Uhr, Sa, So 8–19 Uhr

Zur Schönen Münchnerin Angenehme Kaffeehaus-Atmosphäre. An den Wänden hängen Kopien der Bilder jener Schönheiten, die Bayernkönig Ludwig I. einst malen ließ.
22 Karl-Scharnagl-Ring 60
Tel. 29 43 08
Bus 53
Tgl. 9–19 Uhr, So 10–19 Uhr
(→ Karte S. 165)

Eisdielen

Baskin Robbins Ice Cream Amerikanische Eisspezialitäten.
40 Münchner Freiheit/Ecke Hesseloher
Tel. 34 44 41
U-Bahn: Münchner Freiheit

Italia → Der gute Tip S. 52

Sarcletti's Eisecke
19 Nymphenburger Str. 155
Tel. 15 53 14
U-Bahn: Rotkreuzpl.

Venezia Italienische Eis-Konditorei, Gelateria. Filialen in ganz München. (→ Der gute Tip S. 53)
40 Leopoldstr. 31
Tel. 39 55 40
U-Bahn: Giselastr.

Restaurants

Restaurants mit allerbester Küche
(Menü zwischen 150 und 220 Mark pro Person. Unbedingt Tisch vorbestellen.)
Aubergine → Der gute Tip S. 113
Tantris → Der gute Tip S. 114
Le Gourmet → Der gute Tip S. 110

Restaurants der Spitzenklasse
(Menü zwischen 100 und 150 Mark pro Person. Tischbestellung ist zu empfehlen.)

Boettner Ein beliebtes, traditionsreiches Münchner Restaurant, nahe am Marienplatz gelegen. Klein und intim mit prominentem Stammpublikum. Vielgerühmte Spezialität des Hauses: Hummereintopf »Hartung« – eine Kreation des Boettner-Chefs Roland Hartung.
2 Theatinerstr. 8
Tel. 22 12 10
S- und U-Bahn: Marienpl.; Tram 19 27
Tgl. außer So und Feiertage 11 bis 24 Uhr, Sa ab 15 Uhr
(→ Karte S. 165)

Bogenhauser Hof Die Wirtin der traditionsreichen, denkmalgeschützten Tafernwirtschaft, Ilse Kuttin, kommt aus Kärnten, was die österreichische Komponente der Speisekarte erklärt. Sehr zu empfehlen!
80 Ismaninger Str. 85
Tel. 98 55 86
Tram 18; Bus 51
Tgl. außer So 12–14.30 Uhr und 18–24 Uhr

El Toula An eine Tenne erinnert dieses vornehme, venezianisch geprägte Restaurant mit seiner eleganten Bar nun wirklich nicht. Eine Speisekarte voller kulinarischer Kreationen.
2 Sparkassenstr. 5
Tel. 29 28 69
S- und U-Bahn: Marienpl.
Tgl. außer So und Mo 12–14, 19 bis 1 Uhr
(→ Karte S. 165)

Käfer-Schenke Regelmäßig pilgern Käfer-Fans in den Gourmet-Tempel des Münchner Chefgastronomen Gerd Käfer, der hier Prominenz und Schickeria mit allerlei Feinschmeckereien bewirtet. Vorsicht: Der enorme Andrang wird häufig zum Ärgernis. Die Patisserie ist ausgezeichnet.
80 Prinzregentenstr. 73
Tel. 41 68–247
Tram 18; Bus 51, 55
Tgl. außer So 12–1 Uhr nachts
(→ Karte S. 165)

Königshof Mit zwei Kochmützen statteten Gault/Millau das Hotel-Restaurant aus, in dem W. Abrell nach Art der »Cuisine du marchè« arbeitet. Beispiel: Waller und Coulibiac vom Lachs an Sauerampfersauce . . . Mittags profitiert auch der eilige Gast von Abrells Können. Phantastische Weinkarte!
2 Karlspl. 25
Tel. 55 13 61 42
S- und U-Bahn: Karlspl.
Tgl. 12–15 und 18.30–23.30 Uhr

La Mer Das La Mer ist bekannt für seine köstliche Bouillebaisse. Sie speisen bei Kerzenlicht in reichem barocken Ambiente. Eine sehr warme, intime Atmosphäre. Sehr schön.
40 Schraudolphstr. 24
Tel. 272 24 39
U-Bahn: Josephspl.; Tram 18
Tgl. außer Mo 19–1 Uhr nachts
(→ Karte S. 165)

Sabitzer Der im Jahre 1981 erworbene Michelin-Stern läßt den weißgoldenen Rahmen des Spitzenklasse-Restaurants noch ein bißchen mehr erstrahlen. Sowohl mittags als auch abends bietet Sabitzer Menüs zum festen Preis an, dazu auf Wunsch offene Weine.
22 Reitmorstr. 21
Tel. 29 85 84
Mo–Sa 18–1 Uhr (auch Feiertage), So geschl.

Essen und Trinken

Aubergine, 2 Maximilianspl. 5	9
Augustiner-Großgaststätten, 2 Neuhauser Str. 16	21
Augustinerkeller, 2 Arnulfstr. 52	7
Bistro Terrine, 40 Amalienstr. 89	3
Boettner, 2 Theatinerstr. 8	17
Bratwurst-Herzl, 2 Heiliggeiststr. 3	29
Café Erbshäuser, 2 Glückstr. 1	10
Café Feldherrnhalle, 2 Theatinerstr. 38	15
Café Hag, 2 Residenzstr. 26	16
Café Jasmin, 2 Steinheilstr. 20	5
Donisl, 2 Weinstr. 1	23
El Toula, 2 Sparkassenstr. 5	26
Glockenspiel, 2 Marienpl. 28	25
Gratzer's Lobby, 2 Beethovenpl. 2–3	30
Grüne Gans, 5 Am Einlaß 5	32
Halali, 2 Schönfeldstr. 22	11
Hilton-Grill, 22 Am Tucherpark 7	4
Hofbräuhaus, 2 Am Platzl 9	24
Hofbräukeller, 80 Innere Wiener Str. 19	34
Johannis, 80 Johannispl. 15	35
Käfer-Schenke, 80 Schumannstr. 1/Prinzregentenstr.	19
Kay's Bistro, 2 Utzschneiderstr. 1	33
Kytaro, 80 Innere Wiener Str. 36	36
La Mer, 40 Schraudolphstr. 24	1
Löwenbräukeller, 2 Stiglmaierpl.	6
Mathäser Bierstadt, 2 Bayerstr. 5	20
Max-Emanuel-Brauerei, 40 Adalbertstr. 33	2
Nürnberger Bratwurst-Glöckl am Dom, 2 Frauenpl. 9	22
Pfälzer-Wein-Probierstube, 2 Residenzstr. 2	13
Spatenhaus, 2 Residenzstr. 12	18
Straubinger Hof, 2 Blumenstr. 5	31
Tantris	8
Trader Vic's, 2 Promenadenpl. 6	14
Weißes Bräuhaus, 2 Tal 10	27
Zum Dürnbräu, 2 Dürnbräugasse 2	28
Zur schönen Münchnerin, 22 Karl-Scharnagl-Ring 60	12

Restaurants der gehobenen Mittelklasse
(Zwischen 70 und 100 Mark pro Person)

Bistro Terrine Im Pariser Bistro-Stil. Im Sommer kurbelt das Restaurant die großen Fensterscheiben herunter, und man sitzt in einem stillen kleinen Hof. Spezialität des Hauses: Sehr zu empfehlen ist Kalbsbries auf grünem Spargel mit Perigord-Trüffel.
40 Amalienstr. 89/Amalienpassage
Tel. 28 17 80
U-Bahn: Universität
Mo–Sa 18.30–22.30 Uhr; Di–Fr auch 12–14 Uhr
(→ Karte S. 165)

Das kleine Restaurant In Werner Böswirths aufpoliertem Bauerngasthof gibt es köstliche, regional beeinflußte Küche. Die lange Anreise lohnt!
60 Waidachanger 9 (Langwied)
Tel. 864 38 57
Di–Sa 12–14.30, 18.30–1 Uhr

Englischer Garten
Hofgarten
Hauptbahnhof
Theresien-Wiese
500 m
0
1 Sparkassenstr.
2 Heiliggeiststr.
3 Ütztschneiderstr.
4 Am Einlaß
Karl Scharnagl-Ring
Th.-Wimmer-Ring
Prinzregentenstr.
Maximilianstr.
Von-der-Tann-Str.
Ludwig-Str.
Oscar-von-Miller-Ring
Brienner Str.
Nymphenburger Str.
Dachauer Str.
Sonnenstr.
Bayerstr.
Karlsplatz
Neuhauser Str.
Kaufingerstr.
Marienpl.
Viktualienmarkt
Isartor
Isar
Ismaninger Str.
Zweibrücken str.
Frauenstr.
Sendlinger Tor-Pl.
Königspl.
Stiglmaierpl.
Odeonspl.
Max-Joseph-Pl.
Promenadepl.
Frauenpl.
Rosental
Tal
Innere Wiener Str.
Widenmayerstr.
Seidlstr.
Arnulfstr.
Schwanthalerstr.
Landwehrstr.
Goethestr.
Lindwurmstr.

Glockenbach Von der Nähe zum Schlachthof und zur Großmarkthalle darf auf die Qualität der bayerisch-französischen Küche geschlossen werden.
5 Kapuzinerstr. 29
Tel. 53 40 43
Bus 57, 58
Tgl. 12–15 Uhr und 19–1 Uhr, So und Mo geschl.
Gratzer's Lobby → Der gute Tip S. 111
Grüne Gans Ein raffiniert eingerichtetes Feinschmeckerlokal, das kaum mehr als eine Handvoll Plätze hat. Auch die Speisekarte ist nicht groß, dafür jedoch hervorragend. Traditionelle Küche. Immer großer Andrang, deshalb Vorbestellung notwendig. Achtung: Das Lokal liegt etwas versteckt.
5 Am Einlaß 5
Tel. 26 62 28
S- und U-Bahn: Marienpl.; Tram 18, 20
Tgl. außer Sa 19.30–1 Uhr nachts
(→ Karte S. 165)
Halali *»Nomen est omen«* kann man sagen, denn auch außerhalb der Saison stehen Wildbretgerichte auf der Karte. Ebenso beliebt ist das Restaurant bei Fischliebhabern. Sehr gute Küche und angenehm gediegene Atmosphäre.
2 Schönfeldstr. 22
Tel. 28 59 09
U-Bahn: Odeonspl.
Tgl. außer So und Fei 12–15, 18 bis 1 Uhr, Sa mittags geschl.
(→ Karte S. 165)
Kay's Bistro Für Hildegard Knef ist Kay's Bistro »das schönste Wohnzimmer der Welt«. Zwischen alten Spiegeln, Fotos in goldenen Rahmen und Jugendstilmöbeln sammeln sich allabendlich Nachtschwärmer und Paradiesvögel. Spezialität: Wegen der vielen Stammgäste entwirft der Koch jede Woche eine neue Karte.
2 Utzschneiderstr. 1
Tel. 260 35 84
S- und U-Bahn: Marienpl.; Tram 18, 20
Tgl. 19–1 Uhr nachts, So geschlossen
(→ Karte S. 165)
Preysing-Keller In der Nähe des Gasteig-Kulturzentrums erwartet den Gast ein Restaurant mit exklusiv-rustikaler Einrichtung und einer exquisiten Küche – sie hat seit Jahren den Michelin-Stern – mit täglich wechselnder Karte. In gemauerten Regalen lagern 28 000 Flaschen edelster Weine.
80 Innere Wiener Str. 6
Tel. 48 10 15 (um Reservierung wird gebeten)
Tram 18
Tgl. außer So 18–24 Uhr
Prielhof Eine gute Adresse in Bogenhausen mit hervorragender Küche, Kaninchenrücken und Hirschkalbrücken sind besonders schmackhaft. Sehr gemütliche Atmosphäre. Umfangreiche Weinkarte.
81 Oberföhringer Str. 44
Tel. 98 53 53
Bus 88 und 90
Tgl. außer So 12–14, 18–22 Uhr

Restaurants der guten Mittelklasse
(Menü unter 70 Mark pro Person)
Forsthaus Wörnbrunn Knapp jenseits der Stadtgrenze gelegen und mit dem Bus nur schlecht zu erreichen. Daß das Forsthaus hier dennoch Erwähnung findet, liegt an seiner veredelten bayerischen Küche sowie (vor allem!) an Hausherr Richard Süßmeier, Münchens »Wirte-Napoleon«. Der gewitzte Gastronom ist eine Münchner Institution. »Besichtigen« kann man sie nicht, aber in Wörnbrunn ihre (wohlschmeckende) Handschrift testen.
Wörnbrunn 1
8022 Grünwald
Tel. 641 78 85
S-Bahn: Höllriegelskreuth, weiter mit Bus 224, dann 10 Min. Fußweg
Tgl. 11–24 Uhr
Hilton Grill Was hier auf den Tisch kommt, ist nicht das kulinarische Mittelmaß typischer Grill-Restaurants in typischen Kettenhotels, sondern die

ambitionierte Kochkunst meisterhafter Köche. Für Eilige wird ein einstündiges Gourmet-Lunch in drei Gängen serviert.
22 Am Tucherpark 7
Tel. 384 50
Bus 54, 154
Tgl. 12–14.15, 19–22.15 Uhr, Sa mittags geschl.
(→ Karte S. 165)

Inselmühle Das rustikale Ambiente der uralten Mühle an der Würm verträgt sich hervorragend mit den Kreationen der neuen leichten Küche, wie etwa den Hechtklößchen auf Blattspinat.
50 Von-Kahr-Str. 87
Tel. 810 11 10
S-Bahn: Obermenzing, weiter mit Bus 57
Tgl. außer So und Feiertage 11 bis 15 Uhr und 18–23 Uhr

Madrigal Wenn man den Klatschberichten der örtlichen Boulevardpresse trauen darf, dann trifft sich hier »tout Munich« zum Abendbrot. Französischer Bistro-Stil.
22 Herzog-Rudolf-Str. 1
Tel. 22 33 55
Tram 19, 27, 29
Mo–Fr 9–15, 18–2 Uhr, Sa 18–2 Uhr

Mövenpick → Der gute Tip S. 112

Pfistermühle Im Platzl-Hotel in den historischen Gewölben aus dem 16. Jahrhundert. Internationale Küche. Jeden Tag neue Karte – dem Marktangebot entsprechend. Sehr gute Weinauswahl. 1991 mit der Gault-Millau-Kochmütze ausgezeichnet.
2 Pfisterstr. 4
Tel. 23 70 30
S- und U-Bahn: Marienplatz
Tgl. außer So 12–14, 18–1 Uhr, Küche bis 22.30 Uhr

Schwarzwälder Naturweinhaus Klassische Küche und entsprechende Gäste, die sich in den dunkel getäfelten Räumen wohl fühlen. Das »Schwarzwälder« hat Tradition als Mittagstisch für erfolgreiche Business-Fighter. Neuerdings hat »Gourmet«-Chef Otto Koch die Regie übernommen.
2 Hartmannstr. 8
Tel. 22 72 16
Tram 19, 27
Tgl. 12–15, 18–24 Uhr

Besonders preisgünstige Restaurants → Junge Leute S. 186

Bayerische Küche

Augustiner-Großgaststätten → Der gute Tip S. 118

Bayerischer Donisl Frühaufsteher können hier schon ab 8 Uhr morgens ihre Weißwurst verzehren. Wie es sich für ein bayerisches Wirtshaus gehört, gibt es natürlich Spanferkel, Schweinsbraten, Tellerfleisch und zum Nachtisch Dampfnudeln mit Vanillesoße.
2 Weinstr. 1
Tel. 22 01 84
Öffnungszeiten: Tgl. 8–0.30 Uhr
S- und U-Bahn: Marienpl.
(→ Karte S. 165)

Bratwurst-Herzl Nur zwei Schritte vom Viktualienmarkt entfernt liegt eine der letzten wirklich typischen bayerischen Wirtschaften. Ein Geheimtip unter München-Fans. Ab 11 Uhr ist es hier immer voll. Berühmt für seinen Leberkäse, das Tellerfleisch und die Weißwurst.
2 Heiliggeiststr. 3
Tel. 22 62 19
S- und U-Bahn: Marienpl.
Tgl. außer So und feiertags 7.30 bis 15 Uhr
(→ Karte S. 165)

Deutsche Eiche Ein gemütliches Lokal mit Kachelofen, um den sich besonders Männer vom Film und Theater gerne scharen. Gute, einfache Küche.
5 Reichenbachstr. 13
Tel. 26 84 77

Tram 18; U-Bahn: Fraunhoferstr.
Tgl. außer Mo 11–15, 18–1 Uhr nachts; Fr, Sa bis 2 Uhr nachts

Zum Dürnbräu Eine jener raren Wirtschaften, die gemütlich, »reell« und gar nicht modisch sind.
2 Dürnbräugasse 2
Tel. 22 21 95
U-Bahn: Marienpl.
Tgl. 9–24 Uhr
(→ Karte S. 165)

Haxnbauer Typisch bayerisches Restaurant mit weltbekannten und sehenswerten alten Stuben. Spezialist für Kalbs- und Schweinshax'n sowie für andere Speisen von Spieß und Rost.
2 Sparkassenstr. und
2 Münzstr. 8 (Nähe Platzl)
Tel. 22 19 22
S- und U-Bahn: Marienpl.
Mo–Sa 11–1 Uhr, So 17–1 Uhr

Hofbräuhaus → Essen und Trinken: Bierkeller S. 160

Leopold Fast hätte die traditionelle Gaststätte an der Leopoldstraße dem Wienerwald weichen müssen – dann wäre München um eine sehr gute Wirtschaft ärmer geworden. Hier trat der Komiker Karl Valentin häufig auf einer kleinen Bühne auf.
40 Leopoldstr. 50
Tel. 39 94 33
U-Bahn: Giselastr.
Tgl. 10–1 Uhr nachts

Mathäser Bierstadt Münchens größte Bierschwemme und der größte Bierausschank der Welt. Blasmusik und bayerische Jodlerinnen. Insgesamt 16 Stuben, Restaurants mit insgesamt 5000 Sitzplätzen. Laut, stickig, aber ein Erlebnis.
2 Bayerstr. 5
Tel. 59 28 96
S- und U-Bahn: Hauptbahnhof
Tgl. 8–24 Uhr
(→ Karte S. 165)

Max-Emanuel-Brauerei → Der gute Tip: Volkssängerbühne S. 127

Nürnberger Bratwurst-Glöckl am Dom »Alle« sind sie irgendwann hier schon einmal eingekehrt, und immer wieder geht »man« ins urgemütliche Bratwurst-Glöckl. Gute bürgerlich-bayerische Küche. Ludwig Thoma gründete hier 1894 einen Stammtisch.
2 Frauenpl. 9
Tel. 22 03 85
S- und U-Bahn: Marienpl.
Tgl. außer So 9.30–24 Uhr
(→ Karte S. 165)

Paulaner Bräuhaus (früher Thomasbräu). Die alte Bierburg am Kapuzinerplatz ist ein Palast der Münchner Neo-Renaissance und steht unter Denkmalschutz. 1990 wurde das Haus umgebaut: großzügig und gemütlich, hinter dem großen Ausschank funkeln die kupfernen Sudkessel. Montags und donnerstags ist meistens Brautag für das Helle und das Weizenbier. Bodenständige, bayerische Kost, mittlere Preislage. Ein kleiner Biergarten ist auch dabei.
5 Kapuzinerpl. 5
Tel. 53 03 31
U-Bahn: Goethepl.; Bus 58
Tgl. 10–1 Uhr nachts

Schloßwirtschaft Zur Schwaige Sie speisen in herrschaftlicher Umgebung. Die Schloßwirtschaft serviert ausgewählte Schmankerl aus den königlichen Speisekarten der Wittelsbacher und im Juni Spargelspezialitäten. Sehr schön.
19 Schloß Nymphenburg
Tel. 17 44 21
Tram 12; Bus 41
Tgl. 10–24 Uhr

Spatenhaus Renommierte Wirtschaft mit Blick auf den Max-Joseph-Platz. Lokale Gerichte und internationale Küche.
2 Residenzstr. 12
Tel. 22 78 41
S- und U-Bahn: Marienpl.; Tram 19, 27
Tgl. 10–0.30 Uhr
(→ Karte S. 165)

Straubinger Hof → Der gute Tip S. 111

Weichandhof Gemütlich-ländliche Gaststätte mit ausgezeichneter bayerischer Küche. Besonders schöner, ruhiger Garten.

60 Betzenweg 81
Tel. 811 16 21
Bus 75, 76
Tgl. außer Sa 10–24 Uhr

Weißes Bräuhaus Eines der letzten urmünchnerischen Lokale, sehr originell und wenig touristisch. Gute bayerische Küche mit Wurst und Fleisch aus der eigenen Metzgerei. Ein Geheimtip.
2 Tal 10
Tel. 29 98 75
S- und U-Bahn: Marienpl.
Tgl. 9–24 Uhr
(→ Karte S. 165)

Zum Franziskaner → Der gute Tip S. 54

Zum Klösterl → Der gute Tip S. 120

Restaurants mit ausländischer Küche

– Böhmisch

Goldene Stadt Schon die Ausstattung stimmt den Gast auf die bevorstehenden kulinarischen Genüsse ein: an den Wänden Darstellungen von Prag, der »goldenen Stadt«, in Panorama und in Öl. Dieses reizvolle Lokal bietet ein riesiges Repertoire an heimischen Spezialitäten. Die Küche wird von den Restaurant-Kritikern als gut bis sehr gut bezeichnet. Köstlich die berühmten böhmischen, weißbrotförmigen langen Knödel. Die Bedienung ist aufmerksam. Immer sehr voll. Hier verkehrt auch hin und wieder Prominenz. Gästebuch zeigen lassen!
2 Oberanger 44
Tel. 26 43 82
U-Bahn: Sendlinger Tor
Di–So 11.30–14.30, 18–23 Uhr

– Chinesisch

Nanking Fernöstliche Spezialitäten zu verhältnismäßig günstigen Preisen. Netter Service.
81 Cosimastr. 133
Tel. 95 60 30
Bus 89, 188
Tgl. 12–14.30, 18–22.30 Uhr

Tai Tung Ältestes und nach wie vor bestes China-Restaurant Münchens. Im Erdgeschoß der Stuck-Villa. Im Sommer wird im Garten serviert.
80 Prinzregentenstr. 60
Tel. 47 11 00
Tram 18; Bus 51, 55
Tgl. 12–14.30, 18–23.30 Uhr
Mo geschl.

– Elsässisch

Ils sont fous les bavarois Die Elsässer Wirtschaft im Kastanienhof hat eine heimelige Atmosphäre, viel Holz, alte Kachelöfen und vor allem vier elsässische Köche, die eine reichhaltige Auswahl an französischen und elsässischen Spezialitäten anbieten – zu vernünftigen Preisen!
83 Schneckestr. 17
Tel. 670 55 88
S-Bahn: Perlach
Tgl. 16–1 Uhr nachts

– Französisch

Bouillabaisse Das Angebot des Lokals »Bouillabaisse« beschränkt sich nicht etwa nur auf die gleichnamige provenzalische Spezialität, nämlich die berühmte Fischsuppe aus Marseille. Probieren Sie die Weinbergschnecken oder das Hummer-Ragout. Sehr französisch-festlich.
2 Falkenturmstr. 10
Tel. 29 79 09
S- und U-Bahn: Marienpl.; Tram 14, 19
Tgl. außer So und Feiertage 12 bis 15, 18–1 Uhr, Mo 19–1 Uhr

Hunsinger Meeresfisch ist Trumpf im kleinen, feinen Lokal des ambitionierten Neu-Münchners Werner Hunsinger: Rascasse, Lotte, Merlan, Loup de mer, Daurade . . . Nicht billig!
90 Braunstr. 6
Tel. 642 27 78
Tram 25
Mo 19–1 Uhr, Di–Sa 12–15 Uhr und 18.30–1 Uhr

– Griechisch

Kaiserhof Gute griechische Küche in sehr angenehmer Atmosphäre, nicht zu teuer.
40 Kaiserstr. 55
Tel. 33 53 80
U-Bahn: Münchner Freiheit
Tgl. außer Sa 11.30–14.30 Uhr und 17.30–1 Uhr nachts

Kytaro Seit einigen Jahren gilt die kleine Beizn gegenüber vom Hofbräukeller als absoluter In-Grieche.
80 Innere Wiener Str. 36
Tel. 480 11 76
U-Bahn: Max-Weber-Pl.; Tram 18
Tgl. 17–1 Uhr

Niochori Eines von sage und schreibe drei griechischen Restaurants in der (nicht übermäßig langen) Dreimühlenstraße – der Balkan ist im Schlachthofviertel eben stark vertreten. Das Niochori steht in dem Ruf, den besten Lammbraten ganz Münchens zu servieren.
5 Dreimühlenstr. 25
Tel. 77 69 59
Bus 57
Tgl. 17.30–24 Uhr

Olympia Ein typisches Restaurant, wo der Gast in die Küche gehen muß, um sich Fleisch und Gemüse auszusuchen.
80 Kellerstr. 29
Tel. 48 80 82
S-Bahn: Rosenheimer Pl.
Tgl. außer Mo 17.30–1 Uhr

Zorbas Wunderschön ist es hier an warmen Sommertagen, wenn das Gestühl unter den schattenspendenden Bäumen im Garten steht. Man sitzt und trinkt Retsina und wähnt sich in Griechenland. Ähnliches gibt's in München nicht häufig. Blick auf den Parcours der »Reitschule«.
40 Königinstr. 34
Tel. 33 34 03
U-Bahn: Giselastr.
Tgl. 18–1 Uhr nachts

– Italienisch

Bella Napoli Ein Tip für den Nudel-Liebhaber mit kleinem Geldbeutel. Trotz City-Lage und viel Betrieb herrscht eine lockere, familiäre Atmosphäre.
2 Sonnenstr. 5
Tel. 55 59 88
U-Bahn: Sendlinger Tor
Tgl. 11.30–24 Uhr

Canale Grande Direkt am Nymphenburger Kanal gelegen mit kleiner Terrasse. Beliebter Treffpunkt, meistens sehr voll.
19 Ferdinand-Maria-Str. 51
Tel. 17 45 65
Tram 21
Tgl. 11.30–23.30 Uhr

Da Pippo Ein kleines kulinarisches Paradies für Fans der italienischen Küche. Besonders gute Pasta.
80 Mühlbauerstr. 36
Tel. 470 48 48
Bus 54, 55
Mo–Fr 11.30–14.30, 18.30–23 Uhr, Sa 18.30–23 Uhr

Il Mulino Ein recht großes Lokal mit vielen Räumen und einem schönen Garten. Gute Auswahl am Buffet. Zu empfehlen sind besonders die hausgemachten Pappardelle. Eher niedrige Preise.
40 Görresstr. 1 (im Görresgarten)
Tel. 523 33 35
U-Bahn: Josephspl.; Bus 53
Tgl. 11.30–24 Uhr

La Casera Gehobene Küche. Hausgemachte Teigwaren, Fischspezialitäten (sehr gut: Seezunge mit frischem Dill in Wodka).
40 Hohenzollernstr. 11
Tel. 34 51 52
U-Bahn: Münchner Freiheit; Bus 33
Tgl. 12–14.30 Uhr und 18–23.30 Uhr, So 18–23 Uhr

La Ruota Bei Liebhabern italienischer Küche bekannt für die gute Pizza vom Holzofen.
60 Landsberger Str. 450
Tel. 83 67 67
S-Bahn: Pasing
Tgl. außer Di 11.30–15, 18 bis 23.30 Uhr

Osteria Italiana Lombardi Das Lokal ist sicher nicht nur bekannt, weil Hitler hier zu essen pflegte, sondern weil die Küche wirklich gut ist. Selbst-

gemachte Tagliatelle mit Champignons und Sahne.
40 Schellingstr. 62
Tel. 272 07 17
Tram 18; Bus 53
Tgl. außer So 12–14.30, 18–23 Uhr, Mo ab 18 Uhr

Roma Ein typisches italienisches Spezialitätenrestaurant mit Tischen vor der Tür direkt an der eleganten Maximilianstraße.
22 Maximilianstr. 31
Tel. 22 74 35
Tram 19, 27, 29
Tgl. außer Mo 9–24 Uhr

Romagna Antica Ein italienisches Spezialitätenrestaurant, das sich besonders auch auf Gerichte aus der Provinz konzentriert. Im Sommer kann man bei schönem Wetter im Freien sitzen.
40 Elisabethstr. 52
Tel. 271 63 55
U-Bahn: Hohenzollernpl.
Bus 53
Tgl. außer So 18.30–23 Uhr,
Mo–Do auch 11.30–14.30 Uhr

La Scala Recht eleganter Italiener, der nicht nur durch sein umwerfendes Angebot an Antipasti besticht: Fische und Desserts verdienen ebenfalls großes Lob. Für den Abend sollte man reservieren.
19 Romanstr. 1
Tel. 168 98 98
Tram 12; Bus 32 und 68
Tgl. 11.30–14 Uhr und 18–22.30 Uhr, Sa mittags und So geschl.

Scheideckergarten Der Name des Lokals erinnert nicht unbedingt an Italien, sondern stammt aus der Zeit, als dies eine urbayerische Wirtschaft war. Heute wird hier eine köstliche italienische Küche serviert, die Tische sind immer besetzt, und es empfiehlt sich, zu reservieren. »In«-Treff vieler Autoren. Ein Tip: Bollito misto oder Lasagne.
40 Bauerstr. 16
Tel. 271 48 28
Tgl. 10–1 Uhr nachts
U-Bahn: Hohenzollernpl.

– Jamaikanisch

Neville's Ganz im klassischen Kolonialstil mit 35 Plätzen. Geflügel, Lamm, sehr viele Fischspezialitäten, eine Cocktailbar mit einer breiten Palette von Jamaika-Rums – im Hintergrund Klaviermusik.
5 Rumfordstr. 17
Tel. 22 30 28
Tram 18, 20
Tgl. 18–24 Uhr

– Japanisch

Daitokai Die fernöstlichen Mahlzeiten werden direkt vor Ihren Augen zubereitet. Teuer!
40 Kurfürstenstr. 59
Tel. 271 14 21
U-Bahn: Giselastr.; Tram 18
Mo–Sa 12–14.30 Uhr, 18–22.30 Uhr
So geschl.

– Jugoslawisch

Opatija am Alten Peter Jugoslawische Spezialitäten, die Ihnen in reichhaltigen Portionen serviert werden. Sympathisch, nicht zu teuer.
2 Viktualienmarkt 13
Tel. 26 83 53
S- und U-Bahn: Marienpl.
Tgl. 11–24 Uhr

– Mittelalterlich

Welser Kuchl Tafeln wie vor 450 Jahren ist die Devise. Trinken Sie Metwein, und schlemmen Sie mit allen zehn Fingern! Platzreservierung erforderlich.
2 Residenzstr. 27
(im Feldherrnkeller)
Tel. 29 65 65
U-Bahn: Odeonspl.
Tgl. 18–24 Uhr

– Österreichisch

K. u. K. Monarchie Nationalgerichte aus Österreich, Ungarn, Jugoslawien und der Tschechoslowakei. Freundlich, gepflegt und gut.
5 Reichenbachstr. 22
Tel. 201 56 71
U-Bahn: Fraunhoferstr.
Tgl. 18–1 Uhr

– Schweizerisch

Chesa-Rüegg Gern geht man vor oder nach dem Theater hier zum Essen. Ein geschmackvoll eingerichtetes Restaurant mit guter Küche in einer kleinen Seitenstraße der vornehmen Maximilianstraße.
22 Wurzerstr. 18
Tel. 29 71 14
Tram 19, 27
Tgl. außer Sa, So und Feiertage 12–14.30, 18–24 Uhr

– Spanisch

Don Quichote Nationalgerichte aus Spanien.
40 Biedersteiner Str. 6
Tel. 34 23 18
U-Bahn: Münchner Freiheit
Tgl. außer Mi 18.30–1 Uhr

– Südamerikanisch

Tango Uno Gänzlich unprätentiöses »Restorán Rioplatense«, in dem man sehr gut und vor allem vielfältiger als in den üblichen Steak-Häusern essen kann.
40 Hiltenspergerstr. 32
Tel. 271 85 91
U-Bahn: Hohenzollernpl.
Tgl. 18–1 Uhr

– Südsee

Trader Vic's Ein Südsee-Restaurant unter der Nobel-Herberge »Bayerischer Hof«. Reichhaltiges Angebot an polynesischen Gerichten. Kein billiges, aber sehr großes Vergnügen.
2 Promenadepl. 6
Tel. 22 61 92
S- und U-Bahn: Marienpl.; Tram 19, 27, 29
Tgl. 18–24 Uhr
(→ Karte S. 165)

– Ungarisch

Piroschka-Csarda Zigeunerbands, wehmütige Klänge, Sonnenblumen, künstlichen Knoblauch und Paprika. 250 Plätze. Ein Erlebnis. Auffallend: die superfreundlichen Ober.
22 Prinzregentenstr. 1
Tel. 29 54 25
Bus 53
Tgl. außer So 18–1 Uhr

– Vorderer Orient

Arabesk Hier kann man den Genüssen der Küche des Vorderen Orient, insbesondere der arabischen, frönen. Georges Halabi und Hanni El-Morr haben das Restaurant und die Bar mit orientalischen Kunstgegenständen eingerichtet. Bauchtanz. Jeden Tag um 21 und um 22 Uhr.
40 Kaulbachstr. 86
Tel. 33 37 38 (um Reservierung wird gebeten)
U-Bahn: Giselastr.
Tgl. 11–1 Uhr nachts

Weinstuben

Altdeutsche Weinstube Ein nicht sehr großes Weinlokal mit familiärem Rahmen. Ein Klavierspieler sorgt für die musikalische Unterhaltung. Reiche Auswahl an guten Weinen.
22 Tattenbachstr. 6
Tel. 22 52 68
Tram 14, 19, 20; Bus 53
Tgl. 18–1 Uhr nachts

Les Bouchons Französische Atmosphäre in schönem Gewölbekeller – locker und gemütlich. Kleiner Spezialitätenimbiß (Hummerkrabben, Lasagne etc.). Weinseminare.
5 Baaderstr. 62
Tel. 201 69 11
U-Bahn: Fraunhoferstr.; Tram 25
Tgl. 11–22 Uhr, So geschl.

Pfälzer Wein-Probierstube → Der gute Tip S. 116

Weinhaus Neuner Weinhaus in der Altstadt. Gotische Stuben.
2 Herzogspitalstr. 8
Tel. 260 39 54
S- und U-Bahn: Marienpl.
Tgl. außer So 18–1 Uhr nachts

Weinstadl → Sehenswürdigkeiten: Häuser und Paläste S. 227

Spezialitäten des Landes

Bier München ist nicht nur eine »Kunststadt«, sondern genießt auch den Ruf einer »Bierstadt«. Der Gerstensaft ist des Bayern liebstes Getränk, keine Gelegenheit läßt er sich entgehen, seine offensichtlich fortwährend durstige Kehle mit einer schäumend-frischen Maß (ein Liter) zu kühlen.

Über den Bierkonsum der Bayern sind allerlei Märchen verbreitet worden. In der Tat hat es früher wohl trinkfeste Männer gegeben, die ihre vierzehn Maß und mehr brauchten. Durchschnittlich soll ein echter Münchner, der »g'scheid 'was vertragt«, seine fünf bis sechs Maß trinken, heißt es, der Besucher von auswärts hingegen fühlt sich schon nach dem zweiten Liter »volltrunken«. Jedenfalls trinkt ein Bayer durchschnittlich 210 Liter Bier im Jahr.

Seit Jahrhunderten wird in München vorzüglich gebraut. Es waren insbesondere die Klöster, die sich das Bier zur Anreicherung ihrer kärglichen Kost während der Fastenzeit brauten. Die ersten Braurechte wurden in Bayern 1143 dem Kloster Weihenstephan verliehen. Erst im 16. und 17. Jahrhundert jedoch verlagerte sich das Schwergewicht der Bier-Erzeugung vom Norden Deutschlands nach Bayern. Das bayerische Bier war deshalb so beliebt, weil der Bayernherzog Wilhelm IV. im Jahre 1516 ein Gebot erlassen hatte, daß keine anderen Stoffe als Gerste, Hopfen und Wasser zum Bierbrauen verwendet werden dürften. Dieses Reinheitsgebot für das Bier war übrigens das erste Lebensmittelgesetz der Welt. Es gilt heute noch.

Aus den Fässern der sechs Münchner Großbrauereien (Augustinerbräu, Hacker-Pschorrbräu, Hofbräu, Löwenbräu, Paulaner- und Spatenbräu) fließen jährlich fast 6 Millionen Hektoliter Bier. Allein im weltberühmten Hofbräuhaus werden an manchen Tagen bis zu 10 000 Liter Bier in die Krüge geschenkt und wenn die Biergartenzeit anbricht, leeren beispielsweise die Zecher im 7000 Plätze zählenden Hirschgarten bis zu 17 000 Maß Bier an einem Tag.

Bis zur Mitte des 19. Jahrhunderts trank man in Bayern fast nur das dunkle, laut Volksmeinung recht süffige Bier. Inzwischen wird – außer zur Starkbierzeit im Frühjahr – eigentlich nur noch das »Helle« (Vollbier) ausgeschenkt und das »Pils«. Sehr beliebt ist das obergärige Weizen- oder Weißbier, in dem eine Zitronenscheibe nicht fehlen darf. Im März wird das sogenannte »Märzenbier« gebraut, das bis zum Herbst lagert und dann zum Oktoberfest als »Wies'n-Märzen« ausgeschenkt wird. Maibock ist »Bock«, und unter einem »Doppelbock« versteht man das dunkle Bier der Starkbierzeit mit einem Alkoholanteil von 5,5 Prozent. Meistens wird der Durst noch mit einem gut gesalzenen Radi geschürt, zu dem man Münchner Brotspezialitäten wie etwa eine »Brez'n« oder ein »Mohnzöpferl« verspeist.

Natürlich löst die regelmäßige Erhöhung der Bierpreise jedesmal einen ziemlichen Ärger unter den Zechern aus – aber der Konsum des heiligen Nationalgetränks wird deshalb noch lange nicht eingeschränkt. Inzwischen kostet die Maß um acht Mark. Eine »Halbe« (ein halber Liter) etwa die Hälfte. Übrigens griffen 1970 eine Reihe von Bürgern der Landeshauptstadt, die sich über das immer schlechter eingeschenkte Bier erbosten, eine alte Tradition wieder auf und gründeten einen »Verein gegen das betrügerische Einschenken«, dessen Vorsitzender der Starnberger Siggi Eder (Tel. 081 51 / 158 62) ist. Viel Prominenz besonders aus der Politik ist diesem Verein beigetreten. Wenn Sie also feststellen, daß Ihr Bierglas nicht bis zum berühmten »Eichstrich« eingeschenkt ist, dürfen Sie sich – ganz offiziell – beim Wirt beschweren und sich nachschenken lassen.

Bayerische Schmankerl

Auszogne (auszonge Nudln): Hefegebäck, in der Mitte ganz dünn ausgezogen und in heißem Fett ausgebacken.

Apfelstrudel (Abbfistrudl): mit Äpfeln gefüllter Strudel

Brezen (Breezn): ein bayerisches, zu der charakteristischen Brezenform geschlungenes Laugengebäck.

Dampfnudeln (Dampfnudln): warmes Hefegebäck, in Fett und Zucker gedämpft

Fleischpflanzl (Fleischbflanzl): Frikadellen, Hackfleischbälle

Guglhupf (Guglhubbf): Napfkuchen aus Hefeteig

Kaiserschmarren (Kaisaschmarrn): Eierkuchenteig mit Rosinen

Krapfen (Krapfn): rundes Stück Hefeteig, in Fett ausgebacken, mit Puderzucker

Leberknödelsuppe (Lewagnedlsubbm): Fleischbrühe mit Knödeln aus Rindsleber, alten Semmeln, Milz, Mehl, Zwiebeln

Leberkäs (Lewakaas): nicht etwa mit Leber zubereitet, sondern nach jener Laibform benannt, in der die Mischung aus Rindbrät, Schweinefleisch, Speck und Zwiebeln ausgebacken wird.

Obatzta (Obaazda): pikant angemachter Käse auf Camembert- oder Gervais-Basis mit Zwiebeln, Paprika, Pfeffer, Kümmel, Eigelb, Butter und etwas Bier.

Preßsack (Brässagg): Sülzwurst aus gepökeltem Schweinskopf. Es gibt schwarzen und weißen Pressack.

Saures Züngerl (saure Züngerl): Lunge in essigsaurer Soße

Schwammerl: Pilze

Schweinshaxe (Schweinshaxn): gebratene oder gegrillte Schweinskeule

Semmelknödel (Semmignedl): Knödel aus Semmeln, Milch, Eier, Zwiebeln, Petersilie

Surhaxe (Surhaxn): gepökelte und gekochte oder gebratene Haxe

Tellerfleisch (Dällafleisch): mageres, gekochtes Rindfleisch (mit Meerrettich)

Topfen (Dobbfn): Quark

Radi (Radi): Rettich

Radlermaß (Radlamass): Bier mit Zitronenlimonade

Reiwadatschi (Reiwadatschi): Kartoffelpuffer

Weißwurst (Weißwuaschdd): zu Brät verarbeitetes Kalbfleisch und Schweinespeck mit Petersilie und Pfeffer. (Weißwürste sollten das Zwölf-Uhr-Läuten nicht hören. Man ißt sie mit süßem Senf.)

Zwetschgendatschi (Zweddschgndadschi): dünner Hefeteig mit Zwetschgen belegt.

Feiertage

Kein anderes deutsches Bundesland hat so viele Feiertage wie der Freistaat Bayern. Abgesehen von den üblichen Feiertagen wie Neujahr, Karfreitag, Ostern, 1. Mai, Christi Himmelfahrt, Pfingsten, 3. Oktober, Buß- und Bettag und Weihnachten gelten hier Fronleichnam (Mai/Juni) und Mariä Himmelfahrt (August) als Feiertage, und auch an Heilige Drei Könige (6. Januar) und Allerheiligen (1. November) sind in Bayern die Schulen und Geschäfte geschlossen.

Festkalender

Fasching (Anfang Januar bis Faschingsdienstag) »Der Münchner Karneval hat seine Eigenart darin, daß er eine Festzeit des ganzen Volkes ist. Die Kostümbälle und Maskenvergnügungen, die Gesellschaften und Vereine in Norddeutschland veranstalten, mögen vielleicht den ähnlichen Veranstaltungen in München nur wenig nachstehen – die großen karnevalistischen Volksvergnügungen in ihrer vollendeten Form aber kennt München nur allein ...« (Richard Rieß)

Den offiziellen Auftakt der Gaudisaison bildet am 6. Januar die Inthronisation des jeweils am 11. 11. des Vorjahrs gewählten Prinzenpaares vormittags auf dem Viktualienmarkt. Am 7. Januar beginnt sich dann das Karussell der Faschingsbälle zu drehen. Eine tolle Maskerade jagt die andere, verrückte Künstler- und Studentenfeste in Schwabing, die exklusiven Schwarz-Weiß-Bälle im Bayerischen Hof und die Faschingsfeiern der Münchner Boulevard-Blätter »AZ« und »tz« und die der Bild-Zeitung reihen sich aneinander. Es feiern die Sudetendeutschen und die Ungarn-Schwaben Fasching, weiß-blau und heiter geht es auch bei den »Münchner Millimadln« und den »Münchner Waschermadln« zu. Dies ist die Zeit der durchtanzten Nächte in der Olympia-Halle, im Mathäser und im Deutschen Theater, die meistens mit einem Weißwurstfrühstück beispielsweise im »Mathäser Weißbierkeller« enden. »Weißwürscht« schallt es ab vier Uhr morgens durch die Wirtschaften, und Tausende von selig Erschöpften stürzen sich über die bayerische Renommierwurst.

Zu den berühmtesten Bällen des Münchner Faschings – es sind rund 2000 – gehören der Chrysanthemenball, eine Wohltätigkeitsveranstaltung, auf der sich die Debütantinnen der Gesellschaft erstmals präsentieren, und der »Deutsche Filmball«, der alljährlich Stars und Starlets anzieht. Das von der Zeitschrift »Madame« organisierte Faschingsfest ist eins für die elegante Modewelt, und toll ist auch der »Karneval in Rio« im Bayerischen Hof, wo derjenige einen Preis gewinnt, der sich besonders phantasievoll kostümiert hat.

Originell und komisch sind die Maskeraden bei den Festen der »Damischen Ritter« (Ritterrüstungen) im Löwenbräukeller, die man auf keinen Fall missen sollte, wenn's einen in den Fasching zieht. In der Max-Emanuel-Brauerei in Schwabing finden die berühmten »Weißen Feste« statt und im Hofbräuhaus die traditionelle »Vorstadthochzeit«.

In der Fußgängerzone und auf dem Marienplatz gibt sich München narrisch bei der volkstümlichen Gaudi am Faschingssonntag, am Faschingsdienstag eröffnen die Marktfrauen das Tanzen und Treiben auf dem Viktualienmarkt, und am Aschermittwoch treffen sich – vor dem traditionellen Fischessen – die Faschings-Fans am Fischbrunnen zum Waschen ihrer leergefeierten Geldbeutel – ein Ritual, das verhindern soll, daß das Geld ausgeht.

Das Münchner Monatsprogramm und die Tageszeitungen kündigen die Veranstaltungen rechtzeitig an. Geraten sei, die Ballkarten früh genug zu besorgen – der Andrang ist groß. Erkundigen Sie sich beim Münchner Fremdenverkehrsamt nach dem sogenannten »Münchner Faschings-Schlüssel«, einem Spezialarrangement verschiedener Bälle zu ermäßigtem Eintrittspreis.

Starkbierzeit (Anfang März) Nur eine kurze Erholungspause ist dem passionierten Münchner, wenn er Biertrinker ist, nach dem Fasching gegönnt, denn gleich beginnt ein neues Fest: Anfang März, wenn in der Stadt der Vorfrühling einzieht, machen sich die Münchner auf zum Nockherberg, dem Berg des Salvatorbieres, um sich einer altbewährten Frühjahrskur zu unterziehen – gilt doch der Salvator als das älteste Mittel zur Bekämpfung der Frühjahrsmüdigkeit.

Dieses Bier ist das älteste Starkbier, seine Geschichte reicht bis 1651 zurück: Die Paulanermönche im Dorfe Au sahen während der Fastenzeit ihre

Kräfte schwinden. Kurfürst Ferdinand Maria gestattete ihnen schließlich 1651, ein ziemlich starkes Bier als »Fastenbrot« zu brauen, von dem man ein »ziemlich fundamentum sauffen« konnte. Sie nannten den Gerstensaft »Erlöserbier« – daher »Salvator«, ein braunes, dickflüssiges Bier, das mindestens 18 Prozent Stammwürze und einen Alkoholgehalt von etwa sechs Prozent hat.
Zur sogenannten Salvator-Probe läßt sich die Münchner Prominenz aus Politik, Wirtschaft und Kultur auf den Nockherberg chauffieren, wo der erste Schluck dem Landesvater kredenzt wird. Aber nicht nur auf dem Nockherberg, auch in allen anderen Brauhäusern feiern die Münchner die im Volksmund bezeichnete »fünfte Jahreszeit«: dafür haben sämtliche Brauereien der Stadt ein auf »ator« endendes Spezialgebräu eingesotten.

Das Frühlingsfest öffnet gegen Ende April auf der Theresienwiese für zwei Wochen seine Pforten – ein kleiner Vorgeschmack auf das Oktoberfest.

Maibockzeit (im Mai) Der ersten Starkbierzeit folgt – nach Ostern – eine zweite: Am 1. Mai wird im Hofbräuhaus der Maibock angezapft.
Es beginnt die Biergartenzeit. Man genießt die schäumende Maß unter blühenden Kastanien.

Die Auer Dult (Mai, Sommer, Herbst) Dreimal im Jahr (Mai, Juli/August, 2. Oktoberhälfte) findet in Münchens einstiger Vorstadt Au ein Jahrmarkt statt. → Der gute Tip: Auer Dult S. 82

Filmfest (Juni/Juli) Zehn Tage währt das bunte Spektakel mit internationalen Premieren, Erstaufführungen und Hommagen an große Persönlichkeiten des Films. Der Kultur-Koloß Gasteig als Zentrum des Festes platzt an den Abenden regelmäßig aus allen Nähten – hier trifft sich die halbe Stadt zu Landweinen und cineastischem Small talk.

Münchner Filmwochen GmbH
40 Türkenstr. 93
Tel. 381 90 40

Schloßkonzerte (in den Sommermonaten) Im Juni, Juli und August rücken Münchens Schlösser und Kirchen in den Mittelpunkt des Musiklebens. Den Reigen der Festveranstaltungen eröffnen (Anfang Juni) die internationalen Musikwochen im Großen Barocksaal des Schleißheimer Schlosses. Für die Konzerte der »Nymphenburger Sommerspiele« öffnen sich die Tore des Steinernen Saals im Nymphenburger Schloß, Freilichtserenaden finden im Brunnenhof der Residenz statt; auch im Schloß Blutenburg und im Kloster Schäftlarn wird gesungen und musiziert.
Der sommerliche Spielplan wird im offiziellen Monatsprogramm und in den Tageszeitungen angekündigt. Rechtzeitige Kartenvorbestellung ist zu empfehlen.
Kartenvorverkauf:

abr-Theaterkasse
2 Neuhauser Str. 9
Tel. 12 04/421

Buchhandlung Lehmkuhl
40 Leopoldstr. 45
Tel. 39 80 45

Residenz-Bücherstube
22 Residenzstr. 1
Tel. 29 12 77

Opernfestspiele (Juli, August) Höhepunkt des musikalischen Sommers sind die Opernfestspiele im Juli und August, zu denen international bekannte Dirigenten und berühmte Interpreten an die Isar kommen. Diese Festwochen sind auch ein einzigartiges gesellschaftliches Ereignis.
Kartenvorverkauf:

Staatsoper
22 Maximilianstr. 11
Tel. 22 13 16

Oktoberfest (Mitte September, Anfang Oktober) An einem Samstag um den 20. September beginnt auf der Münchner Theresienwiese die »Wies'n«, das größte Volksfest der Welt.
Mit prächtig geschmückten Pferdegespannen und schmetternder Blasmusik ziehen die Bierwagen der Festwirte und Brauereien um elf Uhr zur Eröffnung von der Innenstadt auf die Festwiese, wo um Punkt zwölf Uhr der Oberbürgermeister das erste Faß anzapft. Am Sonntag zieht dann der Trachten- und Schützenzug mit vielen internationalen Trachtengruppen durch die Stadt.
Sechzehn Tage lang (bis zum ersten Sonntag im Oktober) wird in den prächtig geschmückten Festzelten zu Füßen der gußeisernen Schutzpatronin »Bavaria« viel gegessen und noch mehr getrunken. Der Geruch von Zuckermandeln, Steckerlfischen und Brathendln zieht durch die Budenreihen, Karussellmelodien vermischen sich mit lauter Bierzelt-Blechmusik.
Die großartige Biergaudi hat eine lange Tradition: Bayerns Kronprinz Ludwig feierte seine Hochzeit mit der Prinzessin Therese von Sachsen-Hildburghausen am 12. Oktober 1810 auf einer großen Wiese vor den Toren der Stadt und ließ dort auch ein großes Pferderennen veranstalten. Allerdings wurde kein Bier ausgeschenkt. Dem Volk gefiel das Fest so gut, daß es anläßlich des ersten Hochzeitsjubiläums seinen Herrscher darum bat, fortan alljährlich auf der »Theresienwiese« ein Fest feiern und dazu Bier trinken zu dürfen.
Über fünf Millionen Liter Bier fließen aus den »Wies'n«-Fässern in die Krüge, bei jedem Oktoberfest verzehrt das Volk mindestens fünf Dutzend am Spieß gebratene Ochsen, 30 000 Steckerlfische, 400 000 Paar Schweinswürstl und rund 700 000 Brathendl.

Flug → Anreise mit dem Flugzeug S. 140
Fluggesellschaften → Auskunft S. 145
Fremdenverkehrsbüro → Auskunft S. 145
Friedhöfe → Sehenswürdigkeiten S. 218

Friseure

Aubrey Neil Haar- und Sonnenstudio, der extravaganteste unter Münchens Friseuren.
22 Sternstr. 16
Tel. 22 45 55
Tram 19, 27, 29; Bus 53

Luitpold Figaro Wenn man es möchte, läßt Hannelore Plischke die gewünschte Traumfrisur erst mal für die Vorentscheidung auf dem Computerbildschirm erscheinen.
2 Brienner Str. 11
Tel. 29 98 22
Mo 8.30–18.30 Uhr, Di, Mi 8.30 bis 19 Uhr, Do 8.30–20.30 Uhr, Fr 8 bis 19 Uhr, Sa 8–14 Uhr

Stelzer Dieser alteingesessene Friseursalon ist durchaus modisch, jedoch nicht ausgeflippt.
22 Maximilianstr. 10
Tel. 22 62 81
Di–Fr 8.30–18 Uhr, Sa 8–14 Uhr
S- und U-Bahn: Marienpl.; Tram 19, 27, 29

Vidal Sassoon (Damen und Herren) Der Meisterfigaro ist berühmt für seine raffinierten Schnittfrisuren.
22 Odeonspl. 8–10
Tel. 22 91 41
U-Bahn: Odeonspl.
Di–Fr 9–17.15 Uhr, Sa 8.15 bis 13.30 Uhr

Führungen

Deutsches Museum → Kinder S. 189
Volkssternwarte München → Kinder S. 189

Fundbüro → Auskunft S. 145

Galerien

Die traditionellen Kunsthändler und die Privatgalerien mit zeitgenössischer Kunst und klassischer Moderne findet man hauptsächlich an der Maximilianstraße, der Stollbergstraße und um den Odeonsplatz. In Schwabing sind die meisten Galerien in der Türken-, Schelling-, Franz-Joseph-Straße und am

---

Galerien

Arnoldi-Livie, 22 Galeriestr, 2b	**25**
Artcurial, 22 Maximilianstr. 10	**19**
Biedermann, 22 Maximilianstr. 22	**23**
Gunzenhauser, 22 Maximilianstr. 10	**19**
Heseler, 2 Residenzstr. 21	**15**
Hypo-Kunsthalle, 2 Theatinerstr. 15	**32**
Jahn, 22 Maximilianstr. 10	**19**
Dany Keller, 2 Buttermelcherstr. 11, im Rückgebäude	**29**
Klewan, 22 Maximilianstr. 29	**26**
Kunstraum München, 40 Viktor-Scheffel-Str. 20	**1**
Schellmann & Klüser, 22 Maximilianstr. 12	**24**
Six-Friedrich, 80 Cuvierstr. 15	**22**

Museen

Alte Pinakothek, 40 Barer Str. 27	**5**
Bayerisches Nationalmuseum, 22 Prinzregentenstr. 3	**11**
Bayerische Staatssammlung für Paläontologie und historische Geologie, 40 Richard-Wagner-Str. 10	**3**
Deutsches Jagdmuseum, 2 Neuhauser Str. 53	**18**
Deutsches Museum, 22 Auf der Isarinsel	**30**
Glyptothek, 2 Königspl. 3	**6**
Neue Pinakothek, 40 Barer Str. 27	**2**
Prähistorische Sammlung, 22 Lerchenfeldstr. 2	**10**
Residenzmuseum, 22 Max-Joseph-Pl. 3	**16**
Schackgalerie, 22 Prinzregentenstr. 9	**12**
Staatliche Antikensammlung, 2 Königspl. 1	**7**
Staatliche Graphische Sammlung, 2 Meiserstr. 10	**8**
Staatliche Münzsammlung, 2 Residenzstr. 1	**15**
Staatliches Museum für Völkerkunde, 22 Maximilianstr. 42	**27**
Staatliche Sammlung ägyptische Kunst, 22 Hofgartenstr. 1	**14**
Städtische Galerie im Lenbachhaus, 2 Luisenstr. 33	**4**
Stadtmuseum, 2 St.-Jakobs-Pl. 1	**28**
Theatermuseum, 22 Galeriestr. 4 a	**9**

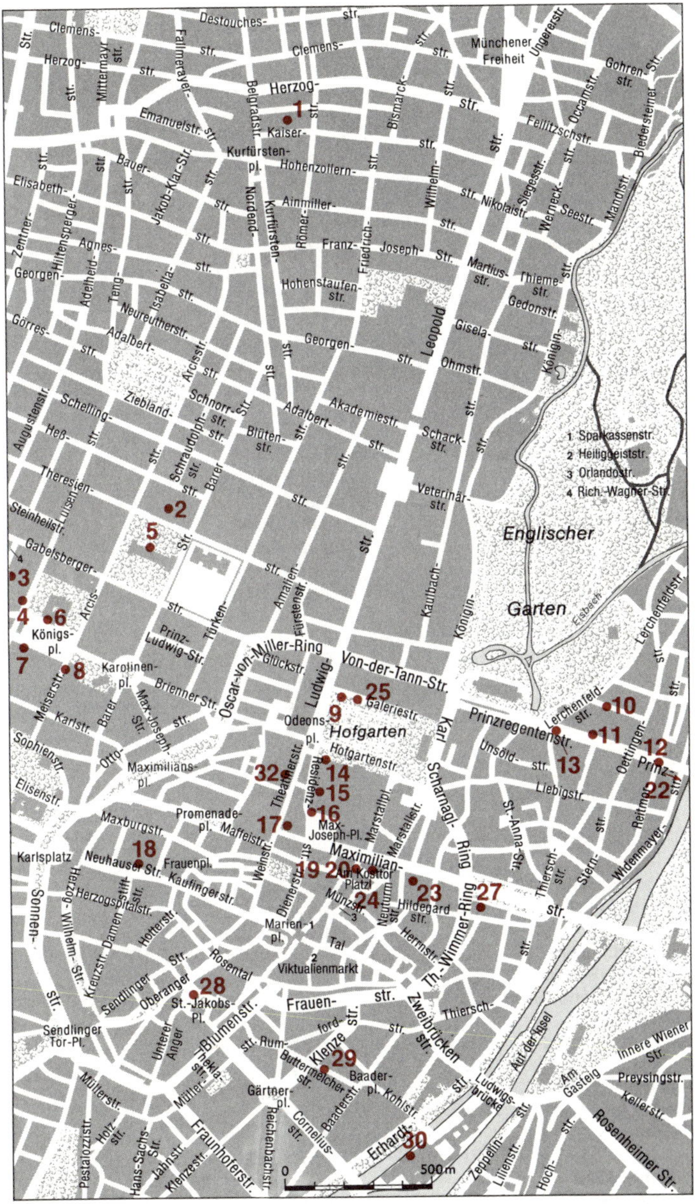
Destouches-str.
Clemens-str.
Herzog-str.
Mittermayr-str.
Fallmerayer-str.
Belgradstr.
Bismarck-str.
Münchener Freiheit
Ungererstr.
Gohren-str.
Occamstr.
Biedersteiner
Emanuelstr.
Kaiser-str.
Kurfürsten-pl.
Hohenzollern-str.
Feilitzschstr.
Elisabeth-str.
Bauer-str.
Jakob-Klar-Str.
Nordend-str.
Kurfürsten-str.
Ainmiller-str.
Wilhelm-str.
Nikolaistr.
Siegesstr.
Werneck-str.
Seestr.
Mandlstr.
Zentner-str.
Hiltensperger-str.
Agnes-str.
Römer-str.
Franz-Joseph-Str.
Friedrich-str.
Martius-str.
Thieme-str.
Georgen-str.
Adelheid-str.
Teng-str.
Isabella-str.
Hohenstaufen-str.
Gedonstr.
Neureutherstr.
Leopold-str.
Gisela-str.
Görres-str.
Adalbert-str.
Ohmstr.
Königin-str.
Arcisstr.
Schnorr-str.
Akademiestr.
Schelling-str.
Ziebland-str.
Adalbert-str.
Schack-str.
Augustenstr.
Heß-str.
Schraudolph-str.
Blüten-str.
1 Sparkassenstr.
2 Heiliggeiststr.
3 Orlandostr.
4 Rich.-Wagner-Str.
Theresien-str.
Barer Str.
Veterinär-str.
Luisen-str.
Steinheilstr.
Englischer Garten
Gabelsberger-str.
Amalien-str.
Fürstenstr.
Kaulbach-str.
Arcis-str.
Türken-str.
Eisbach
Lerchenfeldstr.
Königs-pl.
Prinz-Ludwig-Str.
Oscar-von-Miller-Ring
Glückstr.
Ludwig-str.
Von-der-Tann-Str.
Karolinen-pl.
Brienner Str.
Max-Joseph-Str.
Galeriestr.
Meiserstr.
Karlstr.
Barer Str.
Odeons-pl.
Hofgarten
Karl-Scharnagl-Ring
Prinzregentenstr.
Lerchenfeld-str.
Oettingen-str.
Prinz-str.
Sophienstr.
Otto-str.
Maximilians-pl.
Theatinerstr.
Residenzstr.
Hofgartenstr.
Unsöld-str.
Liebigstr.
Elisenstr.
Promenade-pl.
Maffeistr.
Max-Joseph-Pl.
Marstallpl.
Marstallstr.
St.-Anna-Str.
Reitmorstr.
Maxburgstr.
Weinstr.
Maximilian-str.
Widenmayer-str.
Karlsplatz
Neuhauser Str.
Frauenpl.
Kaufingerstr.
Dienerstr.
Am Kosttor
Platzl
Neuturmstr.
Hildegard-str.
Thiersch-str.
Stern-str.
Sonnen-str.
Herzog-Wilhelm-Str.
Herzogspitalstr.
Damenstift-str.
Hotterstr.
Marien-pl.
Münzstr.
Tal
Herrnstr.
Thomas-Wimmer-Ring
Kreuzstr.
Sendlinger-str.
Oberanger
Rosental
Viktualienmarkt
St.-Jakobs-Pl.
Frauen-str.
Zweibrücken-str.
Thiersch-str.
Sendlinger Tor-Pl.
Unterer Anger
Blumenstr.
Rumford-str.
Klenze-str.
Auf der Insel
Innere Wiener Str.
Müllerstr.
Thekla-str.
Buttermelcher-str.
Baader-pl.
Am Gasteig
Preysingstr.
Gärtner-pl.
Kohlstr.
Ludwigsbrücke
Kellerstr.
Reichenbachstr.
Cornelius-str.
Baaderstr.
Erhardt-str.
Rosenheimer Str.
Pestalozzistr.
Holz-str.
Hans-Sachs-Str.
Jahnstr.
Klenzestr.
Fraunhoferstr.
Zeppelin-str.
Lilienstr.
Hoch-str.
0
500m
1
2
3
4
5
6
7
8
9
10
11
12
13
14
15
16
17
18
19
20
22
23
24
25
27
28
29
30
32

Nikolaiplatz zu finden. Das »neue« Künstlerviertel Haidhausen hat in der Lothringer Straße 13 einen Loft, eine »Künstlerfabrik«, die der Avantgarde als Werkstattsaal und Ausstellungsraum dient.
Ein vielleicht interessanter Hinweis: An jedem ersten Donnerstag eines jeden Monats haben die meisten Galerien ihre Vernissage.

Kunstgalerien

Arnoldi-Livie Aquarelle, Zeichnungen und Gemälde aus dem 17. bis frühen 20. Jahrhundert.
22 Galeriestr. 2b
Tel. 22 59 20
U-Bahn: Odeonspl.
Mo–Fr 13–18 Uhr

Artcurial Druckgrafik der klassischen Moderne.
22 Maximilianstr. 10
Tel. 29 41 31
Tram 19, 27
Mo–Fr 10–18 Uhr, Sa 10–13 Uhr
(→ Karte S. 179)

Autorengalerie Galerie für Gegenwartskunst und Autorenlesungen.
40 Pündtnerpl. 6
Tel. 39 51 32
U-Bahn: Bonner Pl.; Tram 12; Bus 33
Mi–Fr 16–19 Uhr, Sa 11–14 Uhr

Biedermann Diverse Zeichnungen aus dem 17.–20. Jahrhundert, Skulpturen der Gegenwart, Afrikanische Keramik, zeitgenössische Malerei und Grafik.
22 Maximilianstr. 25
Tel. 29 72 57
S- und U-Bahn: Marienpl.; Tram 19, 27
Di–Fr 10–18, Sa 10–14 Uhr
(→ Karte S. 179)

Gunzenhauser Moderne Kunst, Expressionisten, Blauer Reiter, Neue Sachlichkeit, Avantgarde.
22 Maximilianstr. 10
Tel. 22 30 30
S- und U-Bahn: Marienpl.; Tram 19, 27, 29
Di–Fr 10–18, Sa 10–13 Uhr
(→ Karte S. 179)

Heseler Künstler der Gruppe Zero, Konstruktivisten, klass. Moderne.
2 Residenzstr. 27
Tel. 29 96 61
U-Bahn: Odeonspl.; Tram 19, 27
Mo 14–18, Di–Fr 9–13 und 14 bis 18 Uhr, Sa 9–13 Uhr
(→ Karte S. 179)

Holzinger am Hofgarten Galerie für naive Malerei.
2 Galeriestr. 2
Tel. 29 24 87 und 17 68 66
U-Bahn: Odeonspl.; Bus 55
Mo–Fr 11–18 Uhr, Sa 10–14 Uhr

Hypo-Kunsthalle Hier werden die von Fabergé angefertigten Schmuckstücke genauso gezeigt wie die Kunst von Niki de Saint Phalle.
2 Theatinerstr. 15
Tel. 22 44 12
U-Bahn: Odeonspl.
Tgl. 10–18 Uhr, Do bis 21 Uhr

Jahn (Fred) Malerei der sechziger, siebziger und achtziger Jahre.
22 Maximilianstr. 10
Tel. 22 07 14
S- und U-Bahn: Marienpl.; Tram 19, 27, 29
Di–Fr 10–18, Sa 10–14 Uhr
(→ Karte S. 179)

Dany Keller Bilder, Zeichnungen, Foto-Arbeiten, Installationen der Avantgarde, Skulpturen.
5 Buttermelcherstr. 11 (im Rückgebäude)
Tel. 22 61 32
S-Bahn: Isartorpl.; Tram 18, 20
Di–Fr 10–13 und 15–18, Sa 11 bis 14 Uhr
(→ Karte S. 179)

Klewan Dada und Surrealismus, Neue Sachlichkeit, Informel. Künstler der Gegenwart: Attersee, Beuys, Nitsch, Pichler, Rainer, Roth, Rühm, Twombly u. a.
22 Maximilianstr. 29
Tel. 29 50 29
S- und U-Bahn: Marienpl.; Tram 19, 27
Di–Fr 14–18, Sa 11–14 Uhr
(→ Karte S. 179)

Kunstraum München Privater Kunstverein. Zeitgenössische Kunst.

Ausstellungen bekannter und auch junger, unbekannter Künstler.
40 Viktor-Scheffel-Str. 20
Tel. 34 89 20
U-Bahn: Hohenzollernpl.
Di–Fr 14–18 Uhr, Sa 11–13 Uhr
(→ Karte S. 179)

Maximilian Verlag Sabine Knust Grafik-Editionen internationaler Künstler.
– 22 Maximilianstr. 36
Tel. 29 21 13
S- und U-Bahn: Marienpl.; Tram 19
Di–Fr 14–18, Sa 11–14 Uhr
– 80 Possartstr. 12
Tel. 470 80 51/52
U 4: Prinzregentenpl.
Mo 14–18, Di–Fr 10–18 Uhr

Schellmann Zeitgenössische Kunst.
22 Maximilianstr. 12
Tel. 29 21 52
S- und U-Bahn: Marienpl.; Tram 19, 27
Di–Fr 11–18
Sa 11–14 Uhr
(→ Karte S. 179)

Six-Friedrich Europäische und amerikanische Avantgarde. Publikation von Editionen seit 1970.
80 Cuvierstr. 15
Tel. 982 88 82
U-Bahn: Prinzregentenpl.
Mo–Fr 10–18 Uhr
Sa nach Vereinbarung
(→ Karte S. 179)

Geld

In allen Banken und Sparkassen kann der München-Gast eine ausländische Währung in Deutsche Mark wechseln. Die Deutsche Bank am Promenadeplatz verfügt über das vielfältigste Sortiment an Zahlungsmitteln.
Am Hauptbahnhof ist die Wechselstube von 7 Uhr morgens bis 23.30 Uhr geöffnet, und am Flughafen Riem können Sie Ihr Geld von 7 Uhr morgens bis 20.30 Uhr umtauschen.

Bayerische Vereinsbank
2 Kardinal-Faulhaber-Str. 14
Tel. 21 32–1
U-Bahn: Odeonspl.

Deutsche Bank
2 Promenadepl. 15
Tel. 23 90–0
S-Bahn: Karlspl.; Tram 19, 27, 29

Gottesdienste

Jeden Freitag wird in dem der »Süddeutschen Zeitung« beiliegenden »Münchner Stadtanzeiger« eine genaue Übersicht der Gottesdienste aller Münchner Kirchen gegeben.

Dom (Frauenkirche)
2 Frauenpl.
S- und U-Bahn: Marienpl.
1994: »500 Jahre Dom-Weihe«; bis dahin wird revoniert

Heiliggeistkirche
2 Tal 77
S- und U-Bahn: Marienpl.
So und Feiertage: 7.30, 9, 10, 11, 18 Uhr, Sa 17.30 Uhr

St. Michael
2 Neuhauser Str.
S- und U-Bahn: Marienpl.
So und Feiertage: 6, 7, 8, 9, 10.30, 12, 18 Uhr, Sa 18 Uhr

St. Peter
2 Rindermarkt
S- und U-Bahn: Marienpl.
So und Feiertage: 7, 8, 9, 10.15, 11.15, 12, 18.30 Uhr, Sa 18 Uhr

Theatinerkirche
2 Odeonspl.
U-Bahn: Odeonspl.
So und Feiertage: 8, 9.15, 10.30, 12, 18.30 Uhr
Sa 17.30 Uhr

Evangelisch-lutherische Gottesdienste:

Matthäuskirche
2 Sendlinger-Tor-Pl.
U-Bahn: Sendlinger Tor
Fr 18.30 Uhr, So 8.30 und 10 Uhr

Markuskirche
2 Gabelsbergerstr.
U-Bahn: Odeonspl.; Tram 18
So 9.30 und 11.15 Uhr

Hotels

Mit fast 7 Millionen Übernachtungen im Jahr ist München (über 35 000 Betten in Hotels, Gasthöfen und Pensionen) die meistbesuchte Stadt in der Bundesrepublik. Da sich hier eigentlich immer etwas »tut« (Kongresse, Messen usw.), ist es ratsam, das Hotelzimmer frühzeitig zu reservieren.
In den Hotels der Luxusklasse zahlt man für eine Übernachtung zwischen 165 und 340 DM (Gruppe A), in den Komforthotels (Gruppe B) zwischen 80 und 185 DM, in den Mittelklassehotels (Gruppe C) 75 bis 125 DM und in den Hotels mit einfachem Komfort zwischen 50 und 75 DM.

Luxushotels

Bayerischer Hof und Palais Montgelas Den Gast erwarten exklusive Suiten, ein exotisches Restaurant und eine noble Halle, in der sich Münchens vornehme Gäste ein Stelldichein geben.
2 Promenadepl. 2–6
Tel. 21 20–0
S- und U-Bahn: Marienpl.; Tram 19, 27
EZ 253–318 DM, DZ 395–515 DM; 760 Betten
(→ Karte S. 183)

Grand Hotel Continental Das traditionsreiche Haus zählt zu den führenden Hotels der Luxusklasse in der City. Die Innenausstattung beein-

---

Hotels

An der Oper, 2 Falkenturmstr. 10	**15**
Am Markt, 2 Heiliggeiststr. 2	**17**
Bayerischer Hof und Palais Montgelas, 2 Promenadepl. 2–6	**10**
Blauer Bock, 2 Blumenstr. 16	**18**
Domus, 22 St.-Anna-Str. 31	**8**
Eden-Hotel-Wolff, 2 Arnulfstr. 4–8	**9**
Gästehaus Englischer Garten, 40 Liebergesellstr. 8	**2**
Grand Hotel Continental, 2 Max-Joseph-Str. 5	**7**
Hotel International, 40 Hohenzollernstr. 5 und 9	**3**
Königshof, 2 Karlspl. 25	**14**
Lettl, 40 Amalienstr. 53	**6**
Opera, 22 St.-Anna-Str. 10	**12**
Platzl, 2 Münzstr. 8–9	**16**
Rafael, 2 Neuturmstr. 1	**19**
Residence, 40 Arthur-Kutscher-Pl. 4	**1**
Splendid, 22 Maximilianstr. 54	**13**
Stefanie, 40 Türkenstr. 35	**5**
Hotel Pension Steinberger	**4**
Vier Jahreszeiten, 2 Maximilianstr. 17	**11**

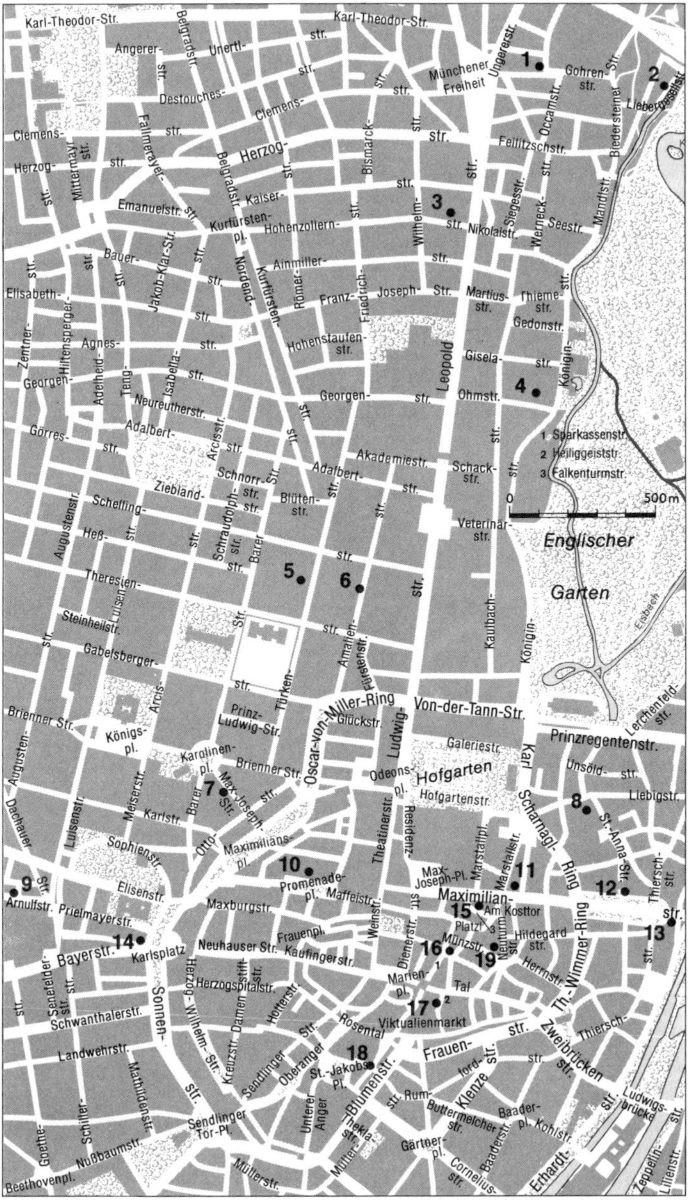
Karl-Theodor-Str.
Angerer-str.
Belgradstr.
Unertl-str.
Münchener Freiheit
Ungererstr.
Gohrenstr.
Lieberg
Destouches-str.
Clemens-str.
Clemens-str.
Fallmerayer-str.
Herzog-str.
Herzog-
Mittermayr-str.
Bismarck-str.
Feilitzschstr.
Occamstr.
Biedersteiner
Kaiser-str.
Emanuelstr.
Kurfürsten-pl.
Hohenzollern-str.
Wilhelm-str.
Nikolaistr.
Siegesstr.
Werneck-str.
Seestr.
Mandlstr.
Bauer-str.
Jakob-Klar-Str.
Ainmiller-str.
Nordend-str.
Kurfürsten-str.
Römer-str.
Franz-Joseph-Str.
Friedrich-str.
Martius-str.
Thiemestr.
Gedonstr.
Elisabeth-str.
Hiltensperger-str.
Zentner-str.
Agnes-str.
Adelheid-str.
Teng-str.
Isabella-str.
Hohenstaufen-str.
Gisela-str.
Leopold-str.
Königin-str.
Georgen-str.
Georgen-str.
Ohmstr.
Neureutherstr.
Adalbert-str.
Görres-str.
Arcisstr.
Akademiestr.
Adalbert-str.
Schack-str.
1 Sparkassenstr.
2 Heiliggeiststr.
3 Falkenturmstr.
Schnorr-str.
Ziebland-str.
Schelling-str.
Blüten-str.
0
500 m
Augustenstr.
Heß-str.
Schraudolph-str.
Barer str.
Veterinär-str.
Englischer Garten
Theresien-str.
Luisen-str.
Steinheilstr.
Amalien-str.
Kaulbach-str.
Gabelsberger-str.
Türken-str.
Fürstenstr.
Eisbach
Brienner Str.
Königs-pl.
Arcis-str.
Prinz-Ludwig-Str.
Oscar-von-Miller-Ring
Glückstr.
Ludwig-str.
Von-der-Tann-Str.
Lerchenfeldstr.
Prinzregentenstr.
Galeriestr.
Karolinen-pl.
Brienner Str.
Odeons-pl.
Hofgarten
Karl Scharnagl-Ring
Unsöld-str.
Liebigstr.
Augusten-str.
Dachauer-str.
Meiserstr.
Max-Joseph-Str.
Barer str.
Karlstr.
Hofgartenstr.
St.-Anna-Str.
Luisenstr.
Sophienstr.
Otto-str.
Maximilians-pl.
Theatinerstr.
Residenz-str.
Marstallpl.
Marstallstr.
Max-Joseph-Pl.
Thiersch-str.
Promenade-pl.
Maffeistr.
Maximilian-str.
Elisenstr.
Arnulfstr.
Prielmayerstr.
Maxburgstr.
Am Kosttor
Platzl
Hildegard str.
Bayerstr.
Karlsplatz
Neuhauser Str.
Frauenpl.
Kaufingerstr.
Weinstr.
Dienerstr.
Münzstr.
Neuturm str.
Herrnstr.
Th.-Wimmer-Ring
Senefelder-str.
Herzogspitalstr.
Damenstift-str.
Marien-pl.
Tal
Schwanthalerstr.
Sonnen-str.
Hotterstr.
Rosental
Viktualienmarkt
Thiersch-str.
Landwehrstr.
Herzog-Wilhelm-str.
Kreuzstr.
Sendlinger-str.
Oberanger
St.-Jakobs-Pl.
Blumenstr.
Frauen-str.
Zweibrücken-str.
Mathildenstr.
Rum-ford-str.
Klenze-str.
Ludwigsbrücke
Goethe-str.
Schiller-str.
Sendlinger Tor-Pl.
Unterer Anger
Thekla-str.
Buttermelcher str.
Baader-pl.
Kohlstr.
Nußbaumstr.
Gärtner-pl.
Baaderstr.
Beethovenpl.
Müllerstr.
Müller-str.
Cornelius-str.
Erhardt-str.
Zeppelin-str.
Lilienstr.
1
2
3
4
5
6
7
8
9
10
11
12
13
14
15
16
17
18
19

druckt mit Noblesse und kostbaren Antiquitäten.
2 Max-Joseph-Str. 5
Tel. 55 15 70
Tram 18
EZ 244–319 DM, DZ 328–448 DM; 245 Betten

Hilton-Park Eines der führenden Hotels der amerikanischen Hotelkette. Direkt am Englischen Garten im ruhigen Tucherpark gelegen. Das Hallenschwimmbad grenzt an den Eisbach. Sehr viel Prominenz aus Film- und Rock-Szene. Schönes Dachrestaurant mit Bar und Nightclub.
22 Am Tucherpark 7
Tel. 38 45–0
Bus 54
EZ 308–428 DM, DZ 378–428 DM; 960 Betten

Königshof Obwohl dieser luxuriöse Hotel-Palast am verkehrsreichen Karlsplatz im Zentrum der Stadt steht, schlafen Sie in den stillen Suiten so selig und ruhig wie auf dem Land.
2 Karlspl. 25
Tel. 55 13 60
S-Bahn: Karlspl.
EZ 252–282 DM, DZ 354–384 DM; 181 Betten (→ Karte S. 183)

Rafael → Der gute Tip S. 109

Vier Jahreszeiten → Der gute Tip S. 108

Sehr komfortable Hotels

An der Oper Gleich gegenüber diesem zentral gelegenen Hotel befindet sich der »In«-Treff Harry's New York Bar. Und bis zur Oper sind es nur zwei Schritte.
2 Falkenturmstr. 10
Tel. 290 02 70
S- und U-Bahn: Marienpl.
EZ 125–135 DM, DZ 183–205 DM; 100 Betten
(→ Karte S. 183)

Eden-Hotel-Wolff Wer mit der Bahn nach München kommt und in der Stadtmitte logieren möchte, ist hier richtig. Ein verhältnismäßig großes, aber sehr gemütliches Hotel.
2 Arnulfstr. 4–8
Tel. 551 15–0
S- und U-Bahn: Hauptbahnhof
EZ 150–260 DM, DZ 220–350 DM; 310 Betten
(→ Karte S. 183)

Hotel International Nur einen Flügelschlag von Schwabings »Boulevard« Leopold entfernt. Das Hotel hat zwei Häuser, beide mit Komfort.
40 Hohenzollernstr. 5 und 9
Tel. 39 80 01
U-Bahn: Giselastr.
EZ 100–180 DM, DZ 130–210 DM; 210 Betten
(→ Karte S. 183)

Penta Gleich gegenüber dem Kulturzentrum Gasteig liegt das moderne Komforthotel, das sich besonders für große Gruppen und Tagungen empfiehlt.
80 Hochstr. 3
Tel. 448 55 55
S-Bahn: Rosenheimer Pl.
EZ 234–294 DM, DZ 308–373 DM; 1260 Betten

Platzl Ein großes, architektonisch sehr geschickt in die historische Nachbarschaft eingepaßtes Hotel, das viel Wert auf seinen Altmünchner Charakter legt – das weltberühmte Hofbräuhaus ist ja auch gleich gegenüber. Zentral und sympathisch.
2 Platzl 1
Tel. 23 70 30
S- und U-Bahn: Marienpl.
EZ 175–227 DM, DZ 235–280 DM; 305 Betten
(→ Karte S. 183)

Preysing Ideallage für Kunstliebhaber: Das Kulturzentrum am Gasteig liegt nur einen Katzensprung entfernt. Gourmets kommen im Souterrain des Hauses auf ihre Kosten: Im »Preysing-Keller« speist es sich hervorragend.
80 Preysingstr. 1
Tel. 48 10 11
Tram 18
EZ 155–249 DM, DZ 284–515 DM; 95 Betten

Preysing-Keller → Restaurants S. 166

Residence Die quirlige Münchner Freiheit und der idyllische Englische Garten – vom Residence aus sind es jeweils nur fünf Minuten Fußweg. Hunde sind hier gerngesehene Gäste.
40 Arthur-Kutscher-Pl. 4
Tel. 38 17 89
U-Bahn: Münchner Freiheit
EZ 168–270 DM, DZ 230–350 DM; 300 Betten
(→ Karte S. 183)

Splendid Ein kleiner vornehmer Palast in Münchens eleganter Maximilianstraße. Habitues sind jene Prominenten, die einen Aufenthalt inkognito hin und wieder sehr schätzen. Ein Tip.
22 Maximilianstr. 54
Tel. 29 66 06/07
Tram 19, 27
EZ 145–210 DM, DZ 185–325 DM; 66 Betten
(→ Karte S. 183)

Hotels mit mittlerem Komfort

Blauer Bock → Der gute Tip S. 107

Domus Besonders reizvoll an diesem komfortablen Hotel ist seine Lage mitten im Lehel.
22 St.-Anna-Str. 31
Tel. 22 17 04
U-Bahn: Lehel; Tram 19, 27
EZ 170–200 DM, DZ 200–250 DM; 82 Betten
(→ Karte S. 183)

Krone Zur Oktoberfest-Zeit ist dies *das* Hotel schlechthin: Zur Wies'n sind es von der Theresienhöhe nur ein paar Meter, und wer den Rummel scheut, kann dem Treiben bequem vom Hotelzimmer aus zusehen. Auch das Messegelände ist in der Nähe.
2 Theresienhöhe 8
Tel. 50 40 52
U-Bahn: Theresienwiese
EZ 150–170 DM, DZ 175–250 DM; 60 Betten

Leopold Nett gelegenes Hotel im nördlichen Schwabing, in dem die Besucher trotz »verkehrsgünstiger Lage« gut schlafen können: Eine ganze Reihe von Zimmern geht auf den ruhigen Innenhof, die Nachtruhe wird nicht gestört.
40 Leopoldstr. 119
Tel. 36 70 61
Bus 44, 143, 185
EZ 115–135 DM, DZ 160–180 DM; 105 Betten

Lettl Das »Lettl garni« liegt in einem stillen Hinterhof mitten im lebendigen Schwabing.
40 Amalienstr. 53
Tel. 28 30 26/27
U-Bahn: Universität
EZ 94–140 DM, DZ 150–190 DM; 55 Betten
(→ Karte S. 183)

Olympic Gut geführtes, familiäres Haus im immer attraktiver werdenden Glockenbachviertel. Hübscher Innenhof.
5 Hans-Sachs-Str. 4
Tel. 23 18 90
U-Bahn: Fraunhoferstr.; Tram 18, 20
EZ 145–195 DM, DZ 165–249 DM; 54 Betten

Opera → Der gute Tip S. 105

Hotels mit einfachem Komfort

Schmellergarten Nette, gemütliche Pension im beschaulichen – und wohlriechenderen – Teil des Schlachthofviertels. Sehr zu empfehlen, auch für ruhebedürftigere Besucher der Stadt.
2 Schmellerstr. 20
Tel. 77 31 57
U-Bahn: Poccistr.
EZ 50–75 DM, DZ 80–125 DM
28 Betten

Stefanie Bestlage für Wissensdurstige, Schöngeister und Kulturhungrige: Das »Stefanie« liegt genau in der Mitte eines Bildungs-Rechtecks mit den Eckpunkten Alte Pinakothek, Neue Pinakothek, Technische Universität und Ludwig-Maximilian-Universität.
40 Türkenstr. 35
Tel. 28 40 31
U-Bahn: Universität, Tram 18, Bus 53
EZ 89–95 DM, DZ 135–140 DM; 50 Betten
(→ Karte S. 183)

Hotel Pension Steinberg
40 Ohmstr. 9
Tel. 33 10 11
U-Bahn: Giselastr.
EZ 69 DM, DZ 100–120 DM;
20 Betten

Josefihof
19 Trivastr. 11
Tel. 15 11 87
Tram 12, 15, 20, 25; Bus 33
EZ 65–70 DM, DZ 100–110 DM;
60 Betten

Junge Leute

Deutschlands führende Hochschulstadt München mit ihren 75 000 Studenten übt natürlich besonders auf junge Besucher eine große Anziehungskraft aus. Dem jugendlichen Reisenden bietet die »Weltstadt mit jungem Herzen« unendlich viele Möglichkeiten, einen Aufenthalt in München – trotz der horrenden Mieten und der hohen Lebenshaltungskosten – preiswert und vielfältig zu gestalten. Schüler und Studenten mit knapper Kasse suchen am besten eine der Jugendherbergen oder eines der Gästehäuser der Stadt auf. Billig essen kann man in vielen der traditionellen Münchner Wirtschaften. Auch der Viktualienmarkt bietet mit seinen diversen Imbiß-Stuben preiswerte Verpflegung, und auswärtige Studenten (mit gültigem Ausweis) dürfen in den Mensen der Universität speisen. In Uni-Nähe und in den »Szene«-Vierteln Haidhausen und Neuhausen sind viele Kneipen und Cafés recht preiswert.
Einer der beliebtesten Treffpunkte für junge Leute ist an warmen Tagen der Biergarten am Chinesischen Turm im Englischen Garten. Abends flaniert man auf dem »Boulevard Leopold« zwischen Siegestor und Münchner Freiheit, wo Eisdielen und Straßencafés, Restaurants und Kneipen locken.
Viele junge Leute suchen übrigens auch gern den Olympiapark auf, um dort zu schwimmen, Fußball zu spielen oder sich ganz einfach zu sonnen.

Gleich nach der Ankunft in München wendet man sich am besten an die:
Tourist-Information
Prunkzimmer im Rathaus, 2 Marienpl.
Tel. 239 11
Hier wird Ihnen bei der Zimmervermittlung geholfen und Auskunft erteilt. Eine Filiale liegt am Südausgang des Hauptbahnhofs in der Bayerstraße, gegenüber Gleis 11. Öffnungszeiten: tgl. 8–23 Uhr. Sollten Sie per Flugzeug kommen, erhalten Sie in der Ankunftshalle des Flughafens jegliche Auskunft. Tel. 90 72 56.

Cafés und Kneipen

Atzinger Die Studentenkneipe schlechthin liegt mitten im Uni-Viertel und hat schon Generationen von Bafög-Empfängern billig mit Schinkennudeln versorgt.
40 Schellingstr. 9
Tel. 28 28 80
U-Bahn: Universität; Bus 53
Tgl. 10–1 Uhr nachts

Café Giesing Das zweite Standbein des Münchner Liedermachers Konstantin Wecker liegt im Glasscherbenviertel Giesing, kneipenmäßig bisher noch ein weißer Fleck auf der Landkarte. Ob Lesungen, Kabarett oder musikalische Darbietungen – hier wird fast jeden Abend etwas geboten.
90 Bergstr. 5
Tel. 692 34 24
U-Bahn: Silberhornstr.; Bus 58
Tgl. 11–1 Uhr nachts

Café Größenwahn Als vor Jahren der Neon-Look schick wurde, durfte das Größenwahn als Trendsetter gelten. Mittlerweile lesen die meisten Szene-Angehörigen ihre Zeitung an-

derswo, und im Café ist es richtig gemütlich geworden. Gute Küche.
80 Lothringer Str. 11
Tel. 448 50 35
S-Bahn: Rosenheimer Pl.
Mo–Fr 12–1 Uhr, Sa, So 10–1 Uhr

Fraunhofer Der Kneipe sind ein Kino, eine Galerie und ein Theater (tgl. außer So, Mo 20.30 Uhr) angeschlossen, daher ist hier auch immer viel Betrieb. Gutes, preiswertes Essen. Regelmäßige Lesungen und Darbietungen Münchner Künstler.
5 Fraunhoferstr. 9
Tel. 26 64 60
U-Bahn: Fraunhoferstr.; Tram 15, 27
Tgl. 16.30–1 Uhr nachts

Golden Twenties Genau das Richtige für ein spätes langes Frühstück und anschließendes Zeitunglesen. Vom Geschirr bis zur Einrichtung recht ausgefallen.
40 Arcisstr. 61
Tel. 271 77 01
U-Bahn: Josephspl.
Mo–Fr 10–1, Sa 18–1, So 10–15 Uhr

Iw an Dieses Café-Restaurant hat sich innerhalb der Kneipen-Szene einen Spitzenplatz erobert. Junges Publikum; Fünfziger-Jahre-Stil.
2 Josephspitalstr. 15
Tel. 55 49 33
S- und U-Bahn: Karlspl.
Tgl. 11–3 Uhr morgens, So ab 15 Uhr

Johannis → Essen u. Trinken S. 162

Julep's Weniger Kneipe als Bar américaine mit Orientierung nach Süden: Texmex-Küche, viele Tequila- und Mescal-Drinks. Das zurückhaltende Design läßt die Edelklamotten der Gäste so richtig zur Geltung kommen. Sonntags gibt es Brunch.
80 Breisacher Str. 18
Tel. 448 00 44
S-Bahn: Ostbahnhof; Tram 19, 29
Tgl. 17–1 Uhr, So 10–14.30 Uhr

Oase Das Kneipen-Café hat bei warmem Wetter Stühle vor der Tür, das heißt im Innenhof der Amalienpassage stehen. Ein ruhiges, abgasfreies Plätzchen.
40 Amalienstr. 89
Tel. 28 13 80
U-Bahn: Universität
Tgl. 9–1 Uhr nachts

Ruffini Café-Restaurant und Weinhaus, atmosphärisch anziehend mit guter, preiswerter italienischer Küche, eigene Konditorei. Die köstlichen Kuchen nach Vollwert-Rezept gibt es eine Tür weiter auch im Straßenverkauf.
19 Orffstr. 22–24
Tel. 16 11 60
Tram 12; Bus 83, 177
Tgl. außer Mo 10–24 Uhr, So 12 bis 18 Uhr
Verkauf von Tischweinen zu Ladenpreisen von 10–24 Uhr

Weinbauer → Der gute Tip S. 120

Diskotheken → Nachtleben S. 207

Jugendherbergen

DJH Jugendherberge Übernachtung mit Frühstück 13 DM (bis 25 Jahre), 15,50 DM (24–27 Jahre) plus Leihgebühr für Bettwäsche einmalig 3,50 DM. Warme Mahlzeit ab 5,50 DM.
Jugendherbergsausweis ist erforderlich.
12 bis 1 Uhr nachts geöffnet.
19 Wendl-Dietrich-Str. 20
Tel. 13 11 56
U-Bahn: Rotkreuzpl.; Tram 12, Haltestelle Rotkreuzpl.; Bus 83
510 Betten

Jugendherberge Burg Schwaneck
Diese Jugendherberge ist nur 12 km vom Stadtzentrum entfernt und kann auch mit der S-Bahn erreicht werden.
Sportplätze und Kegelbahn.
Burgweg 4–6
8023 Pullach
Tel. 793 06 43
Anreise: S 7 bis Pullach.
Preise pro Person inklusive Frühstück (bei nur 1 Übernachtung Bettwäsche 1 DM):
im 6-Bett-Zimmer: 10,80 DM
im 4-Bett-Zimmer: 13 DM
Warme Mahlzeit 7,10 DM
Kalte Mahlzeit 5,80 DM
8.30 bis 23.30 Uhr

Jugendhotels

CVJM – Christlicher Verein junger Menschen In diesem Jugendhotel werden sowohl Jungen als auch Mädchen aufgenommen.
2 Landwehrstr. 13
Tel. 55 59 41
S- und U-Bahn: Karlspl.
Preise pro Person mit Frühstück (bis 27. Lebensjahr):
3-Bett-Zimmer: 31–35 DM, Einzelzimmer: 39–43 DM
Warme Mahlzeiten ab 9,50 DM
7–0.30 Uhr

Haus International/Jugendhotel Freizeitzentrum, Clubräume, Swimmingpool, Diskothek.
40 Elisabethstr. 87
Tel. 12 00 60
Tram 12; Bus 33, 53
480 Betten
Preise pro Person mit Frühstück:
3-Bett-Zimmer: 38,50 DM, Einzelzimmer: 62 DM
Warme Mahlzeiten 13,50 DM

DJH Jugendgästehaus Thalkirchen Ein Jugendhotel mit 344 Betten. Aufenthaltsräume, Sportmöglichkeiten. Jugendherbergsausweis erforderlich.
70 Miesingstr. 4
Tel. 723 65 50/60
Haltestelle Boschetsrieder Straße der Straßenbahnlinie 16 und Haltestelle Thalkirchen der Buslinien 31 und 57.
Preis pro Person mit Frühstück und Bettwäsche:
im 3- und 4-Bett-Zimmer: 23 DM
im Einzelzimmer: 29 DM

Jugendhotel für weibliche Jugendliche Die Altersgrenze in diesem 30-Betten-Hotel liegt bei 25 Jahren. Um 24 Uhr müssen alle im Haus sein.
2 Goethestr. 9
Tel. 55 58 91
S- und U-Bahn: Hauptbahnhof
Tram 19, 29
Übernachtungspreis mit Frühstück: 25 DM
Einzelzimmer: 29 DM
Warme Mahlzeiten 6 DM

Jugendlager Kapuzinerhölzl Eine originelle Übernachtungsmöglichkeit für junge Leute bis zu 23 Jahren im Juli und August: ein großes Zelt mit 350 Schlafplätzen. Getränke und Brotzeit sind im Lager erhältlich, es gibt sanitäre Anlagen und Kochgelegenheiten. Sicherheitshalber vorher anrufen.
19 Frank-Schrank-Str.
Tel. 141 43 00
Tram 12
Preis pro Person ohne Frühstück: 5 DM

Restaurants In den oben genannten Jugendhotels können junge Leute auch preisgünstig essen. Billige Mahlzeiten finden Studenten mit gültigem Studentenausweis in den folgenden drei Mensen der Stadt:

Mensa Oberwiesenfeld (im ehemaligen Olympischen Dorf)
Helene-Mayer-Ring 9
U-Bahn: Olympiazentrum

Mensa der Technischen Universität
40 Arcisstr. 17
U-Bahn: Theresienstr.

Mensa der Universität und Mensa der Technischen Universität
40 Leopoldstr. 13a
U-Bahn: Giselastr.
Mo–Do 11–14 Uhr
Fr 11–13.45 Uhr

Kinder

Kindertheater, Kinderkinos, Kindergärten, Maskenfeste für Kinder und Museumsbesuche, ein Tierpark, ein Zirkus und sogar ein Biergarten, in dem sich die Kinder nach Herzenslust austoben und spielen können – auch für die Jüngsten unter den Reisenden fehlt es in München nicht an Anregungen und Abwechslung.

Babysitting Brauchen Sie einen verläßlichen Babysitter mit Referenzen, der auch andere Sprachen spricht (die Stunde ab 10 DM), wenden Sie sich an:
Babysitterservice
22 Kanalstr. 11
Tel. 22 92 91 und 39 45 07
Tgl. 10–18 Uhr

Besichtigungen
Tierpark Hellabrunn → Zoo S. 242
Botanischer Garten → Gärten und Parks S. 219

Bibliothek
Internationale Jugendbibliothek
Diese Bibliothek beherbergt eine internationale Sammlung von Kinder- und Jugendbüchern. Insgesamt besitzt sie 420 000 Bände in über hundert Sprachen.
60 Schloß Blutenburg
Tel. 811 20 28
Bus 73, 76
Studienbibliothek: Mo–Fr 10–17 Uhr
Ausleihe für Kinder: Mo–Fr 14 bis 18 Uhr

Buchhandlungen
Kinderbuchladen In dem kleinen Laden gibt es ein großes Sortiment an wunderschönen Bilderbüchern, Spielsachen und Spielen.
40 Blütenstr. 1
Tel. 272 33 34
U-Bahn: Universität
(→ Karte S. 153)
Kunst und Spiel Anspruchsvolles Spielzeug und anthroposophisch orientierte Literatur.
40 Leopoldstr. 48
Tel. 39 70 80
U-Bahn: Giselastr.

Führungen
Deutsches Museum Auf der Museumsinsel befindet sich das größte technische Museum der Welt (→ Der gute Tip: S. 87). Dieses Museum vermittelt Sonderführungen. Dazu muß man sich mindestens eine Woche vorher schriftlich anmelden bei:
Deutsches Museum
Abt. Sonder- und Gruppenführungen
Postfach
8000 München 26
Tel. 21 79–252
Volkssternwarte München
80 Rosenheimer Str. 145a
Tel. 40 62 39
U-Bahn: Karl-Preis-Pl.; Bus 95, 96
April–Aug. 21–23 Uhr, sonst. 20 bis 22 Uhr (bei klarem Himmel)
Do 20 Uhr Planetariumabend
Eintritt 4 DM, Schüler 2 DM

Kino
Kinderkino im Olympiadorf Ein kleines Kino ganz speziell für Kinder gemacht: Die Kinder können bei der Programmgestaltung mitwirken und hinterher mit Leuten vom Kino über die Filme sprechen. Sie dürfen auch hinter die Kulissen schauen und sich die Technik im Vorführraum erklären lassen. Wer über einen der letzten Filme ein Bild gemalt hat, kommt sogar umsonst ins Kino.
Im Forum 2
40 Nadistr. 3
Tel. 149 14 53
U-Bahn: Olympiazentrum
Kinderkino Fr 15 Uhr, Sa 11 Uhr
Eintritt für Kinder 3 DM

Park mit Spielplätzen
Hirschgarten In diesem Biergarten wird mit einem Spielplatz und einem Wildgehege auch für das Vergnügen der Kinder gesorgt, im Sommer fährt ein Kettenkarussell (→ Der gute Tip S. 121).
19 Hirschgartenstr. 19
Tram 12; Bus 32, 68

Spiele und Spielzeug
Fischer Eine grenzenlose Auswahl an Spielen und Spielzeug.
2 Sonnenstr. 2
Tel. 59 76 34
S-Bahn: Karlspl.

Theater
Münchner Theater für Kinder Es ist eins der größten deutschen Kinder-

theater. Auf dem Spielplan stehen Stücke für Kinder zwischen 4 und 12 Jahren. Das Repertoire: Kinderstücke nach bekannten Kinderbüchern und Dramatisierungen aus der Weltliteratur. Besonderheit des Theaters: In der Pause können die Kinder – nach vorheriger Anmeldung – mit Kuchen und Kakao Geburtstag feiern.
2 Dachauer Str. 46
Tel. 59 54 54
Tram 20
Spielzeiten s. Tagespresse
Eintritt 8,50–11,50 DM

Theater der Jugend Das Schwabinger Kinder- und Jugendtheater ist den bekannten Kammerspielen angeschlossen und bringt Märchen und Literatur genauso dramatisch auf die Bühne wie aktuelle und historische Themen. Manchmal finden hier auch internationale Theatertreffen statt.
Schauburg am Elisabethplatz
40 Franz-Joseph-Str. 47
Tel. 237 21 63
Tram 18
Vorverkauf: Di–Sa 14–18 Uhr
Spielzeiten s. Tagespresse

Kinos

Als zu Beginn der sechziger Jahre junge Filmemacher den jungen deutschen Film ins Leben riefen, wurde München – und insbesondere das Künstlerviertel Schwabing – sehr schnell zum Mittelpunkt für Cineasten aus dem In- und Ausland. Rainer Werner Fassbinder † hat in München seinen Erstling »Liebe ist kälter als der Tod« gedreht. Werner Herzog schaffte von München aus den Sprung in den Filmruhm, Wim Wenders besuchte die berühmte Filmhochschule (Hochschule für Fernsehen und Film) in München, und Filmgrößen wie Margarethe von Trotta, Alexander Kluge, Heidi Genee, Robert Lembke † und viele andere leben und arbeiten in der bayerischen Landeshauptstadt. Nicht zu vergessen Herbert Achternbusch, der es allerdings bevorzugt, als »Spezialist für Bier im Film« im Grünen vor den Toren Münchens zu produzieren.
München hat rund siebzig Filmtheater. Das tägliche Kinoprogramm findet man in der Münchner Lokalpresse oder unter folgenden Fernsprechnummern:
Tel.: 115 11 für Kinos in der Innenstadt (Anfangsbuchstaben A–K)
115 12 für Kinos in der Innenstadt (L–Z)
115 13 für Kinos rechts der Isar
115 14 für Kinos im Nordwesten der Stadt
115 15 für Kinos im Südwesten der Stadt

Filmkunsttheater

Cadillac Münchens Klatsch-Kolumnist Michael Graeter hat hier groß investiert: Man betritt ein Super-Foyer. Die Kasse ist in einem roten Cadillac versteckt. Im Kino selbst fühlt sich der Zuschauer wie in einem Auto. Zweiersitze. An den Seitenwänden des Kinos gemalte Türgriffe.
81 Rosenkavalierspl. 12
Tel. 91 99 99
U-Bahn: Arabellapark

Filmmuseum im Stadtmuseum Kommunales Kino mit Filmreihen zu allen möglichen Kino-Persönlichkeiten aus Gegenwart und Vergangenheit (→ Der gute Tip: Stadtmuseum S. 93).
2 St.-Jakobs-Pl. 1
Tel. 233 55 86
S- und U-Bahn: Marienpl.
(→ Karte S. 179)

Lupe 2 Klein mit ausgezeichneten Filmen. Zu empfehlen.
40 Ungererstr. 19
Tel. 34 76 51
U-Bahn: Münchner Freiheit
(→ Karte S. 237)

Museum-Lichtspiele Mit dem »Rocky-Horror-Picture-Show«-Kino. Einmalig, unbedingt mal hingehen.
80 Ludwigsbrücke

Tel. 48 24 03
S-Bahn: Isartor; Tram 18
(→ Karte S. 237)

Neues Arri Sehr komfortables, großes Kino, in dem hervorragende deutsche und ausländische Filme gezeigt werden. Rechtzeitig kommen, es herrscht oft großer Andrang.
40 Türkenstr. 91
Tel. 38 19 04 50
U-Bahn: Universität
(→ Karte S. 237)

Theatiner Filmkunst Meistens ausgezeichnete internationale Filme, häufig in der Originalfassung.
2 Theatinerstr. 32
Tel. 22 31 83
U-Bahn: Odeonspl.
(→ Karte S. 237)

Türkendolch Gutes Programm, schlechte Sicht. Diesem Kino angeschlossen ist auch das »Isabella« in der Neureutherstraße.
40 Türkenstr. 74
Tel. 271 88 44
U-Bahn: Universität; Tram 18
(→ Karte S. 237)

Werkstattkino Ein ziemlich einmaliges Hinterhofkino mit Vorliebe für Raritäten aus der Grusel-Kiste.
5 Fraunhoferstr. 9
Tel. 260 72 50
U-Bahn: Fraunhoferstr.; Tram 15, 18, 20, 27
(→ Karte S. 237)

Filmpaläste

Film-Casino Groß, bequem und meistens anspruchsvolle Filme.
22 Odeonspl. 8
Tel. 22 08 18
U-Bahn: Odeonspl.
(→ Karte S. 237)

Marmorhaus Sechs Kinos unter einem Dach. Sehr vielseitig, den Ansprüchen des Schwabinger Publikums entsprechend.
40 Leopoldstr. 35
Tel. 34 40 46
S-Bahn: Giselastr.

Kirchen

(→ Gottesdienste S. 181, Kirchenmusik S. 196)

Allerheiligenkirche am Kreuz Ursprünglich war diese um 1478 errichtete spätgotische Allerheiligenkirche die Friedhofskapelle der Peterspfarrei. 1620 wurde der Bau barockisiert, 1814 regotisiert. Sehenswert sind die gotischen Netzgratgewölbe, die im dreijochigen Langhaus noch erhalten sind und die gotischen Freskenfragmente über dem verputzten Ostportal. Besonders schön: das »Holzkruzifix« (1520) über dem Westportal und die »Pieta« (1626) unter der Empore. Heute ist die Kirche für den ukrainischen Gottesdienst bestimmt. Jörg von Halsbach, der Baumeister, errichtete auch die Frauenkirche.
2 Kreuzstr. 10
U-Bahn: Sendlinger Tor
(→ Karte S. 217)

Asamkirche (St. Johann Nepomuk) → Der gute Tip S. 58

Bürgersaalkirche → Der gute Tip S. 64

Dreifaltigkeitskirche Die nach den Plänen von Giovanni Antonio Viscardi unter Leitung von Enrico Zuccalli mit Johann Georg Ettenhofer errichtete Dreifaltigkeitskirche (1711–1718) ist neben der Theatinerkirche einer der entwicklungsgeschichtlich wichtigsten Bauten des italienischen Barock in Bayern. Die Entstehungsgeschichte dieses sakralen Bauwerks ist sonderbar: 1704 hatte die Münchner Bürgerstochter Anna Maria Lindmayr die Vision, nur durch die Errichtung einer Dreifaltigkeitskirche könne München von den Schrecken des Spanischen Erbfolgekrieges verschont bleiben. So taten sich Geist-

lichkeit, Adel und Bürgerschaft zusammen und legten ein Gelöbnis ab, die Kirche bauen zu lassen. Die Fassade ist in dreiseitiger Brechung in die Straßenflucht mit einbezogen und mit vollplastischen Säulen auf hohe Sockel gebaut. Mit den Fresken von Decke und Kuppel lieferte Cosmas Damian Asam seine erste wichtige Arbeit in München ab.
2 Pacellistr. 6
S-Bahn: Karlspl.; Tram 19, 27
(→ Karte S. 217)

Frauenkirche Der spätgotische »Dom zu Unserer Lieben Frau« ist das größte Bauwerk der mittelalterlichen Bürgerstadt München, ein Ausdruck bürgerlichen Selbstbewußtseins und Stolzes. Monumental und kräftig überragt der rötlich-braune, sehr schlichte Backsteinbau der Frauenkirche (wie der Bau im Volksmund genannt wird) mit dem massiven Satteldach und den hohen Türmen (99 m) alle anderen Bauten der Stadt. Schon vor der Gründung Münchens durch Heinrich den Löwen stand an dieser Stelle eine kleine Marienkapelle, um 1230 wurde hier eine dreischiffige romanische Pfeilerbasilika gebaut. Den Grundstein zur heutigen Frauenkirche legte man 1468. Architekt dieses mittelalterlichen Sakralbaus war Jörg von Halsbach (gen. Ganghofer), der nach seinem Tode 1488 von Lukas Rottaler abgelöst wurde. Am 14. April 1494 wurde die Kirche geweiht. Erst 1524 erhielten die gotischen Türme die sogenannten »welschen Hauben« nach dem Beispiel italienischer Renaissance-Kuppeln. Sie sind seither das Wahrzeichen der Landeshauptstadt. Nach schwerer Zerstörung durch Brandbomben 1944 wurde die Restaurierung (Erneuerung des eingestürzten Dachstuhls, mehrerer Pfeiler des Gewölbes und der Turmkuppeln) 1953 abgeschlossen.
Das Innere dieser gotischen Hallenkirche wird bestimmt durch das helle Licht und insbesondere die Höhe des

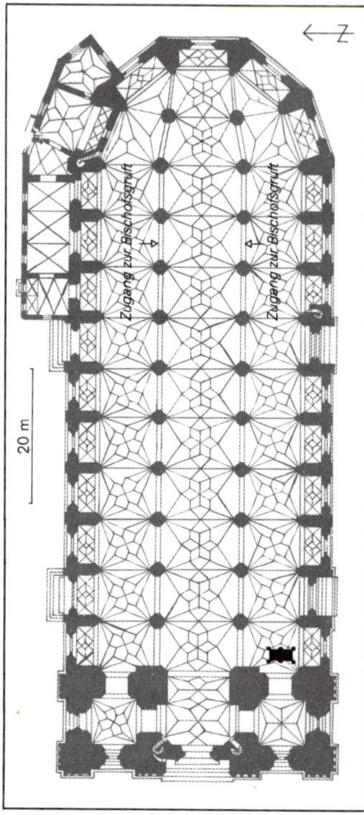

Frauenkirche

Baus. Die Jochteilung des 109 m langen Langhauses wird dadurch betont, daß die sich gegenüberstehenden Pfeiler mit Gurtrippen miteinander verbunden sind und ein Sterngewölbe das in den gotischen Kirchen sonst übliche Netzgewölbe ersetzt. Die Glasmalereien im Chor überstanden die Schäden des Krieges, und so ist die Frauenkirche eine der wenigen Kirchen, deren Glasfenster vom Ende des 14. bis zum Beginn des 16. Jahrhunderts beinahe vollständig erhalten blieben.
Sehenswert (in der in innenarchitektonischer Hinsicht eher enttäuschend wirkenden Kirche): die wunderschönen Apostel- und Prophetenskulptu-

ren von Erasmus Grasser (1502) im Chorgestühl, eine Reihe von Altarbildern von Jan Polack (um 1500) und das Gemälde »Mariä Himmelfahrt« von Peter Candid (1620), das über dem Eingang der Sakristei hängt. Bedeutend auch: zwölf Holzreliefs aus dem Marienleben von Ignaz Günther (in der Schutzmantelkapelle). In der Frauenkirche ist auch das marmorne Grabdenkmal für Kaiser Ludwig IV. von Hans Krumper (1619).
2 Frauenpl.
S- und U-Bahn: Marienpl.
(→ Karte S. 217)

Heiliggeistkirche Diese Kirche wurde 1271 als gotischer Hallenbau für das Heilig-Geist-Spital errichtet und brannte 1327 nieder. Der Neubau war 1392 fertig. 1727–30 gestalteten Johann Georg Ettenhofer und die Brüder Asam (Stuck und Deckengemälde) die Kirche barock um. 1885 wurde nach Abbruch der Spitalbauten die Kirche um drei Joche nach Westen hin erweitert und die Fassade in barockem Stil gestaltet. 1944 zerstörten Bomben den sakralen Bau, der 1946 von Erwin Schleich wiederaufgebaut wurde. Innengestaltung und Turmhaube wurden bis 1957 rekonstruiert (Foto S. 22).
2 Tal 77
S- und U-Bahn: Marienpl.
(→ Karte S. 217)

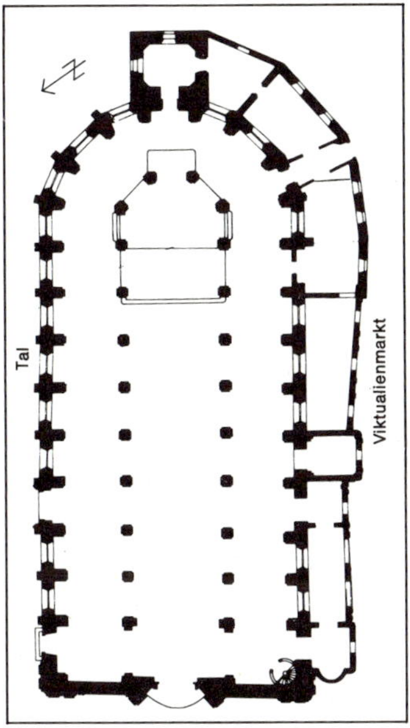

Heiliggeistkirche

Klosterkirche St. Anna → Der gute Tip S. 62

St. Bonifaz Hier ist in einem schmucklosen Marmor-Sarkophag Bayerns königlicher Bauherr Ludwig I. beigesetzt (rechter Seiteneingang). Nach dem Vorbild der frühchristlichen römischen Basiliken fertigte der Architekt Georg Friedrich Ziebland die Pläne an, 1835 wurde mit dem Bau der Kirche für den heiligen Bonifatius begonnen. In ihrer Ähnlichkeit mit italienischer sakraler Architektur stellte St. Bonifaz im München der Zeit Ludwigs I. einen völlig neuen Kirchentypus vor. Die 1944 schwer beschädigte Basilika wurde 1950 von Hans Döllgast wiederaufgebaut.
2 Karlstr. 34
U-Bahn: Königspl.
(→ Karte S. 217)

St. Georg → Der gute Tip: Maria-Theresia-Straße S. 70

St. Ludwig (Ludwigskirche) Die Universitätskirche an der prachtvollen Ludwigstraße verdankt ihre Entstehung dem Bayernkönig Ludwig I. und wurde 1829 (1844 vollendet) als »Pfarrkirche« für das neu entstehende Schellingviertel ins freie Feld gesetzt. Bei seiner Planung orientierte sich der Architekt Friedrich Gärtner an einer dreischiffigen byzantinischen Basilika mit Vierung und gerader Apsiswand. Der Innenraum ist tonnengewölbt, das »Jüngste Ge-

richt« von Peter Cornelius ist das größte Altarfresko der Welt. Es wurde 1954 von Erwin Schleich von den falschen Übermalungen der Restaurierung von 1903/04 befreit.
Die Ludwigskirche ist mit dem Pfarrhaus im Norden und dem ehemaligen Wohnhaus Gärtners durch Arkaden verbunden. 1964 wurden hier Denkmäler für die Architekten Klenze und Gärtner von Franz Mikorey angebracht.
40 Ludwigstr. 16
U-Bahn: Universität
(→ Karte S. 217)

St. Michael Herzog Wilhelm der Fromme war der Bauherr dieser bedeutenden Jesuitenkirche, deren Pracht und Größe den Ordensleuten bei der Erneuerung der durch die Reformation erschütterten katholischen Kirche den Rücken stärken sollte. Unter dem Chor des Renaissancebaus mit dem zweitgrößten Tonnengewölbe der Welt liegt eine der drei Münchner Fürstengruften: Hier wurde Märchenkönig Ludwig II. zur letzten Ruhe gebettet.
Ganz eindeutig sind die Vorbilder der römischen Kirche Il Gesù. In dem von Wendl Dietrich 1586/89 geschaffenen Hochaltar (nach dem Krieg erneuert) sieht man das Altarbild von Christoph Schwarz »St. Michael im Kampf mit dem Teufel« (1587).
2 Neuhauser Str. 52
S-Bahn: Karlspl.
Fürstengruft: Mo–Fr 10–13 Uhr und 15–16.45 Uhr, Sa 10–15 Uhr
(→ Karte S. 217)

St. Michael (Berg am Laim) Diese Kirche (1738–1751) zählt zu den drei Hauptwerken des Baumeisters Johann Michael Fischer und stellt einen der wichtigsten spätbarocken Kirchenräume dar. Im Innern verschmelzen drei mit Flachkuppeln überwölbte Zentralräume zu einer sich zur Apsis hin steigernden Einheit. Sehenswerte Innenausstattung mit Stuckierung von Johann Baptist Zimmermann. Hochaltar und Seitenaltäre stammen von Johann Baptist Straub.
80 Clemens-August-Str. 9a
Tram 19, 29; Bus 137

St. Peter (Alter Peter) → Der gute Tip: Turmbesteigung Alter Peter S. 60

Theatinerkirche (St. Kajetan) Ein glückliches Ereignis lag diesem ersten Kirchenbau im italienischen Barock nördlich der Alpen zugrunde: die Geburt des Kronprinzen Max Emanuel im Jahre 1662, dessen Eltern, Kurfürst Ferdinand Maria und Kurfürstin Henriette Adelaide von Savoyen, zuvor ein Gelübde abgelegt hatten, wonach sie eine wertvolle Kirche bauen ließen, würde ihnen ein Sohn geboren. Diese Kirche sollte Hof- und zugleich Klosterkirche für die Theatinermönche sein.
Zum Baumeister des Gotteshauses am Odeonsplatz, dessen Silhouette sich stolz und prunkvoll gegen den Himmel abhebt und Münchens Stadtmitte ein südliches Flair gibt, ernannte die aus Turin stammende Kurfürstin den führenden Architekten Agostino

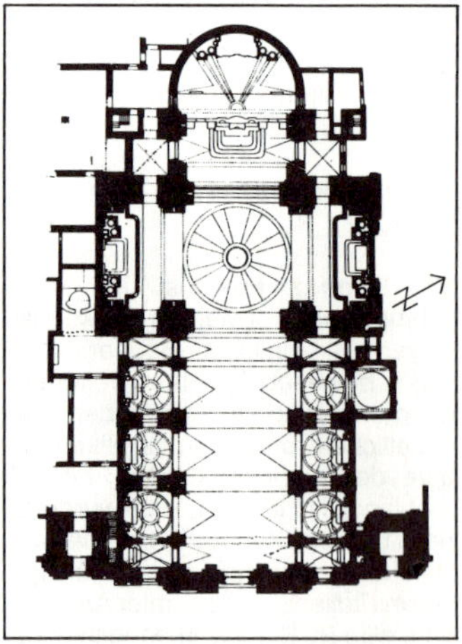

St. Kajetan: Kreuzkuppelkirche

Barelli aus Bologna. Dieser nahm sich die römische Theatinerkirche Sant'Andrea della Valle zum Vorbild und stellte in den Jahren 1663–1675 den Rohbau von St. Kajetan fertig. 1674 führte Enrico Zucalli die Leitung der Bauarbeiten fort. Er schuf die beiden weit auseinander gebauten Türme mit den wulstigen, gen Himmel strebenden Voluten und die Kuppel, die sich kraftvoll und majestätisch aus dem schweren Kirchenbau heraushebt. Die letzte Bauphase (1692–1695) leitete Giovanni Antonio Viscardi. Doch erst viele Jahrzehnte später, lange nach der Kirchweihe, erhielt die Kirche mit der Fassade (1765/68) zwischen den Türmen ihr endgültiges Gesicht. Sie wurde von dem genialen wallonischen Rokoko-Baumeister François Cuvilliés d. J. (1731–1777) gestaltet, den Kurfürst Maximilian II. Emanuel aus Brüssel mit an den Hof nach München geholt hatte.

Das aus einem dreischiffigen Langhaus, einem Querhaus und einem einjochigen Chorraum bestehende Innere der Kirche ist mit vollplastischen Stuckfiguren, Muscheln, Ranken und Rosetten dekoriert.

In der Fürstenkapelle ruhen neben Kurfürst Ferdinand Maria und seiner Gemahlin viele bedeutende Wittelsbacher. Die im Krieg schwerbeschädigte Kirche wurde zwischen 1946 und 1955 originalgetreu wiederaufgebaut.

2 Theatinerstr. 22
Fürstengruft: Mo–Fr 10–13 und 15 bis 17 Uhr, Sa 10–15 Uhr
U-Bahn: Odeonspl.
(→ Karte S. 217)

Kleidung

Ein München-Besuch setzt nicht voraus, daß man sich vorher mit Krachlederner nebst Trachtenhut mit Gamsbart oder mit einem flotten Dirndl ausrüsten muß – im Gegenteil: Die Ureinwohner der Isar-Metropole würden Sie sogleich als einen »Salonbayern« erkennen und sich über Sie recht lustig machen. Dezent in Andeutungen getragen, ist Tracht im Millionendorf jedoch eine todsichere Sache: Wer hier im Lodenmantel unterwegs ist, erweckt fast zwangsläufig den Eindruck von Weltläufigkeit und Schick. Bestimmte Kleidervorschriften gibt es nicht in München – es sei denn, auf einer Einladung wird ausdrücklich um »Smoking« oder »Frack« gebeten. Das Opernpublikum gibt sich im allgemeinen recht vornehm, mit Abendkleidern und dunklem Anzug. Man sollte das traditionsreiche Nationaltheater also nicht unbedingt in T-Shirt und Turnschuhen besuchen. Im allgemeinen ist die Theaterkleidung jedoch recht zwanglos geworden.

Konzerte

München hat als Musikstadt einen weltweiten Ruf. Alle großen internationalen Orchester gastieren an der Isar, ebenso berühmte Dirigenten, Instrumentalsolisten und Gesangstars. Aber auch die in München ansässigen Künstler und die Orchester der Landeshauptstadt besitzen selbst internationales Niveau. Neben zahlreichen Kammermusikgruppen und Chören prägen vor allem das Bayerische Staatsorchester (das auch in der Staatsoper spielt), das Symphonieorchester des Bayerischen Rundfunks, die Münchner Philharmoniker und der Münchner Bachchor das Musikleben in der Landeshauptstadt.

Besonders beliebt sind im Sommer die Konzerte in den Schlössern von Schleißheim, Nymphenburg, Blutenburg oder in der Klosterkirche Schäftlarn. Die alljährlich stattfindenden Opernfestspiele bilden den Höhepunkt des Münchner Musikjahres (→ Opernfestspiele S. 176). Die neue Philharmonie im

»Gasteig-Kulturzentrum« zieht Scharen von Musikliebhabern an. Eine große Anhängerschaft haben auch die Sonntagskonzerte des Bayerischen Rundfunks in der Philharmonie am Gasteig, die Opern- und Operettenausschnitte bringen und um 20 Uhr beginnen. Rechtzeitige Kartenbestellung ist ratsam (Tel. 55 80 80 Veranstaltungsbüro im Bayerischen Rundfunk, Mo–Fr 9–12 und 13–17 Uhr, Fr bis 16 Uhr). Die meisten Musikkneipen- und -bühnen – mit Folklore, Jazz, Pop, Rock und Punk – liegen in Schwabing und Haidhausen. In der Olympiahalle, in der Theaterfabrik und im Zirkus-Krone-Bau feiern die Größen aus der Rock-Pop-Szene ihre Triumphe.

Folklore

Drehleier Eine Kleinkunstbühne, auf der die großen und kleinen Stars der Branche auftreten. Internationale Folklore und Gastspiele.
80 Balanstr. 23
Tel. 48 43 37
S-Bahn: Rosenheimer Pl.
Tgl. 19 Uhr Einlaß
Beginn 20.30 Uhr

Irish Folk Pub In dieser Schwabinger Kneipe kommen – der Name deutet es an – Freunde irischer Traditionsweisen auf ihre Kosten. Jeden Donnerstag ist Live-Musik. Dazu gibt es Guinness vom Faß.
40 Giselastr. 11
Tel. 34 24 46
U-Bahn: Giselastr.
Tgl. außer Mo 20–1 Uhr

Schwabinger Brettl Viele Interpreten aus der US-Szene.
40 Occamstr. 11
Tel. 34 72 89
U-Bahn: Münchner Freiheit
Tgl. 20–1 Uhr nachts

Jazz

Allotria Eine meistens sehr volle, urige Wirtschaft im Stadtteil Schwabing. Eine Dixie-Hochburg; am Sonntag um 13 Uhr Jazz-Frühschoppen.
40 Türkenstr. 33
Tel. 28 58 58
U-Bahn: Universität; Tram 18
Tgl. 20–1 Uhr nachts, So auch 13 bis 18 Uhr

Unterfahrt Jazz-Kneipe mit Galerie. Jeden Abend spielen hier Gruppen der Münchner Jazz-Szene, oft auch internationale Musiker. Sonntags Jam-Session.
80 Kirchenstr. 96
Tel. 448 27 94
Tram 14
Tgl. außer Mo 20–1 Uhr nachts

Schwabinger Podium Nahe der Münchner Freiheit. Vielseitig, wechselnde Gruppen. Programm in der Tagespresse.
40 Sieges-/Wagnerstr. 1
Tel. 39 94 82
U-Bahn: Münchner Freiheit
Tgl. 20–1 Uhr nachts

Kirchenmusik Die katholischen Gottesdienste werden in den meisten Münchner Kirchen an Sonn- und Feiertagen – nicht nur an den großen Kirchenfesten – unter Mitwirkung bedeutender Orchester, Solisten und Chöre ausgestaltet, vor allem mit Werken von Mozart, Haydn, Schubert und Bruckner.
Programme sind aus der Tagespresse ersichtlich. → Gottesdienste S. 181

Pop und Rock

Babalu Der Live-Keller an der Leopoldstraße bietet heißen Jazz am laufenden Band, manchmal auch über Mitternacht hinaus. Danach Disko-Schwof aus der Konserve bis morgens.
40 Leopoldstr. 19
Tel. 39 94 51
U-Bahn: Giselastr.
Tgl. 20–4 Uhr

Manege In dem ehemaligen Gasthaus treten die wahren »Geheimtips« auf.
80 Steinseestr. 2
Tel. 49 20 63
U-Bahn: Innsbrucker Ring
Programm siehe Tagespresse

Theaterfabrik Zur Zeit ist sie der einzige Ersatz für die abgerissene Alabamahalle. Hier finden größere Konzerte statt.
Föhringer Allee 23 (Unterföhring)
Tel. 950 49 49
Bus 88

Kurioses und Originelles

Floßfahrt auf der Isar Von Anfang Mai bis Mitte September kann man bei einer vergnüglichen Floßfahrt mit Bier und Blasmusik auf der Isar dabeisein. Die Reise beginnt in Wolfratshausen und endet an der Münchner Floßlände beim Campingplatz Thalkirchen. Die Fahrt dauert etwa sieben Stunden. Am Wochenende sind die Fahrten lange im voraus ausgebucht. Nähere Informationen bei:
Franz Seitner
Tel. 081 71/785 18
abr – Amtliches Bayerisches Reisebüro
Hauptbahnhof
8000 München 2
Tel. 1 20 40
Einzelanmeldungen sind nicht möglich.
Inkl. Bus, Mittagessen, Bier an Bord, mit Musik 159 DM pro Person.

Hundskugel Münchens ältestes Gasthaus steht seit 1440 und ist das Steckenpferd des Luxusschneiders Rudolph Mooshammer. Ganze sieben Tische haben Platz, der Tresen ist schief und das Geschirr recht rustikal. In der Küche scheint man sich auf die atmosphärische Wirkung des Lokals zu verlassen.
2 Hotterstr. 18
Tel. 26 42 72
S- und U-Bahn: Marienpl.
Tgl. 9.30–24 Uhr
(→ Sehenswürdigkeiten S. 222)

Kutschfahrt Vielleicht haben Sie Lust, sich gemächlich mit einer Pferdedroschke durch den Englischen Garten kutschieren zu lassen? Fünf Personen dürfen einsteigen.
Lohnkutscherei Pfeffer & Kudwien
40 Schwere-Reiter-Str. 22
Tel. 18 06 08
Tram 12; Bus 38
Im Englischen Garten, einspännig, ½ Std. 50 DM, in der weißen Hochzeitskutsche oder im blauen Landauer pro Tag im Stadtgebiet 550 DM.

Marionettentheater Ein kurioses Theater, das nicht nur Kindern, sondern auch Erwachsenen ein spezielles Vergnügen bereitet. Die Puppenbühne gründete im Jahre 1858 der unter dem Namen »Papa Schmid« bekannt gewordene Josef Schmid mit dem Dichter Graf von Pocci. Noch mit siebenundachtzig Jahren soll Papa Schmid den Kasperl im »Gestiefelten Kater« oder »Blaubart« selbst geführt haben.
Das kleine Marionettentheater wurde 1900 von Theodor Fischer erbaut, nach schwerer Zerstörung durch den Krieg wiederhergestellt und 1946 wiedereröffnet.
2 Blumenstr. 29a
Tel. 26 57 12
U-Bahn: Sendlinger Tor
Vorstellung: Mi, Do, Sa, So 15 Uhr, Sa auch 20 Uhr
Eintritt nachmittags Erw. 8 DM, Kinder 6 DM; abends 15 DM

Nachttopf-Museum Rund 6000 »Töpfe« besitzt Manfred Klauda. 600 davon zeigt er in seiner Ausstellung im größten privaten Nachttopf-Museum der Welt. Eine Führung mit vielen interessanten und amüsanten Erklärungen über die zum Teil sehr wertvollen Nachttöpfe ist ein Erlebnis!
19 Böcklinstr. 30
Tel. 157 59 89
U-Bahn: Rotkreuzpl.; Bus 83
So 10–13 Uhr, Do 14–18 Uhr
Eintritt 8 DM, Schüler 5 DM

Platzl Eine weltberühmte Attraktion, gleich gegenüber dem Hofbräuhaus gelegen. In dieser Gaudi-Hochburg wird das Publikum allabendlich bei Bier und deftigen Schmankerln mit Trachtentänzen, Gstanzlsängern, mit Jodlern, Blasmusik und Zitherspiel, bayerischen Sketchen und Schuhplattlervorführungen erfreut. In dem seit 75 Jahren bestehenden Platzl feierte bereits der große und sehr beliebte Münchner Komiker Weiß Ferdl seine zwerchfellerschütternden Triumphe.
2 Münzstr. 8
Tel. 23 70–37 01
S- und U-Bahn: Marienpl.
Tgl. außer So 12–14, ab 18.30 Uhr
Vorstellungen:
Tgl. außer So 20 Uhr
Eintritt 11,50 DM

Valentin-Musäum → Der gute Tip S. 85

Leihfahrzeuge

Autos Wochentarif für Leihwagen der Mittelklasse bei unbegrenzter Kilometerzahl etwa 1 400 DM.
Tagestarif: rund 290 DM bei unbegrenzter Kilometerzahl, 120 DM plus 1,20 DM pro Kilometer bei weniger als 200 Kilometer.
Avis
19 Nymphenburger Str. 61
Tel. 126 00 00
U-Bahn: Maillingerstr.
Europcar/Autovermietung GmbH
2 Schwanthalerstr. 10a
Tel. 59 47 23–25
S-Bahn: Karlspl.; fast jede Tram

Boote Auf dem Kleinhesseloher See kann man Ruderboote ausleihen
40 Am Seehaus
Tgl. (im Sommer) 8–22 Uhr
Für ½ Std. 5 DM

Fahrräder Sightseeing mit dem Radl ist in München bei über 1100 km Radweg und viel Grün ein Vergnügen. Prospekte im Fremdenverkehrsamt.
Fahrradverleih Borucki
5 Hans-Sachs-Str. 7
Tel. 26 65 06
U-Bahn: Fraunhoferstr.
Pro Tag 18 DM, pro Woche 90 DM

Literatur

Für diejenigen, die sich etwas intensiver auf ihre München-Reise vorbereiten wollen, hier ein paar ausgewählte Titel:
MERIAN »München«, Hoffmann & Campe Verlag 1990
»München – Dichter sehen eine Stadt«, Metzler 1990
»München – die Geschichte seiner Kunst«, Callweg 1988
»München – Gestalt einer Stadt«, Curt Hohoff, Prestel-Verlag 1970
»Museen in München«, Prestel-Verlag, München 1984
»München zu Fuß«, Benedikt Weyerer (Hg.), VSA 1988
»Karl Valentin«, Michael Schulte, Hoffmann und Campe 1982

Mode

Zweimal jährlich, im Frühjahr und Spätsommer, feiert München das große Fest der Konfektion und der Haute Couture. Zur sogenannten »Modewoche« pilgern Modemacher aus Europa und Übersee in das Mode-Mekka an der Isar, um hier vier bis fünf Tage lang ihre neuesten Kreationen vorzuführen. Fast alle großen Couturiers – wie Laroche, Saint-Laurent – haben in München ihre Dependancen

oder werden – wie etwa das Pariser Luxus-Haus »Hermes« oder die großen Florentiner Fabrikanten – in den Renommierläden der Stadt vertreten.
Unumstrittener Modezar, ein Maßschneider von unantastbarem Ruf für die Münchner Society ist Max Dietl, der sein Haute-Couture-Unternehmen vis-à-vis der Oper führt. Moshammer in der Maximilianstraße hat seit einiger Zeit den Kampf um die exklusivsten Modelle und die höchsten Preise aufgenommen. Das sportliche München schwört immer noch auf Loden-Frey und auf Bogner. Die meisten der exklusiven Häuser siedeln in der Maximilian-, der Theatiner- oder der Brienner Straße, und kaum eine andere bundesdeutsche Stadt bietet in den Schaufenstern eine solche Fülle an schönem italienischen Schuhwerk, feiner Wäsche aus der Schweiz oder klassischer Kleidung aus Großbritannien. Wer »jung« ist und »trendy«, geht eher nach Schwabing oder kauft in den Boutiquen zwischen Sendlinger Tor und Gärtnerplatz ein. Anregungen holt man sich am besten auf der »Avantgarde«-Modemesse im Herbst (parallel zur »Modewoche«), auf der sich noch unbekannte Designer vorstellen.

Dependancen der großen Couturiers

Chanel
2 Brienner Str. 10
Tel. 28 36 37
U-Bahn: Odeonspl.

Guy Laroche
22 Maximilianstr. 20
Tel. 22 75 67
S- und U-Bahn: Marienpl.; Tram 19, 27

Hermès
22 Maximilianstr. 20
Tel. 22 29 88
Tram 19, 27, 29

Yves Saint-Laurent
22 Maximilianstr. 21
Tel. 22 00 33
S- und U-Bahn: Marienpl.; Tram 19, 27

Damen- und Herrenmoden

Annas (Herren)
40 Leopoldstr. 28a
Tel. 39 91 55
U-Bahn: Giselastr.

Beck am Rathauseck → Der gute Tip S. 103

Bogner-Haus (Damen und Herren)
2 Residenzstr. 15
Tel. 22 17 24
S- und U-Bahn: Marienpl.; Tram 19, 27

E. Braun & Co. (Damen und Herren)
2 Wittelsbacherpl. 1
Tel. 28 50 58
U-Bahn: Odeonspl.

English House (Damen und Herren)
22 Maximilianstr. 30
Tel. 22 32 91
Tram 19, 27, 29

Max Dietl (Damen und Herren) Renommierter Maßschneider.
2 Residenzstr. 16
Tel. 22 28 10
S- und U-Bahn: Marienpl.; Tram 19, 27

Gabriele Drexler (Damen)
22 Maximilianstr. 44
Tel. 22 33 37
S- und U-Bahn: Marienpl.; Tram 19, 27

Fischer & Co. (Damen) Internationale Couture.
2 Rosenstr. 1
Tel. 260 90 08
U-Bahn: Marienpl.

Harry's Men Fashion (Herren)
2 Oskar-von-Miller-Ring 1
Tel. 280 04 82
U-Bahn: Odeonspl.

L. H. van Hees (Damen und Herren)
2 Brienner Str. 3
Tel. 22 00 61
U-Bahn: Odeonspl.

Holy's (Herren)
2 Residenzstr. 15
Tel. 22 64 22
S- und U-Bahn: Marienpl.; Tram 19, 27

Michael Hussmüller (Herren)
2 Maximilianspl. 15
Tel. 22 08 86
S-Bahn: Karlspl.

Kastl & Co. (Damen)
22 Maximilianstr. 14
Tel. 22 12 82
S- und U-Bahn: Marienpl.; Tram 19, 27

Lange & Co. Haute-Couture in München gefertigt, Filialen in Düsseldorf und Mailand.
2 Brienner Str. 1
Tel. 22 54 64
U-Bahn: Odeonspl.

Loden-Frey (Damen und Herren)
2 Maffeistr. 7
Tel. 236 93–0
S- und U-Bahn: Marienpl.; Tram 19, 27

Maendler (Damen) Elegante fertige Damenkleidung.
2 Theatinerstr. 7
Tel. 22 04 37
S- und U-Bahn: Marienpl.; Tram 19, 27

Missoni (Damen und Herren)
2 Amirapl. 3
Tel. 29 54 84
U-Bahn: Odeonspl.

Moshammer/Carnaval de Venise (Damen und Herren)
22 Maximilianstr. 14
Tel. 22 69 24
S- und U-Bahn: Marienpl.; Tram 19, 27

Wagenheimer (Damen und Herren)
2 Weinstr. 3
Tel. 29 44 44

Werner Wunderlich (Damen)
80 Pienzenauerstr. 2
Tel. 98 07 81
Tram 20; Bus 87

Boutiquen

Daisy
40 Trautenwolfstr. 5
Tel. 39 40 35
U-Bahn: Giselastr.

Klamottchen Secondhand-»Oma-Kleider«, 20er und 50er Jahre und brandneue Mode.
40 Adalbertstr. 35
Tel. 272 38 96
U-Bahn: Universität; Tram 18

Leopoldmarkt
40 Leopoldstr. 25
Tel. 34 37 11
U-Bahn: Giselastr.

Lord John & Lady Jane
40 Kurfürstenstr. 49
Tel. 271 04 70
U-Bahn: Giselastr.; Tram 18

Pugile (Avantgarde)
2 Herzog-Wilhelm-Str. 35
Tel. 260 45 55

Schmalor
40 Siegesstr. 12
Tel. 39 15 95
U-Bahn: Münchner Freiheit

Second Hand Boutique → Der gute Tip S. 98

Sweetheart → Der gute Tip S. 102

Museen

München beherbergt zahlreiche Museen. Um Ihnen die Übersicht zu erleichtern, haben wir die Museen zunächst nach ihren thematischen Schwerpunkten aufgelistet.

Abstrakte Kunst	→ Städtische Galerie Lenbach-Villa S. 90
Ägyptische Kunst	→ Staatliche Sammlung ägyptischer Kunst S. 206
Altdeutsche Kunst	→ Alte Pinakothek S. 202
Altfranzösische Kunst	→ Alte Pinakothek S. 202
Altitalienische Kunst	→ Alte Pinakothek S. 202
Antiken	→ Staatliche Antikensammlungen S. 205, Glyptothek S. 88

Asiatische Kunst	→ Staatliches Museum für Völkerkunde S. 206
Astronomie	→ Deutsches Museum S. 87
Bäuerliche Kunst	→ Bayerisches Nationalmuseum S. 204
Bayerische Geschichte und Kultur	→ Residenzmuseum S. 225, Bayerisches Nationalmuseum S. 204
Bayerische Kunst	→ Bayerisches Nationalmuseum S. 204, Schatzkammer der Residenz S. 225, Staatliche Graphische Sammlung S. 205
Bier- und Brauwesen	→ Brauereimuseum im Stadtmuseum S. 93
Bühnenbilder	→ Theatermuseum S. 206
Expressionismus	→ Städtische Galerie im Lenbach-Haus S. 90, Staatliche Graphische Sammlung S. 205
Fayencen	→ Bayerisches Nationalmuseum S. 204
Film	→ Stadtmuseum S. 93
Fotografie	→ Stadtmuseum S. 93, Deutsches Museum S. 87
Gobelins	→ Bayerisches Nationalmuseum S. 204
Goldschmiedekunst	→ Staatliche Antikensammlungen S. 205
Griechische Altertümer	→ Staatliche Antikensammlungen S. 205, Glyptothek S. 88
Impressionismus	→ Neue Pinakothek S. 94
Jagdwesen	→ Deutsches Jagd- und Fischereimuseum S. 204
Keramik	→ Bayerisches Nationalmuseum S. 204
Klassizismus	→ Neue Pinakothek S. 94
Kostüme, Kostümkunde	→ Theatermuseum S. 206
Krippen	→ Bayerisches Nationalmuseum S. 204
Kunst des 19. Jahrhunderts	→ Neue Pinakothek S. 94
Kunstgewerbe	→ Staatliche Graphische Sammlung S. 205
Moderne Kunst	→ Staatsgalerie Moderne Kunst S. 206, Städtische Galerie im Lenbach-Haus S. 90
Möbel	→ Bayerisches Nationalmuseum S. 204
Musikinstrumente	→ Bayerisches Nationalmuseum S. 204, Deutsches Museum S. 87
Münchner Schule	→ Staatliche Graphische Sammlung S. 205, Schackgalerie S. 205
Münzen	→ Staatliche Münzsammlung S. 205
Naturkunde	→ Museum Mensch und Natur S. 204
Naturwissenschaften	→ Deutsches Museum S. 87

Porzellan	→ Bayerisches Nationalmuseum S. 204
Prähistorie	→ Prähistorische Staatssammlung S. 205
Römische Altertümer	→ Antikensammlungen, Glyptothek S. 88
Skulpturen	→ Glyptothek S. 88
Völkerkunde	→ Staatliches Museum für Völkerkunde S. 206
Vor- und Frühgeschichte	→ Paläontologisches Museum S. 204
Waffen, Rüstungen	→ Deutsches Jagd- und Fischereimuseum S. 204

Alte Pinakothek Die Alte Pinakothek – der bedeutendste Bau Leo von Klenzes, Grundsteinlegung am 7. 4. 1826 (bis 1836) durch König Ludwig I. – gehört zu den ältesten und berühmtesten europäischen Gemäldesammlungen. Das Museum beherbergt Werke der europäischen Malerei des 14. bis 18. Jahrhunderts.
Einen Schwerpunkt im Sammlungsbestand der Alten Pinakothek bildet die altdeutsche Malerei. Drei der Hauptwerke aus jener Zeit sind die von Albrecht Altdorfer 1529 gemalte »Alexanderschlacht«, Albrecht Dürers »Vier Apostel«, die erst 1627 von Kurfürst Maximilian I. erworben wurden, und »Die Heiligen Erasmus und Mauritius« von Matthias Grünewald. Zu den bedeutendsten Beispielen italienischer Renaissancekunst in der Alten Pinakothek zählen Leonardo da Vincis »Maria mit dem Kinde«, Raffaels »Madonna aus dem Hause Tempi«, Tizians »Dornenkrönung« und die »Anbetung der Könige« von Tiepolo. Den Ruhm der Alten Pinakothek begründeten die Bilder der flämischen Malerei des 17. Jahrhunderts. Die ersten Werke dieser Abteilung wurden unter Kurfürst Maximilian I. (1597–1651) in die Gemäldesammlung aufgenommen. Im Jahre 1698 konnte Bayerns Kurfürst Max Emanuel (1679–1726) während seiner Statthalterschaft in den Niederlanden über hundert größtenteils flämische Werke von dem Antwerpener Kaufmann Gisbert von Colen erwerben. Zu den Prunkstücken der Alten Pinakothek zählen unter anderem Rubens' »Helene Fourment im Hochzeitskleid«, das »Große Jüngste Gericht« und der »Raub der Töchter des Leukippos«, die »Ruhe auf der Flucht« von Anthonis van Dyck, Pieter Brueghels d. Ä. »Das Schlaraffenland«, Franz Hals' Bildnis des Haarlemer Kaufmanns Willem von Heythuysen, Rembrandts »Kreuzaufrichtung« und das berühmte »Selbstbildnis« des holländischen Malers.
Zu den wichtigsten Werken der französischen Malerei des 17. Jahrhunderts in der Alten Pinakothek gehören der »Seehafen bei aufgehender Sonne« von Claude Lorrain, das Bildnis der Madame de Pompadour – eines der Hauptwerke Bouchers – und die »Beweinung Christi« von Nicolas Poussin. Zum Sammlungsbestand der spanischen Malerei gehören El Grecos »Entkleidung Christi«, das – unvollendete – Werk von Velásquez »Junger spanischer Edelmann« und auch Murillos realistisch gemalte Trauben- und Melonenesser.

Die Alte Pinakothek besteht aus einem Erd- und einem Obergeschoß:

Erdgeschoß:
Saal I–III:
Altdeutsche Malerei sakralen Charakters aus Köln, Bayern, Südtirol und dem vordürerischen Franken (Meister der heiligen Veronika, Meister der

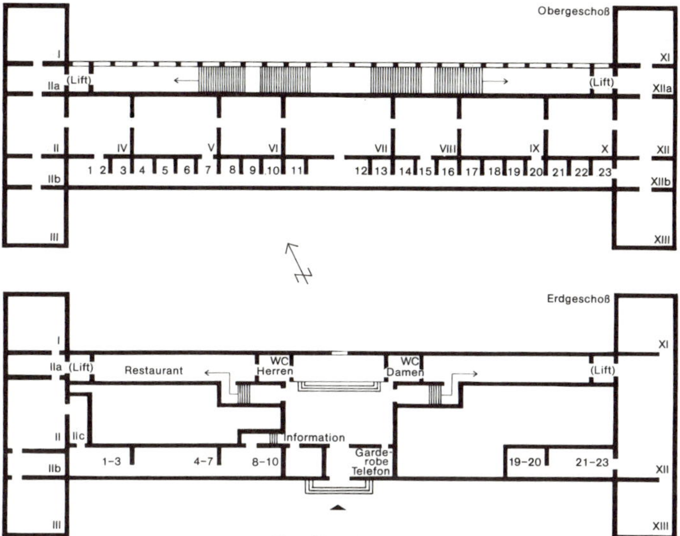

Alte Pinakothek

Tegernseer Tabula Magna, Meister des Bartholomäus-Altars, Baldung, Pacher)

Saal XII–XIII:
Malerei des 16. und 17. Jahrhunderts – internationaler Manierismus (Jan Brueghel der Ältere, Cornelis van Dalem, Pieter Brueghel der Ältere, Marinus van Roymerswaeles)

Obergeschoß:

Saal I–IIa:
Altniederländische Malerei des 15. und 16. Jahrhunderts (Rogier van der Weydens »Dreikrönungsaltar«, Jan van Eyck, Dirck Bout, Lucas van Leyden, Hans Memling, Jan Gossaert)

Saal II–III:
Altdeutsche Malerei (Altdorfers »Alexanderschlacht«, Albrecht Dürers »Vier Apostel«, Matthias Grünewald)

Saal IV, VI und XIIb:
Italienische Malerei der Renaissance und frühitalienische Tafelmalerei (Botticelli, Giotto, Leonardo da Vinci, Raffael, Tizian, Tintoretto)

Kabinett 11:
Deutsche Malerei des 16. und 17. Jahrhunderts (Adam Elsheimer, Georg Flegel, Johann Ottenhammer)

Saal V:
Flämische Malerei des 17. Jahrhunderts (van Brouwer, van Dyck, Jordaens, Rubens, Siberechts, Snyders)

Saal IX:
Holländische Malerei des 17. Jahrhunderts (Hals, van Goyen, van Beyeren, Rembrandt)

Saal XI–XIIa:
Französische Malerei des 17. Jahrhunderts (Boucher, Chardin, Lorrain, Poussin)
Spanische Malerei (El Greco, Murillo, Velasquez)

2 Barer Str. 27
Tel. 238 05 – 215
U-Bahn: Königspl.; Tram 18
Tgl. außer Mo 9.15–16.30 Uhr, Di und Do auch 19–21 Uhr
Eintritt 4 DM, Doppelkarte Alte und Neue Pinakothek 7 DM, So und Feiertage freier Eintritt
(→ Karte S. 179)

Antiquarium → Der gute Tip S. 57

Bayerisches Nationalmuseum
Das zwischen 1894 und 1900 von Gabriel von Seidl erbaute, aus verschiedenen Stilarten harmonisch zusammengefügte (Ostflügel: Romanik, Turm mit Mittelbau: früher Barock, Westflügel: Renaissance) und architektonisch originelle Bayerische Nationalmuseum zeigt die kulturhistorische Entwicklung, insbesondere Bayerns, von der römisch-keltischen Zeit bis zum 19. Jh. Die sogenannten »Kunstgeschichtlichen Sammlungen« umfassen bedeutende Spezialsammlungen europäischer Malerei, Plastik (sehr schöne Arbeiten von den beiden berühmten Holzschnitzern Tilman Riemenschneider und Erasmus Grasser), Teppiche, Textilien, Kostüme, Glas, Fayencen, Miniaturen, Porzellan. Die »Volkskundlichen Sammlungen« zeigen Bauernstuben, Trachten, Hafnerkeramik, bäuerliches Handwerk, religiöse Volkskunde (sehenswert) und Krippen.
22 Prinzregentenstr. 3
Tel. 216 81
Tram 20; Bus 53
Di–So 9.30–17 Uhr, Mo geschl.
Eintritt 3 DM, So und Feiertage frei
(→ Karte S. 179)

Deutsches Museum → Der gute Tip S. 87
Deutsches Brauereimuseum → Der gute Tip: Stadtmuseum S. 94

Deutsches Jagd- und Fischereimuseum Eine reiche Sammlung von Jagdgegenständen, Jagdwaffen aus vier Jahrhunderten (Bären- und Sauspieße, Armbrüste usw.), Gemälden und Graphiken aus dem Jagdbereich. Zudem eine zoologische Abteilung (500 Tiere). Im 1982 eröffneten Fischereimuseum ist u. a. die gesamte Entwicklung der Süßwasserfischerei bis zurück in die Steinzeit zu sehen.
2 Neuhauser Str. 53
Tel. 22 05 22
S- und U-Bahn: Marienpl.
Di–So 9.30–16 Uhr, im Sommer bis 17 Uhr, Mo und Do 9.30–21 Uhr
Eintritt 4 DM
(→ Karte S. 179)

Glyptothek → Der gute Tip S. 88
Lenbach-Villa → Der gute Tip S. 90
Monacensia-Sammlung → Der gute Tip: Maria-Theresia-Straße S. 71

Museum Mensch und Natur Ein neues Naturkundemuseum über die Geschichte der Erde, die Vielfalt des Lebens, die Biologie des Menschen und sein Verhältnis zur Umwelt. Hier wurden neue museumspädagogische Akzente gesetzt, wodurch eine attraktive, lebendige und unterhaltende Wissensvermittlung für Besucher aller Alters- und Bildungsgrade gewährleistet ist.
19 Schloß Nymphenburg
Maria-Ward-Str. 1b
Tel. 17 64 94
Tram 12; Bus 41
Tgl. außer Mo 9–17 Uhr
Eintritt 3 DM, So und Feiertage frei

Neue Pinakothek → Der gute Tip S. 94

Paläontologisches Museum (Bayerische Staatssammlung für Paläontologie und historische Geologie) Skelette und Schalen diverser Säugetiere der Vorzeit. Juraversteinerungen aus Süddeutschland. Begrabene Pflanzenwelt.
2 Richard-Wagner-Str. 10
Tel. 52 03–361
U-Bahn: Königspl.
Mo–Do 8–16 Uhr, Fr 8–15 Uhr
Eintritt frei (→ Karte S. 179)

Prähistorische Staatssammlung Eine Übersicht über die vorgeschichtlichen Kulturen in Bayern.
22 Lerchenfeldstr. 2
Tel. 29 39 11
Tram 20; Bus 53
Tgl. außer Mo 9–16 Uhr, Do 9–20 Uhr
Eintritt 2,50 DM, So und Feiertage frei
(→ Karte S. 179)

Residenzmuseum → Sehenswürdigkeiten: Residenz S. 225

Schackgalerie Gründer dieser Privatsammlung deutscher Malerei des 19. Jahrhunderts war Adolf Friedrich von Schack, ein leidenschaftlicher Förderer zeitgenössischer Kunst, der 1857 von Mecklenburg nach München kam. Durch sein Mäzenatentum bekam eine Reihe von Künstlern Kopieraufträge, während er zugleich von ihnen (und auch von anderen) eine größere Zahl eigener Werke erwarb. In der Schack-Galerie befindet sich die größte Sammlung von Werken Moritz von Schwinds (»Der Traum des Gefangenen«, »Die Hochzeitsreise«, »Hero und Leander«). Hier sind Carl Spitzweg (der »Hypochonder«), Arnold Böcklin (»Triton und Nereide«, »Pan erschreckt einen Hirten«), Anselm Feuerbach (»Bildnis einer Römerin«), Franz von Lenbach (»Hirtenknabe«) und viele andere Maler der Romantik und des frühen Realismus vertreten.
22 Prinzregentenstr. 9
Tel. 23 80 52 24
Bus 53
Tgl. außer Di 9.15–16.30 Uhr
Eintritt 2,50 DM, So und Feiertage frei
(→ Karte S. 179)

Schatzkammer der Residenz → Sehenswürdigkeiten: Residenz S. 225
Schönheitengalerie → Der gute Tip S. 80

Staatliche Antikensammlung Der spätklassizistische Museumsbau an der Südseite des Königsplatzes wurde zwischen 1838–1848 von Georg F. Ziebland errichtet. Die Antikensammlung beherbergt hervorragende Exponate wie griechische und etruskische Töpferkunst und Vasen, Kleinbronzen, Goldschmuck, Glas, Silber, Terrakotten und Bronzen. Besonders schön: die bemalten Tongefäße.
2 Königspl. 1
Tel. 59 83 59
U-Bahn: Königspl.
Tgl. außer Mo 10–16.30 Uhr, Mi 12 bis 20.30 Uhr
Eintritt 3,50 DM, So frei
(→ Karte S. 179)

Staatliche Graphische Sammlung Bedeutende Sammlung von Handzeichnungen und Druckgraphik vom Mittelalter bis zur Gegenwart. Umfangreiche Fachbibliothek.
2 Meiserstr. 10
Tel. 55 91–490
U-Bahn: Königspl.
Mo–Do 10–13, 14–16.30 Uhr (Do bis 18 Uhr), Fr 10–12.30 Uhr
Eintritt im Studiensaal frei. Die Wechselausstellungen finden in den Räumen der Neuen Pinakothek statt (→ Der gute Tip S. 94).
(→ Karte S. 179)

Staatliche Münzsammlung Gemmen, Geldzeichen, Plaketten, Medaillen und Münzen aller Zeiten und Länder.
In der Residenz
2 Residenzstr. 1
Tel. 22 72 21
U-Bahn: Odeonspl.; Tram 19; Bus 53
Tgl. außer Mo 10–17 Uhr
Eintritt 2,50 DM, So frei
(→ Karte S. 179)

Staatliche Sammlung ägyptischer Kunst Die Sammlung gehört zu den ältesten dieser Art in Europa, die auf einzelne Kunstgegenstände in der Kunstkammer Albrechts V. zurückgeht: Denkmäler des ägyptischen Altertums von der Vorgeschichte über die klassischen Epochen bis in hellenistisch-römische Zeit. Reliefs, Plasti-

ken und Mumienporträts des 1. Jahrtausends. Gegenstände des Totenkults.
22 Hofgartenstr. 1
Tel. 29 85 46
U-Bahn: Odeonspl.
Di–Fr 9–16 Uhr (Di auch 19–21 Uhr), Sa und So 10–17 Uhr
Eintritt 3 DM, So und Feiertage frei
(→ Karte S. 179)

Staatliches Museum für Völkerkunde Keramik, Textilindustrie, Plastik, Kunstgewerbe, Kultgegenstände, Musikinstrumente aus Afrika, Asien, Australien, Lateinamerika, China.
22 Maximilianstr. 42
Tel. 228 55 06
Tram 19, 20
Tgl. außer Mo 9.30–16.30 Uhr
Eintritt 3,50 DM, So frei
(→ Karte S. 179)

Staatsgalerie Moderne Kunst Die Sammlungen geben einen Überblick über die internationale Malerei und Plastik des 20. Jahrhunderts. Unter anderem sind hier die Maler der »Brücke« und des »Blauen Reiters« vertreten.
Im Haus der Kunst (Westflügel)
22 Prinzregentenstr. 1
Tel. 29 27 10
Bus 53
Tgl. außer Mo 9.15–16.30, Do auch 19–21 Uhr
Eintritt 3,50 DM, So und Feiertage frei

Stadtmuseum Mit Brauerei-, Puppentheater-, Foto-, Film- und Musikinstrumentenmuseum → Der gute Tip S. 93
Städtische Galerie → Der gute Tip: Lenbach-Villa S. 90
Stuck-Villa → Der gute Tip S. 76

Theatermuseum Das Theatermuseum wurde von der Hofschauspielerin Clara Ziegler gestiftet und 1920 eröffnet. Die umfassende Fachbibliothek (100 000 Bücher, 30 000 Schauspielerporträts) ist für die Öffentlichkeit zugänglich. Neben persönlichen Erinnerungsstücken hat Clara Ziegler Bühnenbildentwürfe, Figurinen und Medaillen gesammelt.
22 Galeriestr. 4 a und 6
Tel. 22 24 49
U-Bahn: Odeonspl.
Tgl. außer Mo 10–16 Uhr
Eintritt 3 DM
(→ Karte S. 179)

Valentin-Musäum → Der gute Tip S. 85

Nachtleben

Auf der Suche nach einem aufregenden Amüsement gerät der Nicht-Eingeweihte leicht an eines der Nepp-Etablissements, wo er sich sogleich einer Animierdame mit liebevollem Augenaufschlag gegenübersieht, die nur den Blick von den atemberaubenden Preisen der Getränkekarte ablenken soll. Diese einschlägigen Lokale findet man hauptsächlich um das Platzl und in der Gegend um Sendlinger-Tor-, Goethe- und Gärtnerplatz, wo übrigens auch die Schwulenszene die Nacht beherrscht. Hier treffen sich harte Ledermänner mit femininen Knaben in einer Vielzahl von Kneipen, in denen allerdings oft auch Frauen gern gesehen sind.
Ein paar exklusive Adressen gibt es natürlich auch in München, Bars und Diskotheken, wo sich die prächtigen Nachtvögel des Millionendorfes bei heißen Rock-Rhythmen ein Stelldichein geben. Der Eintritt in diese nächtlich-noblen Amüsier-Höhlen ist allerdings nicht jedermann gestattet, man muß »Stammgast« sein, prominent oder irgendwie schillernd.

Bars/Nachtklubs

Alter Simpl Wirtin Toni Netzle hat das Zepter dieses einst berühmtesten Schwabinger Literaten-Cafés fest in der Hand. An den Prominenten-Stammtischen sitzen Leute jeder Couleur – sei es von Presse, Film, Theater oder Politik – bunt durcheinander. Ein gemütliches »Rede- und Erzähllokal«. Man kann hier auch gut essen. Warme Küche gibt es bis 2 Uhr nachts.
40 Türkenstr. 57
Tel. 272 30 83
U-Bahn: Universität; Tram 18
Tgl. außer So 18–3 Uhr morgens, Sa 21–4 Uhr morgens
Drink um 14 DM, Bier 4,60 DM
(→ Karte S. 209)

Ball der einsamen Herzen Der Name sagt es schon: Hinter der Tür mit dem roten Herzen verbirgt sich ein beliebter Tanztreff Einsamer mit Sehnsucht nach einem fröhlichen Gegenüber. Gute Kapelle, gute Rhythmen, gute Stimmung.
22 Seitzstr. 12
Tel. 29 37 44
U-Bahn: Odeonspl.
Tgl. außer Mo 20–3 Uhr morgens
Flasche Wein 40 DM
(→ Karte S. 209)

Harry's New York Bar → S. 158

Madrigal Hier ist Münchens Schickeria anzutreffen.
2 Herzog-Rudolf-Str. 1
Tel. 22 33 55
Tram 19, 27
Tgl. außer So 10–15 Uhr, 18–2 Uhr morgens

Wunder Bar → Der gute Tip S. 123

Diskotheken

Cadillac Wer diese Diskothek betritt, fühlt sich innerhalb von Sekunden von München nach New York versetzt. Soul, Rap und Reggae wechseln sich in großer Lautstärke ab. Das Publikum: farbige US-Soldaten und Studenten aus Afrika in Begleitung schöner Mädchen aus München. Sie können sich auf der großen Tanzfläche von der tollen Bewegung mitreißen lassen, die hier herrscht, an der Bar in Ruhe einen Drink nehmen oder am Spielautomaten spielen. Viel Platz, und die Atmosphäre ist nicht aggressiv. Ein Tip.
5 Theklastr. 1
Tel. 26 69 74
Tram 18; Bus 56
Di, Do 22–1 Uhr, Mi 21–1 Uhr, Fr/Sa 21–4 Uhr
Fr, Sa Verzehrbon 10 DM
(→ Karte S. 209)

Canterville Eine Disko für das gestandene Publikum um 35 Jahre.
80 Rosenheimer Str. 34
Tel. 480 16 30
So, Di, Mi 19–1 Uhr, Do, Fr, Sa 19 bis 3 Uhr
Bier (0,4) 4,80 DM

Charly M. Einst ein Disko-Palast für Münchens Glitzer-Society. Inzwischen hat sich Herr »Jedermann« das Parkett erobert.
2 Maximilianspl. 5
Tel. 59 52 72
S-Bahn: Karlspl.; Tram 19, 27
Tgl. 22–4 Uhr morgens
Drink um 20 DM
(→ Karte S. 209)

Far out Disko für jede Altersgruppe, in der es nicht auf das Outfit ankommt, sondern auf die Lust am Tanzen.
22 Am Kosttor 2
Tel. 22 66 61
Tram 19, 27
Tgl. 22–4 Uhr
5 DM, Fr, Sa 10 DM Eintritt
Bier und Sekt 6,50 DM
(→ Karte S. 209)

Jacky O Hier verkehrt die sogenannte gehobene Klasse.
81 Rosenkavalierplatz 12
Tel. 910 12 22
Tgl. außer Mo 22–4 Uhr
Drink ab 12 DM

Nachtcafé → Der gute Tip S. 123

P 1 Die über 30 Jahre alte Traditionsdiskothek ist seit der Übernahme durch den Gastronomensohn Michael Käfer zu einer der begehrtesten Top-Diskotheken geworden. 300 Gäste werden an insgesamt vier Bars versorgt. Die Diskjockeys sorgen dafür,

daß Top-Songs zuerst im P 1 und danach in den Hitlisten auftauchen. Im Sommer wird zusätzlich im Freien vor dem Hintergrund des Englischen Gartens eine romantische Terrasse aufgebaut (400 Plätze). Die Terrasse ist bei schönem Wetter bis 3 Uhr geöffnet. Einlaß nicht für jedermann.
22 Prinzregentenstr. 1
Tel. 29 42 52
Bus 54
Tgl. 23.30–4 Uhr morgens
Drink ab 16 DM
(→ Karte S. 209)

Park-Café Noch vor kurzem wurde in dem schönen alten Raum schwungvoll Walzer getanzt – jetzt richten vier Scheinwerfer ihr Licht auf Hipster und Schickis. Teilweise sehr ausgefallene Musik. Guter Platz!
2 Sophienstr. 7
Tel. 59 83 13
Tgl. 22.30–4 Uhr morgens
Fr und Sa 15 DM Eintritt
(→ Karte S. 209)

Sunset Lockere Atmosphäre, gemischtes Publikum.
40 Leopoldstr. 69
Tel. 39 03 03
Tgl. 20–4 Uhr
Drink ab 15 Mark

Tanzlokal Größenwahn Hier tanzen seit Jahren die Zeitgeist-Verliebten mit ehrgeizigen Journalistenschülern, Punks, Plateausohlenträgern und ein paar blondtoupierten Miezen. Viel Platz ist nicht, doch dafür kostet das Bier nur 5,50 Mark. Die drei Türsteher sind keine Zierde: Sie kümmern sich darum, daß das Tanzlokal nicht zu überfüllt ist und um Ruhe auf der Straße. Gute Tanzmusik.
5 Klenzestr. 43
Tel. 201 67 76
Tgl. 21–1 Uhr
Fr und Sa 21–2 Uhr
(→ Karte S. 209)

Treffpunkte für Sie

Mylord Die Dame tritt in ein großes Wohnzimmer mit offenem Kamin, schönen Möbeln und einer Bar, an der schon andere Damen sitzen. Herren werden allerdings nicht abgewiesen.
5 Ickstattstr. 2 a
Tel. 260 44 98
U-Bahn: Fraunhoferstr.
Tgl. 18–1 Uhr
Sa 18–3 Uhr
Drink um 12 DM
(→ Karte S. 209)

Nachtleben

Alter Simpl (→ Der gute Tip S. 53), 40 Türkenstr. 57	**1**
Ball der einsamen Herzen, 5 Klenzestr. 71	**16**
Cadillac, 5 Theklastr. 1	**11**
Charly M., 2 Maximilianspl. 5	**3**
Far out, 2 Am Kosttor 2	**8**
Harry's New York Bar, 2 Falkenturmstr. 9	**7**
Madrigal, 2 Herzog-Rudolf-Str. 1	**6**
Mylord, 5 Ickstattstr. 2 a	**14**
Nachtcafé (→ Der gute Tip S. 123), 2 Maximilianspl. 5	**4**
New York, 2 Sonnenstr. 25	**10**
P 1, 22 Prinzregentenstraße 1	**5**
Pop-As, 2 Thalkirchner Str. 2	**13**
Park-Café, 2 Sophienstr. 7	**2**
Tanzlokal Größenwahn, 5 Klenzestr. 43	**15**
Wunder Bar (→ Der gute Tip S. 123), 2 Hochbrückenstr. 3	**9**

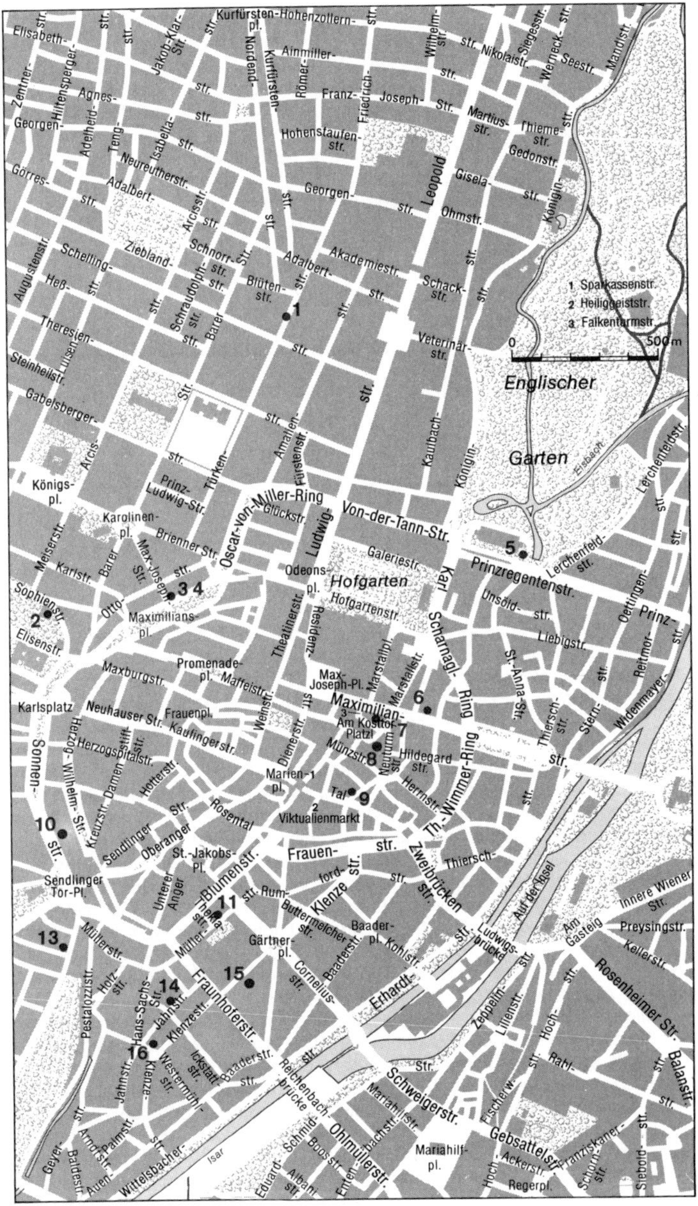
Kurfürsten-
Hohenzollern-
Elisabeth-
Ainmiller-
Nordend-
Kurfürsten-
Römer-
Franz-Joseph-Str.
Friedrich-
Wilhelm-
Nikolaistr.
Siegesstr.
Werneck-
Seestr.
Mandlstr.
Zentner-
Hiltensperger-
Agnes-
Georgen-
Adelheid-
Teng-
Isabella-
Neureutherstr.
Hohenstaufen-str.
Martius-str.
Thieme-str.
Gedonstr.
Görres-
Adalbert-
Arcisstr.
Georgen-
Leopold
Gisela-
Ohmstr.
Königin-
Augustenstr.
Schelling-
Ziebland-
Schnorr-
Akademiestr.
Schack-str.
Heß-
Schraudolph-str.
Blüten-str.
Adalbert-
Barer
Theresien-
Luisen-
Veterinär-str.
Steinheilstr.
Gabelsberger-
Türken-
Amalien-
Fürstenstr.
Kaulbach-
Englischer Garten
Eisbach
Lerchenfeldstr.
Arcis-
Königs-pl.
Prinz-Ludwig-Str.
Oscar-von-Miller-Ring
Glückstr.
Ludwig-
Von-der-Tann-Str.
Karolinen-pl.
Brienner Str.
Max-Joseph-
Galeriestr.
Meiserstr.
Karlstr.
Odeons-pl.
Hofgarten
Hofgartenstr.
Karl Scharnagl-Ring
Prinzregentenstr.
Unsöld-str.
Oettingen-
Prinz-
Sophienstr.
Otto-
Maximilians-pl.
Residenz-
Theatinerstr.
Liebigstr.
Elisenstr.
Maxburgstr.
Promenade-pl.
Maffeistr.
Max-Joseph-Pl.
Marstallpl.
Marstallstr.
St.-Anna-Str.
Reitmor-
Widenmayer-
Karlsplatz
Neuhauser Str.
Frauenpl.
Weinstr.
Maximilian-
Am Kosttor
Platzl
Hildegard str.
Thiersch-
Stern-
Sonnen-
Herzog-Wilhelm-Str.
Herzogspitalstr.
Kaufingerstr.
Dienerstr.
Münzstr.
Neuturm-str.
Th.-Wimmer-Ring
Damenstift-
Hotterstr.
Marien-pl.
Tal
Herrnstr.
Kreuzstr.
Rosental
Viktualienmarkt
Sendlinger
Oberanger
St.-Jakobs-Pl.
Frauen-str.
Zweibrücken-str.
Thiersch-
Sendlinger Tor-Pl.
Unterer Anger
Blumenstr.
Rumford-str.
Klenze-str.
Auf der Insel
Innere Wiener Str.
Preysingstr.
Am Gasteig
Thalkirchner
Buttermelcher-str.
Baader-pl.
Kohlstr.
Ludwigsbrücke
Keller-str.
Müllerstr.
Müller-
Gärtner-pl.
Baaderstr.
Rosenheimer Str.
Holz-str.
Hans-Sachs-Str.
Fraunhoferstr.
Corneliusstr.
Erhardt-
Zeppelin-
Lilienstr.
Hoch-
Pestalozzistr.
Jahnstr.
Klenzestr.
Rahl-
Balanstr.
Westermühl-
Ickstatt-
Baaderstr.
Reichenbachbrücke
Schweigerstr.
Mariahilfstr.
Arndtstr.
Palmstr.
Geyer-
Baldestr.
Auen-
Wittelsbacher-
Isar
Eduard-Schmid-
Albani-
Ohlmüllerstr.
Entenbachstr.
Mariahilf-pl.
Gebsattelstr.
Ackerstr.
Regerpl.
Franziskaner-
Schornstr.
Siebold-
1 Sparkassenstr.
2 Heiliggeiststr.
3 Falkenturmstr.
0
500 m
1
2
3 4
5
6
7
8
9
10
11
13
14
15
16

Treffpunkte für Ihn

Pop As Carlos ist in der Münchner Schwulenszene bekannt für seine Ausdauer, hinter der Theke immer ein freundliches Wort an seine Gäste zu richten. Ein Lokal, wo »er« sich wohl fühlt und Kontakte knüpfen kann. Die Karte hat zivile Preise vom Pils oder Hannen Alt vom Faß bis zum Longdrink.
2 Thalkirchner Str. 12
Tel. 260 91 91
U-Bahn: Sendlinger Tor
Tgl. 20–1 Uhr nachts
(→ Karte S. 209)

New York Der »Club NY« ist eine Disko, wo »er« ganz unter sich sein kann. Es ist allerdings nicht ganz einfach, hineinzukommen.
2 Sonnenstr. 25
Tel. 59 10 56
U-Bahn: Sendlinger Tor
Tgl. 23–4 Uhr nachts
(→ Karte S. 209)

Notrufnummern

Feuerwehr	112
Polizei	110
Notarzt	112

Öffentliche Verkehrsmittel

Verglichen etwa mit London oder Paris verfügt die bayerische Landeshauptstadt über ein selten kompliziertes System öffentlicher Verkehrsmittel.
Die öffentlichen Verkehrssysteme (U-Bahn, S-Bahn, Straßenbahn und Busse) sind im Münchner Verkehrs- und Tarifverbund (MVV) zusammengeschlossen, was bedeutet, daß all diese Verkehrsmittel mit dem gleichen Fahrschein zum einheitlichen Tarif benutzt werden können. Auf den Bahnhöfen und an den Haltestellen für Bus und Straßenbahn können Sie sich anhand von Fahrplanverzeichnissen über Richtung, Entfernung und den Fahrpreis orientieren.
Das Tarifgebiet des Münchner Verkehrsverbundes ist in Zonen unterteilt. Diese Zonen sind die kreisförmigen Flächen im Tarifschemaplan. Der Fahrpreis richtet sich nach der Zahl der Zonen, die man durchfährt. An den blauen Automatenschaltern (in den Bahnhöfen der S- und U-Bahn oder an den Straßenbahnhaltestellen) können Sie eine Einzelfahrkarte, die Kleine Streifenkarte (blau) oder die Große Streifenkarte (blau) ziehen: am Automaten entsprechende Wahltaste für die Einzelfahr- oder Streifenkarte drücken, dann leuchtet über dem Geldeinwurfschlitz der Preis auf. Den Betrag muß man in Münzen einwerfen; manche Automaten akzeptieren Scheine und wechseln Geld.
Benötigen Sie für Ihre Fahrt etwa zwei Zonen, so müssen Sie auch zwei Streifen der Kleinen oder Großen Streifenkarte (mit dem Pfeil nach vorn) entwerten – das heißt, an einem automatischen Fahrscheinentwerter am Eingang zum U- und S-Bahn-Netz, in den Straßenbahnen und in den Bussen abstempeln. Nicht vergessen! Ihr Fahrschein wird sonst als ungültig erklärt und das Versäumnis mit 60 DM im Falle einer – nicht seltenen – Kontrolle geahndet. Übrigens verkaufen die Bus- und Straßenbahnfahrer Tickets auch direkt im Wagen.
Für Kurzstrecken wird nur ein Streifen der blauen Streifenkarte entwertet. Was als Kurzstrecke gilt, steht an jeder Haltestelle. Eine Kurzstrecke mit dem

Einzelfahrschein kostet 1,30 DM, eine Fahrt im Stadtgebiet 2,50 DM. Günstiger sind Mehrfahrtenkarten: für Erwachsene (ab 15 Jahren) mit 10 Streifen zu 10 DM, Kinderstreifenkarte (4–14 Jahre) mit 10 Streifen 8 DM.
Für zahlreiche Fahrten, beispielsweise für Besucher, die München intensiv und preiswert kennenlernen wollen, gibt es die »Tageskarte«, auch »Touristenkarte« genannt. Mit diesem Fahrschein können zwei Erwachsene (ab 18 Jahren) bis zu drei Kinder bzw. Jugendliche (4–18 Jahre) und ein Hund fahren. Machen die anderen Rast, kann ein Unternehmungslustiger mit diesem Ticket auch allein weiterreisen, falls er mindestens 16 Jahre alt ist. Von Montag bis Freitag gilt die Touristenkarte – um den Berufsverkehr zu entlasten – erst ab 9 Uhr. Samstags sowie an Sonn- und Feiertagen ist die Touristenkarte ganztägig gültig. Im Innenraum Münchens kostet die Tages- bzw. Touristenkarte nur 8 DM. Für das Gesamttarifgebiet werden 16 DM kassiert. Das Gesamtgebiet reicht bis nach Starnberg, Herrsching und Tutzing, bis Fürstenfeldbruck, Geltendorf, Holzkirchen, Aying und Ebersberg, in nördlicher Richtung bis Nannhofen, Petershausen, Freising, Kieferngarten, Ismaning und Erding. Kinder zwischen dem 4. und dem vollendeten 14. Lebensjahr können ebenfalls eine ganztägig geltende Touristenkarte zu den oben genannten Konditionen lösen. Sie kostet im Innenraum 2,50 DM, für das Gesamttarifgebiet 4,50 DM (Gültigkeit der Tarife ab Nov. 1991).
Touristenkarten sind beim Fremdenverkehrsamt, in allen Mehrfahrtenkartenautomaten und bei rund 250 privaten Verkaufsstellen in der Innenstadt und der Region erhältlich.
Das U-Bahn-Netz umfaßt sechs Linien: Die U 1 zwischen Rotkreuzplatz und Innsbrucker Ring, die U 2, die vom Olympiazentrum nach Neuperlach-Süd führt, die U 3 vom Olympiazentrum nach Fürstenried/West, die vom Arabellapark zum Laimer Platz führende U 4, die U 5, die zwischen dem Laimer Platz und Neuperlach-Süd verkehrt, sowie die U 6, die zwischen Kieferngarten und Holzapfelkreuth pendelt.
Die S-Bahn (134 Stationen in Stadt und Region) verbindet den Hauptbahnhof im Westen Münchens mit dem Ostbahnhof. Sternförmig führen die S-Bahn-Linien 1–10 in die umliegenden Regionen und Vororte.
(→ Karte Umschlag-Innenseite vorne)

Polizei

Bei Diebstahl etwa im Hotel oder auf der Straße wende man sich an die zuständige Polizeiinspektion im jeweiligen Viertel der Stadt:

Polizeipräsidium München
2 Ettstr. 2
Tel. 214–1
Kriminaldauerdienst: 214–71 21

München-Nord:
– 11 Altstadt
2 Hochbrückenstr. 7
Tel. 21 18–1
– 12 Maxvorstadt
2 Türkenstr. 3
Tel. 231 90 60
– 5 Schwabing
40 Johann-Fichte-Str. 6
Tel. 36 08 10
– 14 Milbertshofen
45 Knorrstr. 139
Tel. 31 40 10
– 15 Oberschleißheim
Hofkurat-Diehl-Str. 9
Tel. 315 16 54

München-Ost:
– 22 Bogenhausen
80 Holbeinstr. 9
Tel. 92 39–1

– 21 Au
Am Neudeck 1
Tel. 623 00 30
– 24 Trudering
82 Bajuwarenstr. 136
Tel. 420 90 60
– 25 Riem Flughafen
82 Töginger Str. 400
Tel. 90 80 27
– 23 Giesing
90 Chiemgaustr. 2
Tel. 690 07 41
– 26 Ismaning
Hauptstr. 17
Tel. 96 48 94
– 27 Haar
Rechnerstr. 11 k
Tel. 46 20 11
– 28 Ottobrunn
Robert-Bosch-Str. 2
Tel. 608 00 20

München-Süd:
– 34 Forstenried
71 Drygalski-Allee 33
Tel. 78 60 91
– 32 Sendling
70 Treffauer Str. 56
Tel. 76 99 90
– 31 Westend
2 Beethovenstr. 5
Tel. 51 40 60
– 33 Laim
21 Rapotostr. 1
Tel. 57 92–1
– 35 Unterhaching
Ottobrunner Str. 7
Tel. 611 40 46
– 36 Grünwald
Auf der Eierwiese 9
Tel. 641 70 51
– 37 Pullach
Margarethenstr. 15
Tel. 793 06 37

München-West:
– 41 Hauptbahnhof
2 Arnulfstr. 1
Tel. 214-1
– 42 Neuhausen
2 Erzgießereistr. 2
Tel. 52 60 24
– 43 Olympiapark
40 Moosacher Str. 77
Tel. 354 04-1
– 44 Moosach
50 Puchheimer Str. 14
Tel. 149 96-1
– 45 Pasing
60 Planegger Str. 4
Tel. 82 09 10
– 46 Planegg
Josef-von-Hirsch-Str. 1a
Tel. 857 79 78

Polizeinotruf Tel. 110

Post → Telefonieren und Post S. 235

Reisezeit

An dieser Stelle sei auf eine echte Münchner Wetter-Spezialität hingewiesen: Wenn die Fernsicht besonders klar, der Himmel tiefblau, von München aus die Berge zum Greifen nahe sind und das Herz des Touristen bei diesem »wunderbaren Wetter« hüpft, runzelt der Münchner die Stirn, klagt über Migräne und Müdigkeit und gibt sich unkonzentriert im Straßenverkehr: Der Föhn macht ihm zu schaffen. Diese berühmt-berüchtigte Wettererscheinung ist ein trockener, warmer, sehr böiger Wind, der von der Leeseite von Gebirgen weg weht. »Dieser Teufelstaifun ist eine Münchner Erfindung . . . Am meisten befallen werden von dieser flüchtigen Seuche gerade die treuesten Söhne unserer Stadt. Die nachgewiesenen Ureinwohner nämlich. Und sie unterscheiden sich in drei exakte Gruppen: in die ›Vorföhner‹, die schon viele Stunden, bevor Beelzebub seinen lauwarmen Odem von den Bergen herunterbläst, leiden müssen. Dann in die ›Hauptföhner‹, denen die böse Brise direkt ins Gesicht blasen muß, daß sie was spüren. Und in die ›Nachföhner‹, eine besonders unglückliche Sorte von Spätzündern, die erst dann befallen werden, wenn die anderen schon wieder normal sind« (Sigi Sommer). Unter »Föhnempfindlichkeit« beginnen allerdings normalerweise erst Leute zu leiden, die seit sieben Jahren und mehr in Oberbayern leben. Daß der tückische Südwind nur an ungefähr acht Tagen im Jahr ins Flachland bläst, wie aus wissenschaftlichen Kreisen unlängst verlautete, wird vielen Münchnern noch mehr Kopfschmerzen bereiten als der Föhn selbst: Die beliebte, so gut wie alles entschuldigende Ausrede muß seither sparsamer dosiert werden.

Reisewettervorhersage: Tel. 116 00

Rundfunk und Fernsehen

Der Bayerische Rundfunk hat seinen Sitz in München. Der Hörfunk ist im imposanten Hochhaus am Rundfunkplatz untergebracht, die Fernsehredaktion und Studios befinden sich in Freimann und Unterföhring.

Sehr viele Sendungen sowohl im Radio als auch im Fernsehen befassen sich mit bayerischen Themen und bringen volkstümliche Musik und Unterhaltung. Brisante politische Sendungen sind rar gesät, die »schwarzen« Medienmächtigen in den Chefetagen der Münchner Funk- und Fernsehanstalt wachen streng über das Programm, und als »rot« gilt schnell, was mit der CSU-Linie nicht konform geht. Die populärste Sendung für Informationen aus Bayern ist die »Münchner Abendschau« im Fernsehen. Allabendlich greift sie ein Thema aus den Bereichen Politik, Kultur oder Sport auf. Besonders beliebt sind bürgernahe Live-Sendungen wie etwa »Der direkte Draht«, das »Bürgerforum« oder »Jetzt red i«. Hier werden Diskussionen mit Bürgern zu einem bestimmten Thema direkt übertragen. Jeden Donnerstag wird über neueste kulturelle Ereignisse in Bayern berichtet: Theateraufführungen, Filme und Konzerte werden kritisch gewürdigt.

In der Reihe »Unter unserem Himmel« sendet das Bayerische Fernsehen Spiel- und Dokumentarfilme aus dem Alpenvorland, dazu rechnen auch die Schweiz, Südtirol und Österreich: Häufig kann man alte Filme mit Hans Moser, Theo Lingen oder Paul Hörbiger sehen. Zu dieser Reihe gehört auch der »Komödienstadl«. Dokumentarfilme über das Alpenvorland, wie etwa »Das Antlitz eines Flusses« oder »Der Watzmann«, oder Filme über alte Sitten und Gebräuche wie »Die Tracht von Miesbach« oder »Die Landshuter Fürsten« berichten von einer Landschaft, die in Bayern »Zwischen Spessart und Karwendel« heißt.

Natürlich floriert in der Landeshauptstadt auch der private Rundfunk. Die Lokalprogramme der Kabelfernsehanstalten Sat1, RTL plus und Tele 5 gelangen im Großraum München via Antenne auf den Bildschirm. Ein rein Münchner Programm strahlt TV Weiß-Blau aus, bei dem der Name Programm und Franz Georg Strauß, Sohn des ehemaligen bayerischen Ministerpräsidenten, Gründer ist. Um die Gunst der Radiohörer wetteifern mehr Privatsender, als es freie Frequenzen gibt. Manche Anstalten müssen sich daher eine Wellenlänge teilen und senden abwechselnd. Zu den größeren Münchner Privatradios gehören Radio Gong 2000, Radio Xanadu, Radio M1 und Radio Charivari, außerdem gibt es »Antenne Bayern«, die man landesweit empfangen kann.

Sehenswürdigkeiten

Brunnen

Hubertusbrunnen Erbauer dieses Brunnens (1903/07) war Adolf von Hildebrand. Der Pavillon mit dem Hirsch des heiligen Hubertus und dem Wasserbecken stand ursprünglich vor dem Nationalmuseum und wurde von dort 1954 an das Ende des Nymphenburger Kanalbassins übertragen. Dem schwungvoll überkuppelten Brunnentempel schließen sich an den Ecken flachrunde Anbauten mit vier Bronzestatuen in diagonal gestellten Nischen an (Waldfrau, beutebeladener Jäger, Bogenschütze, amazonenhafte Jägerin). Im Brunnenbau Hildebrands verbindet sich eine neubarocke Architektur mit klassischer Plastik. Schöner Blick auf die Nymphenburger Schloßanlage.
19 Waisenhaussstr./Ostende des Nymphenburger Kanals
Bus 83, 177

Karl-Valentin-Gedenkbrunnen → Der gute Tip: Viktualienmarkt S. 78
Liesl-Karlstadt-Gedenkbrunnen → Der gute Tip: Viktualienmarkt S. 78

Perseusbrunnen Der Perseusbrunnen (um 1592) in der Mitte des wunderschönen Grottenhofes (1581 bis 1586) in der Residenz ist eine der großartigsten Schöpfungen des niederländischen Künstlers Hubert Gerhart (1550–1622). Die Renaissance-Anlage, die mit mythologischen Figuren wie Perseus, Apollo und Vulkan verziert ist und den unheimlichen griechischen Mythos von Perseus und Medusa darstellt, geht auf einen Entwurf von Friedrich Sustris (1540 bis 1599) zurück.
Grottenhof der Residenz
U-Bahn: Odeonspl.
(→ Karte S. 217)

Weiß-Ferdl-Gedenkbrunnen → Der gute Tip: Viktualienmarkt S. 78
Wittelsbacher Brunnen am Lenbachplatz → Der gute Tip S. 73

Wittelsbacher Brunnen in der Residenz Im Brunnenhof der Residenz steht der Wittelsbacher Brunnen, eine Anlage, die zwischen 1611 und 1614 von Hubert Gerhart geschaffen wurde. Majestätisch erhebt sich auf einem hohen Sockel eine Bronzefigur Ottos von Wittelsbach, die wahrscheinlich Hans Krumper (1570–1634) um 1610/20 schuf. Zu Füßen der Bronzefigur lagern vier Flußgötter, die vier bayerische Flüsse (Donau, Lech, Isar, Inn) verkörpern. Auf den diagonalen Achsen des Brunnens stehen vier Götterfiguren als Allegorien auf die vier Elemente: Ceres für Erde, Vulkan für Feuer, Neptun für Wasser und Juno für Luft.
Residenz
2 Residenzstr. 1, Eingang vom Max-Joseph-Pl.
U-Bahn: Odeonspl.; Tram 19, 27
(→ Karte S. 217)

Denkmäler und Monumente

Bavaria → Der gute Tip S. 81

Feldherrnhalle Die Feldherrnhalle bildet den Übergang von Münchens Altstadt zur Neustadt. Der Bau wurde 1841/44 nach dem Vorbild der Florentiner Loggia dei Lanzi von Friedrich von Gärtner (1792–1847) geschaffen. Die raumoffene, dreibogige Halle mit dem kronenartigen Kranzgesims und einer breit gelagerten Freitreppe steht auf einem hohen Podest und fängt den monumentalen Zug der königlichen Ludwigstraße auf. In den

Arkadenbögen stehen die bronzenen Denkmäler des Fürsten Karl Wrede (1767–1838) und des Grafen Tilly (1559–1633), die Ferdinand von Miller nach Entwürfen von Ludwig Schwanthaler goß.
»Berühmt« wurde das Monument nach Hitlers »Marsch auf die Feldherrnhalle« am 9. November 1923 – seinem ersten (gescheiterten) Umsturzversuch.
2 Odeonspl.
U-Bahn: Odeonspl.
(→ Karte S. 217)

Friedensengel Dieses städtebaulich dominierende Denkmal wurde anläßlich der 25jährigen Wiederkehr des Friedensschlusses von Versailles (1871) gestiftet und 1896/99 am östlichen Isarufer errichtet. Mit dem schwungvollen, goldenen Friedensengel (6 m hoch) an der Luitpoldbrücke, der von einer 23 m hohen Säule im korinthischen Stil getragen wird, ist der Prinzregentenstraße ein architektonisch und skulptural prachtvoller Höhepunkt gesetzt worden. Besonders schön ist die Treppen- und Brunnenanlage, die auf eine Idee Adolf von Hildebrands zurückgeht und 1891 von Jakob Möhl ausgeführt wurde.
Heute werden Terrasse und Denkmal als Einheit gesehen, obwohl die damals sogenannte »Prinzregententerrasse« zusammen mit der Luitpoldbrücke bereits 1891 entstanden ist, die Korenhalle mit Säule und Friedensengel aber erst zwischen 1896/99 von Max Heilmaier, Georg Pezold und Heinrich Düll errichtet wurde.
In die vier Ecksäulen der quadratischen Halle sind Medaillons mit Reliefporträts deutscher Kaiser, bayerischer Herrscher und bekannter Persönlichkeiten (Bismarck, Moltke, Roon, von der Tann, Hartmann und Pranckh) eingearbeitet. Die feinen Karyatiden zwischen den Pfeilern wurden denen der Korenhalle auf der Akropolis in Athen nachgebildet. Bei Restaurierungsarbeiten wurde der Friedensengel leider so schwer beschädigt, daß er jahrelang nicht auf seinen »himmlischen« Platz zurückkehren konnte. Inzwischen leuchtet er wieder in alter Pracht – und neuem Gold – dem Besucher schon von weitem entgegen.
80 Prinzregentenbrücke
Bus 53

Mariensäule Die Mariensäule ließ Kurfürst Maximilian I. (1597–1651) als Erinnerung an die Schlacht vom Weißen Berg bei Prag und aus Dankbarkeit für die Verschonung der beiden Hauptstädte des Kurfürstentums, München und Landshut, von der Brandschatzung durch die Schweden während des Dreißigjährigen Krieges auf dem Marienplatz errichten. Sie wurde am 8. November 1638 geweiht. Die feingliedrige Muttergottes, die den Abschluß des (über 11 m hohen) Monolithen mit korinthischem Kapitell bildet, ist eine schöne Renaissance-Schöpfung (1595) des niederländischen Bildhauers Hubert Gerhart. Mit Krone und Zepter in ihrer Rechten, das segnende Christuskind mit der Weltkugel auf dem linken Arm, den Fuß auf der Mondsichel, thront die Madonna als Segen und Liebe spendende göttliche Schutzpatronin über der Stadt München. Die geflügelten Genien zu Füßen der Marienfigur kämpfen gegen Hunger, Pest, Krieg und Ketzerei.
2 Marienpl.
S- und U-Bahn: Marienpl.
(→ Karte S. 217)

Obelisk Bauherr dieses 1833 auf dem Karolinenplatz zur Erinnerung an die 1812 im Rußlandfeldzug unter Napoleon gefallenen 30 000 Bayern errichteten Armeedenkmals war König Ludwig I. Der 29 m hohe, mit Erzplatten verkleidete Obelisk ist ein Werk des Architekten Leo von Klenze. Er trägt die Inschrift: »Den dreyssigtausend Bayern, die im Russischen Krieg den Tod fanden. Auch sie starben für des Vaterlands Befreyung.

Sehenswürdigkeiten

Kirchen

Errichtet von König Ludwig I. von Bayern.«
2 Karolinenpl.
U-Bahn: Königspl.; Tram 18
(→ Karte S. 217)

Patrona Boiariae In der Fassadennische der prunkvollen Westfassade der Residenz thront die »Patrona Boiariae«, die Muttergottes als Schutzpatronin Bayerns. Mit dieser Bronzefigur schuf der Hofbildhauer

Hans Krumper (1570–1634) 1616 ein bedeutendes Kunstwerk der Renaissance.

2 Residenzstr. 1
U-Bahn: Odeonspl.
(→ Karte S. 217)

Ruhmeshalle In den vierziger Jahren des 19. Jahrhunderts entstanden unter dem Bayernkönig Ludwig I. die sogenannten »Ruhmesbauten«, von denen eine die zwischen 1843/53 von Leo von Klenze auf der Theresienhöhe errichtete Ruhmeshalle ist – eine Gedenkstätte für »verdienstvolle Bayern« (für die größten Deutschen wurde die Walhalla bei Regensburg errichtet). 48 dorische Säulen tragen ein Gesims mit 92 Metopen (symbolische Darstellungen und Viktorien). Rechts und links der Halle (im Giebel: allegorische Figuren) schließt sich jeweils ein dreijochiger Flügelbau an. Vor der Ruhmeshalle steht die Kolos-

salfigur der »Bavaria« (→ Der gute Tip S. 81).
2 Theresienhöhe
U-Bahn: Goethepl.

Siegestor »Dem Sieg geweiht, im Krieg zerstört, zum Frieden mahnend« (Wilhelm Hausenstein). Das Siegestor (1843/52), nördlicher Abschluß der königlichen Ludwigstraße und ein Pendant zur Feldherrnhalle, ist den Siegen des bayerischen Heeres in den Befreiungskriegen von 1814/15 gewidmet. Der Triumphbogen wurde nach dem Vorbild des Konstantinbogens in Rom von Friedrich von Gärtner geschaffen. Bekrönt wird die dreitorige Anlage – deren Süd- und Nordfront durch vier vorgestellte Säulen mit korinthischen Kapitellen gegliedert sind – durch eine Bavaria aus Erz in einer Löwenquadriga. Tor und Figuren sind im Zweiten Weltkrieg ziemlich stark beschädigt worden.
40 Zwischen Ludwig- und Leopoldstr.
U-Bahn: Universität
(→ Karte S. 217)

Friedhöfe

Südlicher Friedhof Als äußeren »Freithof« ließ 1563 Albrecht V. an dieser Stelle einen Gottesacker für arme Leute anlegen, auf dem, als um 1634 der Schwarze Tod unzählige von Münchnern dahinraffte, auch die Pesttoten bestattet wurden. Als man dann unter Kurfürst Karl Theodor um 1789 die Friedhöfe der Innenstadt aufhob und die Überreste der dort Begrabenen in einem Massengrab beisetzte, wurde der Südliche Friedhof vor dem Sendlinger Tor zum Hauptfriedhof der Stadt. Um 1670 wurde die 1578 von Albrecht V. errichtete Friedhofskapelle durch die kleine, tonnengewölbte St.-Stephans-Kirche mit ihren schönen Stukkaturen ersetzt. Friedrich von Gärtner schuf zwischen 1844/45 die Erweiterung des Friedhofs nach Süden.
Auf diesem »Camposanto« im Süden der Stadt liegen viele Persönlichkeiten des gelehrten und künstlerischen München des 19. Jahrhunderts: Lorenz Westenrieder, Franz Xaver Gabelsberger, Justus Liebig, Joseph Fraunhofer, Karl von Fischer, Leo von Klenze, Friedrich von Gärtner, Ludwig von Sckell, Ludwig Schwanthaler, Ferdinand von Miller, Wilhelm von Kaulbach, Moritz von Schwind, Karl Spitzweg, Ernst Possart und viele andere.
Ein Fresko an der Außenfassade der Sendlinger Kirche (auf dem Sendlinger Berg) schildert den vergeblichen Kampf der Bauern gegen die österreichischen Soldaten in der »Sendlinger Bauernschlacht« 1705. An der Friedhofsmauer brach der Widerstand der Bauern zusammen. Die Opfer hat man in einem Massengrab beigesetzt, das die Inschrift trägt: »Ihr Braven ruht schon lang im heilgen Frieden an diesem einsam gottgeweihten Ort, ein Sternenkranz ward eurer Treu beschieden, und Eure Thaten leben ewig fort.«
15 Thalkirchner Str./Kapuzinerstr.
Nordeingang am St.-Stephans-Pl.
U-Bahn: Sendlinger-Tor-Pl.; Bus 57

Gärten und Parks

Alter Botanischer Garten Diesen kleinen Stadtpark ließ Bayerns Kurfürst Karl Theodor zwischen 1808/14 von Ludwig von Sckell anlegen. Unter König Maximilian I. Joseph erhielt die Parkanlage das streng klassizistische Portal (von dem Portugiesen Joseph Emanuel von Herigoyen), die sogenannten kleinen Propyläen, die eine lateinische Widmung an den König

von Goethe tragen: »Die zerstreut aus dädalischer Erde sprießenden Blumen hat 1812 M. J. zusammengetragen.«
1854 wurde hier der Glaspalast errichtet, der 1931 abbrannte. Während der Hitler-Zeit entstand der von Joseph Wackerle entworfene Neptun-Brunnen (1933/35). Dem Parkcafé im Alten Botanischen Garten ist ein sehr schöner Biergarten angeschlossen.
2 Sophienstr. 7
S-Bahn: Karlspl.
(→ Karte S. 217)

Botanischer Garten Wußten Sie, daß in München Bananen wachsen, Ingwer und Vanille, Kautschuk- und Gespinstpflanzen, Schraubenbäume und Stelzwurzeln? Und Kannenpflanzen, die sich mit ihren Kannen Insekten fangen und dann verdauen? Und Bambusgräser, Brotfrucht- und Drachenbäume? Nördlich an den Nymphenburger Schloßpark grenzt der Botanische Garten an, einer der vielfältigsten und schönsten Botanischen Gärten Deutschlands. Sie können durch Gewächshäuser wandern, durch einen Alpenpflanzengarten, einen sogenannten Schmuckhof, den Rhododendronhof oder den Frühlingsgarten.
Der Botanische Garten wurde zwischen 1909 und 1914 von Karl von Goebel geplant und vom Gartenarchitekten Ullmann angelegt. In diesem Garten steht auch eins der schönsten Kaffeehäuser Münchens (→ Cafés: Botanischer Garten S. 161).
19 Menzinger Str. 65
Tel. 17 92–3 50
Tram 12
Tgl. 9–19 Uhr, Gewächshäuser 9 bis 11.45 und 13–18.30 Uhr
Eintritt 3 DM, Kinder frei
(→ Karte S. 220)

Englischer Garten → Der gute Tip S. 74
Hirschgarten → Der gute Tip S. 121
Hofgarten → Der gute Tip S. 71

Olympiapark In vier Kilometer Entfernung vom Stadtkern liegt der für die XX. Olympischen Sommerspiele 1972 auf dem Oberwiesenfeld errichtete Olympiapark (Architekten: H. Behnisch und Partner). In einer bis dahin unattraktiven Gegend, dort, wo die Trümmer des Zweiten Weltkriegs zu einem kleinen Berg aufgehäuft wurden, entstand innerhalb von drei Jahren eine Landschaft, die mit ihren Alleen, Grünflächen, Fußgängerbrücken, Hügeln (der höchste ist der 52 m hohe Olympiaberg, jene erwähnte Schutthalde) und einem 86 000 qm großen künstlichen See alljährlich Hunderttausende von Besuchern anzieht. Treffpunkt und Schauplatz ist der sogenannte Coubertinplatz, der zwischen dem Olympiastadion und dem See liegt.
Olympiaturm: Der 290 m hohe, 52 500 Tonnen schwere Münchner Fernseh- oder Olympiaturm ist eine der höchsten Stahlbetonkonstruktionen Europas. Sein Fundament hat einen Durchmesser von 40 Metern. In ca. 190 m Höhe befindet sich ein Aussichtskorb mit einer Plattform und einem Drehrestaurant (bietet ca. 200 Gästen Platz), das mit zwei Aufzügen für je 30 Personen zu erreichen ist. Von hier oben hat der Besucher einen hervorragenden Blick über das Olympia-Gelände und die Stadt.
Olympiastadion: Das Stadion faßt 80 000 Zuschauer (48 000 Sitzplätze, 32 000 Stehplätze). Die westlichen Tribünen des Stadions sowie Olympiahalle und Olympia-Schwimmhalle werden von einem 74 800 Quadratmeter großen Zeltdach überdacht (Netzdach aus Stahlseilen mit Acrylglasabdeckung, 169 Betonfundamente, bis 81 m hohe Pylonen).
Olympiahalle: Die Halle faßt rund 14 000 Zuschauer (11 000 Sitzplätze). Sie verfügt über eine Arena von 45 × 90 m. Die Halle dient Sportveranstaltungen, aber auch Kongressen, Ausstellungen und Konzerten.

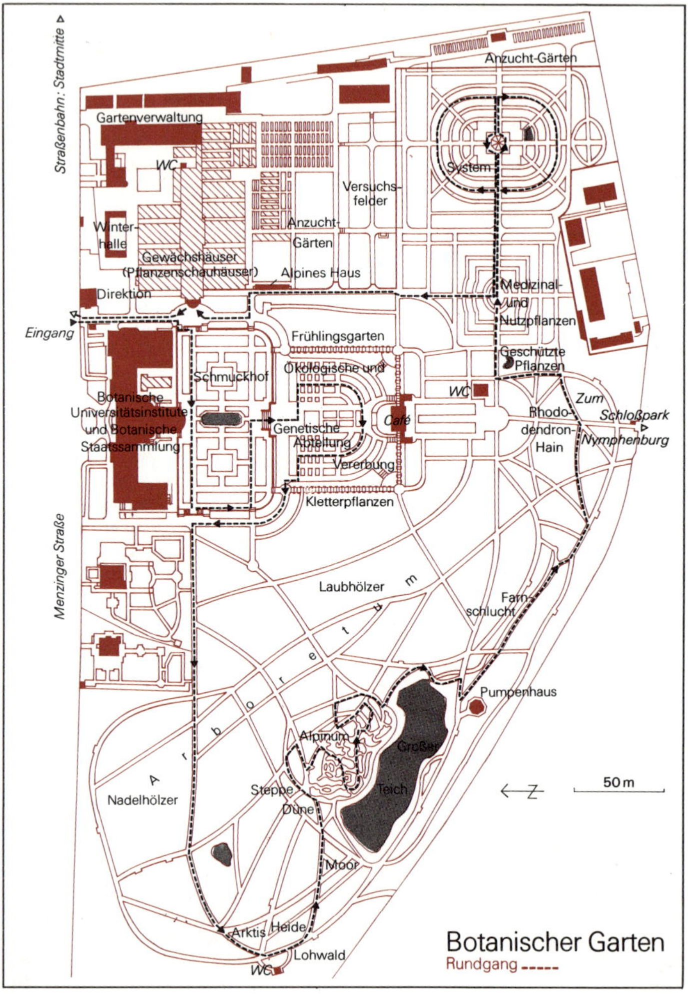

Olympia-Schwimmhalle: 5 Schwimmbecken: das Wettkampfbecken (50 × 21 m), das Springbecken (21 × 20 m) sowie ein Trainingsbecken, ein Lehrschwimmbecken und ein kleines Aufwärmbecken. Hier haben 1900 Zuschauer Platz. Das Bad wird als Europas schönstes Garten-Hallenbad bezeichnet.

Olympia-Radstadion: Es bietet 5100 Sitzplätze, die einschließlich der genau 285,714 m langen Radrennbahn (3,5 Runden = 1 km) überdacht sind.

Eissportstadion mit Eislaufzelt: Das Stadion hat eine Eisbahn von 30 × 60 m, das Eislaufzelt eine Eisfläche von 45 × 60 m.
U-Bahn: Olympiazentrum

Auskunft für sämtliche Veranstaltungsorte:
Münchner Olympiapark GmbH
Tel. 3 06 13–1
Kartenvorverkauf Tel. 3 06 13–5 77

Häuser und Paläste

Alte Münze (Münzhof) Die im Auftrag Albrechts V. als »fürstlicher Marstall« vom Hofbaumeister Wilhelm Egckl zwischen 1563/67 errichtete Alte Münze ist das älteste Renaissance-Haus Münchens. In diesem Gebäude, durch einen gedeckten Gang mit dem Alten Hof verbunden, wurden später die Bibliothek und die »Kunstkammer« des Herzogs untergebracht. Bis auf den architektonisch bedeutsamen Renaissance-Innenhof mit seinen Laubengängen, der zu den größten Leistungen der süddeutschen, von Italien beeinflußten Profanbaukunst gezählt wird, ist von der Münze nichts erhalten geblieben. Die klassizistische Westfassade mit der komponierten Giebelgruppe von Franz Schwanthaler wurde um 1809 gestaltet. In der frisch renovierten Alten Münze residiert mittlerweile ganz standesgemäß das Bayerische Landesamt für Denkmalpflege. (→ Spaziergänge S. 231)
22 Hofgraben 4
S- und U-Bahn: Marienpl.
(→ Karte S. 217)

Alte Pinakothek → Museen S. 202

Alter Hof Der im Zentrum der Altstadt gelegene Alte Hof oder auch die »Alte Veste« war die erste Burg der Wittelsbacher, eine Zwingburg mit Gräben und Toren an der Nordostecke der Stadt Heinrichs des Löwen. 1253 wurde die Alte Veste die Stadtresidenz Ludwigs II. des Strengen (1253–1294) und ab 1328/1347 erster Kaisersitz Ludwigs des Bayern, der in der Burgkapelle die berühmten Reichskleinodien aufbewahren ließ.
Als ab 1385 die Wittelsbacher Herrscher mit der Errichtung der Neuveste (der späteren Residenz) begannen und dahin umsiedelten, wurde der Alte Hof fast nur noch als Verwaltungshof genutzt (ab zirka 1500). Nach mehrfachen Umbauten, Zerstörungen und Renovierungen blieb schließlich nur noch der gotische Flügel mit dem sogenannten »Affenturm« (um 1470) erhalten. Die Alte Veste mit ihrem stimmungsvollen, ruhigen Innenhof gehört zu den schönsten Sehenswürdigkeiten Münchens.
2 Burgstr. 8
S- und U-Bahn: Marienpl.
(→ Karte S. 217)

Altes Rathaus Das zum größten Teil zerstörte Alte Rathaus (1470 bis 1474) am Marienplatz ist ein Werk des gotischen Baumeisters Jörg von Halsbach (gen. Ganghofer, 1410–1488), der auch der Erbauer der Frauenkirche in München war. Über dem Torweg befindet sich der zwischen 1470/1475 entstandene spätgotische Saalbau, der als Fest- und Tanzsaal diente. Für diesen Rathaussaal hat Erasmus Grasser 1480 die weltberühmten Moriskentänzer geschnitzt, die heute im Stadtmuseum aufbewahrt werden. Der Saal wurde nach den Zerstörungen des Zweiten Weltkrieges vereinfacht wiederhergestellt. Erhalten blieb der Wappenfries mit 87 gemalten Wappen von Ulrich Fuetrer (1478) und sieben plastischen Wappen von Erasmus Grasser. Die Moriskentänzer sind Kopien der Originalfiguren Grassers.
Der Rathausturm wurde nach den schweren Zerstörungen getreu der

historischen gotischen Form von 1493 wiederaufgebaut.
Hier befindet sich jetzt das Spielzeugmuseum, eine Sammlung von Ivan Steiger.
2 Marienpl.
Spielzeugmuseum
Mo–Sa 10–17.30, So, Fei bis 18 Uhr
S- und U-Bahn: Marienpl.
(→ Karte S. 217)

Asam-Haus → Der gute Tip: Asamkirche S. 58

Erzbischöfliches Palais Erbauer dieses Adelspalais aus der Rokokozeit (1733/37) war François Cuvilliés d. Ä., der das kostbare Meisterwerk im Auftrag des Grafen Holnstein schuf, dem Sohn des Kurfürsten Karl Albrecht. Die repräsentative Rokokofassade mit der reichen Stuck-Dekoration wird in drei Achsen zu einer betonten Mitte zusammengefaßt.
Das Palais ist heute Sitz des Erzbischofs von München und Freising. Sehenswerter Hof. Das freskenverzierte Innere ist der Öffentlichkeit nicht zugänglich.
2 Kardinal-Faulhaber-Str. 8
S- und U-Bahn: Marienpl.; Tram 19, 27 (→ Karte S. 217)

Glyptothek → Der gute Tip S. 88

Haus zur Hundskugel Ein typisches, einfaches Bürgerhaus des 18. Jahrhunderts, in dem Bayerns berühmte Barockbildhauer J. B. Straub und Roman A. Boos ihren Künstlerwohnsitz hatten. Die dreistöckige Hundskugel war einst ein Stadel, der 1741 wahrscheinlich von J. M. Fischer umgebaut wurde. Über der linken Haustür das »Hauszeichen«: Sechs Hunde spielen mit einer Kugel. (→ Kurioses und Originelles S. 197)
2 Hackenstr. 10
S- und U-Bahn: Marienpl.
(→ Karte S. 217)

Hildebrand-Haus → Der gute Tip: Maria-Theresia-Straße S. 70

Lenbach-Villa → Der gute Tip S. 90

Leuchtenberg-Palais Bauherr dieses Stadtpalastes am Odeonsplatz war der Herzog von Leuchtenberg, Eugène Beauharnais, ein Stiefsohn Napoleons (Sohn aus 1. Ehe der Kaiserin Josephine) und seit 1805 Vizekönig von Italien. Verheiratet war er mit einer Tochter König Maximilians I. Joseph.
Das im Renaissance-Stil nach dem Beispiel des römischen Palazzo Farnese errichtete Leuchtenberg-Palais (1816/21), ein um einen großen Innenhof gebauter Hausblock, ist Leo von Klenzes erstes großes Bauwerk in München und das erste Gebäude der hier neu entstehenden Ludwigstraße. Das Gebäude wurde im Krieg bis auf die Umfassungsmauern zerstört, und ab 1963 unter der Leitung von Hans Heid und Franz Simm wieder aufgebaut. Heute ist der Stadtpalast Sitz des Bayerischen Finanzministers.
2 Odeonspl. 4
U-Bahn: Odeonspl.
(→ Karte S. 217)

Müllersches Volksbad → Der gute Tip S. 83
Nationaltheater → Der gute Tip: Bayerische Staatsoper S. 128
Neue Pinakothek → Der gute Tip S. 94

Neues Rathaus 24 Bürgerhäuser mußten dem Neuen Rathaus weichen, das zwischen 1867 und 1909 in drei Bauabschnitten im Auftrag des Magistrats der Stadt unter Leitung von Georg Hauberrisser im gotischen (Zuckerbäcker-)Stil entstand. Die fast 100 m lange Fassade des Neuen Rathauses ist reich geschmückt mit bayerischen Herrschern, Münchner Typen, Allegorien, Fratzen, Masken und Sagengestalten.
Das Glockenspiel im 80 m hohen Turm des Rathauses lockt täglich Hunderte von Menschen auf den Marienplatz: Um Punkt 11 und 21 Uhr

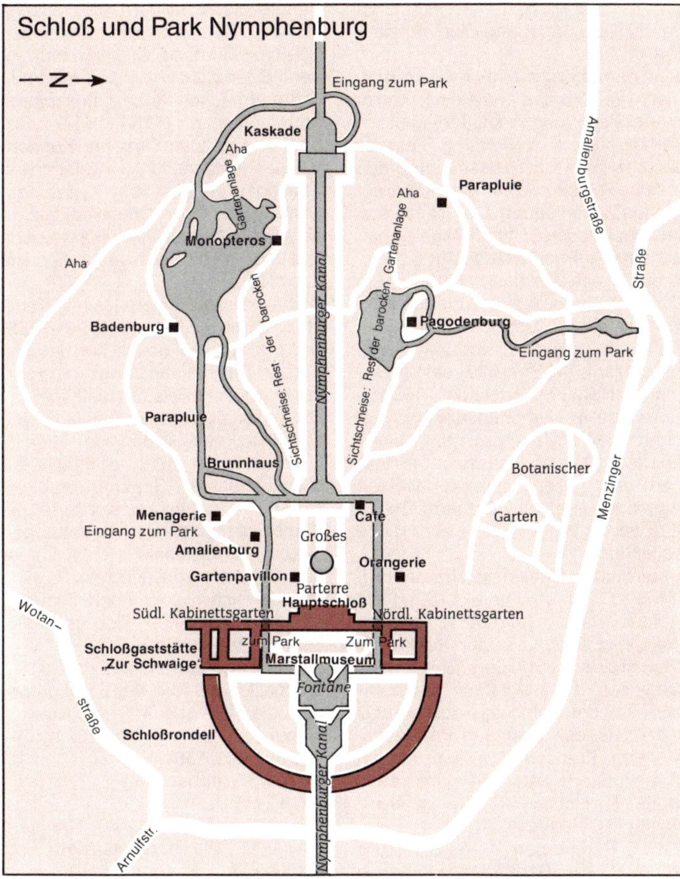

beginnen die 43 Glocken zu spielen, 32 fast lebensgroße Figuren bewegen sich dazu. Sie stellen ein Ritterturnier bei der Hochzeit Wilhelms V. mit Renata von Lothringen 1568 und den Tanz der Schäffler zum Ende der Pest im Jahre 1517 dar. Sehenswert: der Innenhof nach dem Vorbild gotischer Schloßhöfe mit Wendeltreppenturm, Stiegenhäusern und weitläufigen Treppenhallen.
2 Marienpl.
Tel. 2 33–1
S- und U-Bahn: Marienpl.
Öffentlich zugänglich Mo–Fr 7.30 bis 16 Uhr, Eintritt frei
(→ Karte S. 217)

Nymphenburg Im Westen der Stadt liegt, inmitten eines wunderschönen großzügigen Parks, Schloß Nymphenburg, das sich im Laufe von mehr als zweihundert Jahren fünf Generationen bayerischer Kurfürsten und Könige als Sommerresidenz im Stil italienischer Landvillen ausbauten.

Eine gemeinsame Mittelachse durchzieht die streng symmetrisch konzipierte Park- und Schloßanlage. Sie verlängert sich in Richtung Stadt als prächtige Allee, die den schnurgerade auf das Schloß zuführenden Kanal auf beiden Seiten säumt. Der Kanal läuft im Westen der Schloßanlage genau auf eine Marmorkaskade zu.

Ursprünglich war das Schloß nur ein Gartenpalazzo. Aus Freude über die Geburt ihres Sohnes Maximilian Emanuel schenkte Kurfürst Ferdinand Maria (1651–1679) seiner Gemahlin Henriette Adelaide 1663 die Schwaige in Nymphenburg und begann 1664 mit der Errichtung eines feudalen Gartenhauses nach den Plänen des italienischen Architekten Agostino Barelli. 1673 führte Enrico Zuccalli die Bauarbeiten weiter (1675 vollendet).

Unter Kurfürst Maximilian Emanuel II. (1679–1726) errichtete 1702–1704 Antonio Viscardi (und ab 1714–1716 Joseph Effner) die vier kubischen Wohntrakte zu beiden Seiten des Mittelteils. 1719 entstand als südlicher Teil des Schlosses der Marstall mit Kavalierswohnungen (Innenausstattung: François Cuvilliés, Johann Gunezrainer). Als Pendant dazu wurde im Norden die Orangerie errichtet (1723–1724).

Die Parkburgen Pagodenburg (1716–1719), Badenburg (1719 bis 1721) und die Magdalenenklause (1725) sind Werke von Joseph Effner. Ab 1728 kommen unter Kurfürst Karl Albrecht (1726–1745) der von François Cuvilliés gestaltete Rondellplatz mit Springbrunnen, zehn Wohnpavillons (1729–1758), die gärtnerische Anlage, der Kanal und die Allee zur Schloßanlage hinzu. Mit der von François Cuvilliés im Osten des Parks 1734–1749 errichteten Amalienburg (ein Jagdschlößchen für die Kurfürstin Amalie) entsteht eine der vollkommensten Schöpfungen des Rokoko. Kurfürst Maximilian III. Joseph (1745–1777) läßt den Steinernen Saal von François Cuvilliés und Johann Baptist Zimmermann mit Fresken und reichen Rokokostukkaturen ausschmücken (1755–1757). Der Saal wird zu einem Fest- und Konzertsaal umgestaltet. Unter Kurfürst Karl Theodor (1777–1799) wird der Schloßgarten der Öffentlichkeit zugänglich gemacht. Der Gartenarchitekt Ludwig von Sckell restauriert alle Fassaden.

Während der Regierungszeit König Maximilians I. Joseph (1799–1825) ließ Ludwig von Sckell die barocke Parkanlage in einen Landschaftsgarten englischen Stils umgestalten.

Die kubisch geformten Flügel zu beiden Seiten des Großen oder Steinernen Saals, in dem alljährlich die Nymphenburger Sommerfestspiele, das heißt klassische Konzerte bei Kerzenlicht, stattfinden, beherbergen diverse Vorzimmer, Schlafzimmer und Galerien. Im Südlichen Pavillon befindet sich die »Schönheitengalerie« Ludwigs I. (→ Der gute Tip: Schönheitengalerie S. 80)

Seit 1761 beherbergt ein Pavillon im nordöstlichen Teil des Schloßrondells die 1747 gegründete Porzellanmanufaktur von Nymphenburg (→ Einkaufen S. 156).

Schloß Nymphenburg
Tram 12; Bus 41
Tgl. außer Mo 9–12.30 Uhr und 13.30–17 Uhr (Hauptschloß und Amalienburg); im Winter ab 10 Uhr, ab 16 Uhr geschlossen.
Pagodenburg und Magdalenenklause: tgl. 10–12.30 Uhr und 13.30 bis 17 Uhr; im Winter geschlossen.
Eintritt: Gesamtkarte 4,50 DM
Schloß und Amalienburg: je 2,50 DM

Preysing-Palais Das an die Feldherrnhalle angrenzende, aristokratische Rokoko-Palais in der Residenzstraße ist einer der schönsten Münchner Stadtpaläste. Er wurde 1723 bis 1728 von Joseph Effner im Auftrag des Grafen von Preysing-Hohen-

aschau errichtet und auch von außen mit einer reichen Stuck-Dekoration versehen. Im Krieg wurde das Palais schwer zerstört, konnte jedoch von Erwin Schleich wiederaufgebaut werden. Besonders schön: das repräsentative Treppenhaus.
22 Residenzstr. 27
U-Bahn: Odeonspl.

Prinz-Carl-Palais Leider wird dieses frühklassizistische Meisterwerk durch die angrenzenden Straßen und einen unmittelbar unter dem Palais hindurchführenden Autotunnel in seiner Wirkung beträchtlich geschmälert.
Das Bauwerk, das zu den schönsten Münchens gehört, wurde 1803/11 von Karl von Fischer inmitten einer Grünanlage für den Minister Abbé von Salabert errichtet. Die Mitte des wohlproportionierten Gebäudes wird durch einen viersäuligen Portikus mit Giebel betont. 1825 zog Prinz Carl, ein zweiter Sohn Max Josephs I., in das Palais, das 1937 für Mussolini umgebaut wurde. Nach abermaligem Umbau und Restaurierung der historischen Räume ist es Sitz des Bayerischen Ministerpräsidenten. An das Palais grenzt eine zwei Hektar große Gartenanlage, der Alte Finanzgarten, der durch den Straßenbau ebenso stark beeinträchtigt wurde.
22 Königinstr. 1
Bus 53
(→ Karte S. 217)

Residenz Seit dem späten Mittelalter haben in der Residenz am Max-Joseph-Platz in ununterbrochener Folge (bis 1918) die Herzöge, Fürsten und Könige aus dem Hause Wittelsbach residiert. 1920 wurde das Schloß als »Residenzmuseum« der Öffentlichkeit zugänglich gemacht. Drei große Brände verwüsteten das Bauwerk im 17. und 18. Jahrhundert, im Zweiten Weltkrieg wurde es abermals schwer zerstört. 1946 begann der Wiederaufbau.
Unter Albrecht V. (1550–1579) wurde mit dem Antiquarium (1569–1571) der bedeutendste Renaissanceraum nördlich der Alpen geschaffen (Erbauer: Wilhelm Egckl). Es war für die römischen, griechischen und ägyptischen Kunstschätze des Herzogs und seine Bibliothek bestimmt (→ Der gute Tip S. 57). Wilhelm V. (1579 bis 1597) war der Bauherr des wunderschönen Grottenhofes mit dem Perseus-Brunnen in der Mitte (Architekt: Friedrich Sustris, → Brunnen S. 214) und dem Schwarzen Saal (1590). Eine der entscheidenden Erweiterungen erhielt die Residenz unter Kurfürst Maximilian I. (1597–1651) mit dem Residenztrakt an der Residenzstraße (Fassade 1611–1619): Aus der Mitte dieser Renaissance-Fassade tritt eine Marmornische mit der Patrona Boiariae von Hans Krumper (1616). Die Baumeister des Kurfürsten (Friedrich Sustris, Hans Krumper, Hubert Gerhart) errichteten die Gebäude zwischen Residenzstraße und Apothekenhof: die Hofkapelle (1601/03), die Reiche Kapelle, die allein für den Wittelsbacher Fürsten bestimmt war, den Brunnenhof (1610–1620) mit dem Wittelsbacher Brunnen (im Brunnenhof finden an warmen Sommerabenden die wunderbaren Serenadenkonzerte statt), die Kaisertreppe (1616) und den Vierflügelbau des Kaiserhofs (1611 bis 1619) mit dem »Steinzimmer« (1612 bis 1617) im Westtrakt.
Die Bauherren des Barock und Rokoko waren die Kurfürsten Ferdinand Maria (1651–1679), Karl Albrecht (1726–1745) und Max III. Joseph (1745–1777). Unter Leitung der genialen Baumeister Agostino Barelli, Enrico Zuccalli, Joseph Effner, François Cuvilliés, Johann Baptist Straub und Johann B. Zimmermann entstanden die Päpstlichen Zimmer (1665 bis 1667), die Reichen Zimmer und die Ahnengalerie (1726–1731). Mit dem von François Cuvilliés erbauten »Alten Residenztheater« (auch Cuvilliés-Theater) entstand das schönste Rokokotheater der Welt. Hier diri-

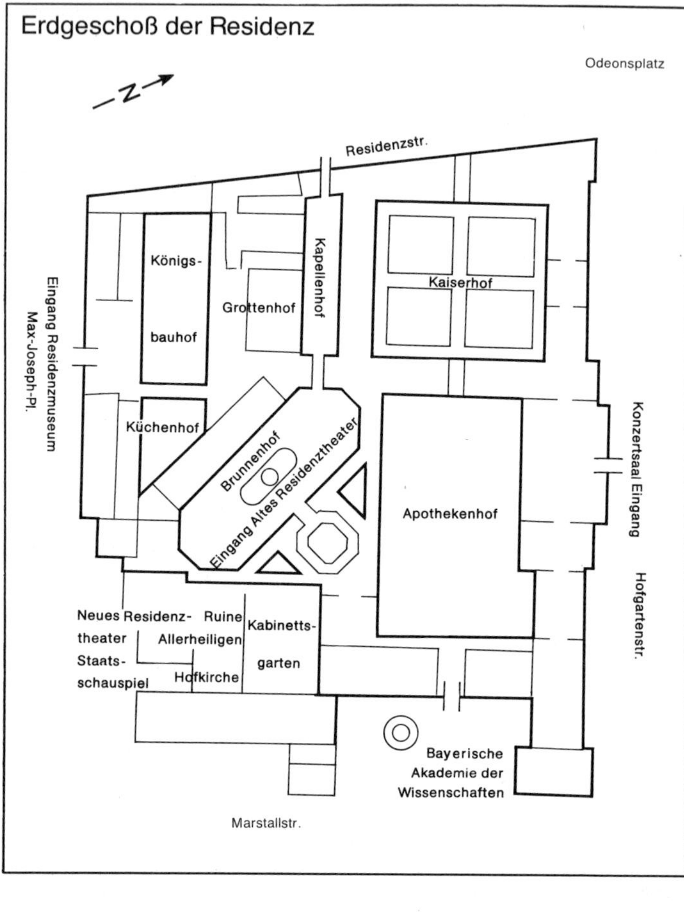

gierte 1781 Wolfgang Amadeus Mozart erstmals seine Oper »Idomeneo«. »Einzigartig, vollkommen ist – zumal bei Mozart-Opern – der Zusammenklang von Raumkunst, Theater und Musik« (N. Lieb).

Der leidenschaftliche Bauherr König Ludwig I. (1825–1848) hat der Residenz ihre endgültige Gestalt verliehen – kein anderer Herrscher vor ihm hat sich mit dem Aus- und Umbau der Anlage so sehr befaßt wie der bauwütige Ludwig. Es entstanden die berühmte Schatzkammer, die Nibelungensäle und die Porzellankammern. Im Auftrag des Königs schuf Leo von Klenze im Norden der Residenz den Festsaalbau (1832–1842) im Stil der Hochrenaissance mit dem Herkulessaal – dem schönsten Konzertsaal Münchens. Im Süden der Anlage entstand der Königsbau

(1826–1835) und im Osten die Allerheiligen-Hofkirche (1826–1837).

Residenz mit Residenzmuseum
22 Eingang Max-Joseph-Pl. 3
S- und U-Bahn: Marienpl.; Tram 19, 27
Tgl. außer Mo 10–16.30 Uhr
Eintritt 3,50 DM

Altes Residenztheater
Eingang Residenzstr. 1
U-Bahn: Odeonspl.
Mo–Sa 14–17 Uhr, So und Feiertage 10–17 Uhr
Eintritt 2 DM
(→ Karte S. 217)

Ruffinihäuser Dieser Geschäfts- und Bürohaus-Block steht auf einem fast dreieckigen Grundstück und wurde zwischen 1903/05 von Gabriel von Seidl erbaut. Das viergeschossige Haus mit seinen drei Straßenfronten ist mit reichem figürlichen, pflanzlichen und allegorischen Dekor geschmückt. Die Fassadengestaltung stammt von Philipp Widmer und J. Seidler, das Fresko mit der Darstellung des 1808 abgetragenen Ruffiniturms (ursprünglich Sendlinger Tor der 1. Stadtmauer) ist ein Werk von Wahler.
Rindermarkt 10/Rosental/Sendlinger Str. 1
S- und U-Bahn: Marienpl.
(→ Karte S. 217)

Stuck-Villa → Der gute Tip S. 76

Suresnes-Schlößchen Mitten in Schwabing liegt hinter einem hohen Gemäuer in einem kleinen Park das Suresnes- oder Werneckschlößl, ein 1713/18 von Johann Baptist Gunezrainer nach dem Vorbild des Schlößchens Suresnes bei Paris errichtetes, wunderschönes vorstädtisches Lustschloß, das sich der Kabinettsekretär Wilhelm bauen ließ. Noch heute sind zwei Räume mit frühklassizistischer Stukkatur erhalten. Das Schlößchen ist seit 1969 Tagungsstätte der Katholischen Akademie in Bayern.
40 Werneckstr. 1
U-Bahn: Münchner Freiheit

Törring-Palais Seit 1834 ist in diesem ehemaligen Stadtpalast der Familie Törring-Jettenbach, den die Brüder Ignaz Anton und Johann Baptist Gunezrainer 1747/54 errichteten, das Hauptpostamt untergebracht. Die zum Max-Joseph-Platz gerichtete Nordfassade wurde 1836 von Leo von Klenze verändert und mit einer offenen florentinischen Loggia der Gesamtwirkung des großzügigen, prächtigen Platzes angepaßt. Die Nordfassade konnte nach der Zerstörung 1944 nach den Plänen Klenzes unverändert wiederaufgebaut werden.
22 Residenzstr. 2
S- und U-Bahn: Marienpl.; Tram 19, 27
(→ Karte S. 217)

Weinstadl Der Weinstadl ist Münchens ältestes und schönstes gotisches Bürgerhaus. Das ehemalige Stadtschreiberhaus (zirka seit 1550) mit seinen großartigen Gewölben und Innenräumen wurde 1551 unter Leitung des Stadtmaurermeisters Hans Aernhofer neu gestaltet, 1944 stark beschädigt und zwischen 1962/63 nach alten Plänen wiederaufgebaut. Besonders schön ist der kleine Laubenhof mit Treppentürmchen. Reste der Fassadenmalerei wurden um 1961 entdeckt. 1991 wurde das ganze Haus restauriert.
2 Burgstr. 5
Tel. 290 40 44
S- und U-Bahn: Marienpl.
Tgl. 10.30–1 Uhr
(→ Karte S. 217)

Plätze

Gärtnerplatz Dieser sternförmige Platz wurde 1861/70 im Zentrum der im Süden Münchens gelegenen sogenannten »Isarvorstadt« angelegt, um eine Verbindung zwischen den umliegenden Wohngebieten mit der Altstadt und dem Viktualienmarkt herzustellen. Beherrscht wird dieser städtebaulich sehr gelungene Platz vom Gärtnerplatztheater, ein 1864/65 nach dem Vorbild des Nationaltheaters und nach Plänen von Franz Michael Reifenstuehl errichtetes »Volkstheater« in italienischer Neurenaissance.
U-Bahn: Fraunhoferstr.; Bus 52, 56

Karlsplatz oder Stachus Auf dem Stadtplan heißt er »Karlsplatz«, benannt nach dem Kurfürsten Karl Theodor, aber die Münchner nennen ihn »Stachus«, und niemand weiß ganz genau, wie diese Bezeichnung zustande gekommen ist. Einer Erklärung zufolge soll an dieser Stelle ein gewisser Eustachius Foederl im 18. Jahrhundert eine Wirtschaft betrieben haben. Die Bezeichnung »Stachus« kann jedoch auch von dem Wort »Stachel« kommen, wie man die Bolzen der Stachelschützen nannte, die einst vor dem Karlstor (um 1300 als Teil der damaligen Stadtmauer unter Ludwig dem Bayern errichtet) übten.
Der Stachus – mit unterirdischer Ladenstadt, S-Bahn-Station und Parkplätzen – ist einer der verkehrsreichsten Plätze Europas.
S-Bahn: Karlspl.; fast alle Trambahnen

Königsplatz Mit dem von Ludwig I. 1816 an Karl von Fischer in Auftrag gegebenen »königlichen Platz«, den die Tempelbauten Glyptothek (1816–1831 von Leo von Klenze), Antikensammlung (1838–1848 von Georg Friedrich Ziebland) und Propyläen (1846–1860 von Leo von Klenze) abgrenzen, erhielt München die schönste klassizistische Platzanlage jener »ludovizianischen« Epoche.
Der große quadratische, sehr hoheitsvolle Platz, der damals inmitten eines freien Feldes angelegt wurde, ist gänzlich nach den Idealen des griechenlandbegeisterten Bayernkönigs konzipiert.
Während des Dritten Reiches wurde der mit Bäumen und Grün bepflanzte Platz gepflastert und von Hitler zum großen Paradeplatz mit Autoverkehr und Parkplätzen umfunktioniert und damit zweckentfremdet und verunstaltet. Zum Ärger von Parkplatzsuchern, aber zur großen Freude aller Ästheten wurde die Steinwüste 1987 begrünt und damit der ursprüngliche Zustand wiederhergestellt.
U-Bahn: Königspl.

Max-Joseph-Platz Dieser Platz im Stadtzentrum wurde nach dem ersten Bayernkönig Maximilian I. Joseph (1799–1825) benannt, der hier gebieterisch mit segnend erhobener Hand sitzt, dem – von ihm erbauten – Nationaltheater den Rücken kehrend. Die ersten Entwürfe für dieses bronzene Denkmal fertigten Leo von Klenze und Johann Martin von Wagner 1823 an, die endgültige Ausführung jedoch übernahm erst 1835 Christian Daniel Rauch im Auftrag König Ludwigs I.
Gegossen wurde die Statue vom Erzgießer Johann Baptist Stiglmaier.
An der Stelle dieses Platzes, dessen Nordseite ganz von der Residenz eingenommen wird, lag übrigens einst der Friedhof des Franziskaner-Klosters. Hier befanden sich die Gräber einer Reihe großer Geister wie etwa das des Musikers Orlando di Lasso.
Man achte auf das sogenannte »Eierpflaster« des Platzes, das, so die Legende, als Belag verwandt worden sein soll, weil sich während der achtundvierziger Revolution herausge-

stellt haben soll, daß Pferde auf dem glatten Belag nicht Fuß fassen konnten.
S- und U-Bahn: Marienpl.; Tram 19, 27

Odeonsplatz Auf diesem »italienischsten« und vornehmsten der Münchner Plätze reitet, stolz und erhaben, König Ludwig I., dieser größte aller bayerischen Bauherrn. Geburtsstunde des Odeonsplatzes war der 5. Mai 1817, als König Maximilian I. seinem Sohn, Kronprinz Ludwig, und dessen Architekten Leo von Klenze sein Einverständnis zur Bebauung der »Anlagen vor dem ehemaligen Schwabinger Tor« gab. Durch die Zusammenfassung von Theatinerkirche, Feldherrnhalle und Residenz in einen großen Platz wird jedem einzelnen der großartigen Gebäude Geltung und der prachtvollen, klassizistischen Ludwigstraße ein würdevoller Ausgangspunkt verliehen.
U-Bahn: Odeonspl.

Promenadeplatz Dieser Platz wird von dem Denkmal Maximilians II. Emanuel beherrscht, das von den Statuen der großen Musiker Orlando di Lasso und Christoph Willibald Gluck flankiert wird. Dominierendes Gebäude ist Münchens Top-Hotel Bayerischer Hof. An der Nr. 2 Promenadeplatz, steht das Palais Montgelas, das 1810/11 von Joseph Emanuel von Herigoyen errichtet und 1972 für den Bayerischen Hof von Erwin Schleich und Graf Pilati umgebaut wurde. An der Nr. 15 steht das Wohnhaus des Architekten Johann Baptist Gunezrainer, das er 1730 renovieren ließ. Es ist heute Teil der Deutschen Bank.
S- und U-Bahn: Marienpl.; Tram 19, 27

Viktualienmarkt → Der gute Tip S. 78

Wittelsbacher Platz Dieser im klassizistischen Stil angelegte Platz mit dem Reiterstandbild Kurfürst Maximilians I., das der Däne Bertel Thorwaldsen schuf, ist einer der schönsten Plätze Münchens. Das Alfons- oder Prinz-Ludwig-Ferdinand-Palais baute sich 1825 Leo von Klenze als Wohnhaus. Es wurde später um vier Achsen erweitert und von Prinz Alfons bezogen, danach bewohnte Prinz Ludwig Ferdinand von Bayern das Palais. Heute hat hier die Geschäftsleitung der Siemens AG ihren Sitz.
Das an der Nr. 1 gelegene klassizistische Arco-Palais ist ebenfalls ein Bau von Leo von Klenze (1820), der von Graf Arco-Zinneberg erworben wurde. Der Mitteltrakt der Fassade trägt palladianische Motive.
U-Bahn: Odeonspl.

Straßen

Brienner Straße Ältester der vier für die städtebauliche Entwicklung Münchens entscheidenden Straßenzüge und die erste der »königlichen« Straßen ist die Brienner Straße, ursprünglich ein Feldweg, auf dem Bayerns Fürsten in ihren Kutschen in die Sommerresidenz nach Nymphenburg fuhren. Ausgangspunkt der zwischen 1804–1814 von Karl von Fischer angelegten und später von Leo von Klenze fortgeführten Prachtstraße war der Odeonsplatz. Von hier führt die Brienner Straße über das Rondell des Karolinenplatzes mit dem Obelisk in der Mitte zum Königsplatz. Am Stiglmaierplatz setzt sie sich in der Nymphenburger Straße fort, die über die Auffahrtsallee bis zum Schloß führt.
Die Brienner Straße (nach der siegreichen Schlacht der Alliierten gegen Napoleon im Februar 1814 bei Brienne benannt) gehört zu Münchens »schicken« Straßen. Hier hat der Welt berühmtester Juwelier »Car-

tier« eine Filiale, hier stellt das schöne Münchner Einrichtungsgeschäft »Vereinigte Werkstätten« seine Vorschläge für ein »schöneres Wohnen« zur Schau, und Münchens Damen treffen sich unter dem Dach des exklusiven Einkaufszentrums »Luitpold-Block« im »Café Luitpold« nach dem Shopping zum Cappuccino. Das Café war um 1900 Stammlokal vieler Literaten, Musiker und Maler. Vor kurzem wurden aufwendige Renovierungs- und Umbauarbeiten vorgenommen.
U-Bahn: Odeonspl.

Ludwigstraße → Der gute Tip S. 66
Maria-Theresia-Straße → Der gute Tip S. 70

Maximilianstraße Der Name dieser großbürgerlich-eleganten Einkaufs- und Flanierstraße ist mit König Maximilian II. Joseph verbunden, der mit »seiner« Straße der klassizistischen Architektur seines Vaters, Ludwig I., etwas kunsthistorisch und städtebaulich Neues entgegensetzen wollte. Krönender Abschluß dieser Verbindung zwischen der Residenz im Stadtkern und den Isaranlagen im Osten sollte ein »Athenäum« sein, aus dem jedoch schließlich das »Maximilianeum« hervorging (1857 bis 1874), eine Stiftung zur Aufnahme begabter Universitätsstudenten aus Bayern und heute auch Sitz des Bayerischen Landtages. Architekt dieses königlichen, im »maximilianischen« Stil (Zusammenfließen von Elementen aus verschiedenen Stilepochen, englische Neugotik) errichteten Gebäudes war Friedrich Bürklein. Gottfried Semper vollendete den Bau 1874. Die meisten Häuser an der Maximilianstraße sind ebenfalls von Friedrich Bürklein erbaut worden.
Vom Max-Joseph-Platz ausgehend, erweitert sich die Maximilianstraße nach einem geschlossenen Straßenstück (Kammerspiele, Hotel Vier Jahreszeiten) zu einem Forum mit Grünanlagen zu beiden Seiten. Hier liegen die Regierung von Oberbayern und das Museum für Völkerkunde einander gegenüber. Kurz bevor die Prachtstraße mit der Maximiliansbrücke über die Isar führt, wird sie von der klassizistischen Bronzefigur Maximilians II. geschmückt. Das Denkmal wurde dem toten Monarchen 1875 »von seinem getreuen Volk errichtet« (von Kaspar von Zumbusch).
Von ihrer wirkungsvollsten Seite zeigt sich die Maximilianstraße am Spätnachmittag, wenn die Sonne auf den sandsteinfarbenen Fassaden liegt und die Fenster des Maximilianeums in ihrem Licht funkeln.
Tram 19, 27

Prinzregentenstraße Vor dem Nationalmuseum in der Prinzregentenstraße grüßt reitend der Initiator und Erbauer dieser vierten – und letzten – königlichen Prachtstraße Münchens: Prinz Luitpold. Der 1891 begonnene Straßenzug beginnt am Prinz-Karl-Palais und erweitert sich vor dem Nationalmuseum zu einem Forum. Er überquert die Luitpold- oder Prinzregentenbrücke, die mit einem einzigen Bogen die Isar überspannt, umschließt die Anlage des Friedensengels zu beiden Seiten und verläuft, bebaut von einzelnen Villen (Stuck-Villa → Der gute Tip S. 76) als »äußere« Prinzregentenstraße bis zum Platz vor dem Prinzregententheater.
Leider wurde durch die Errichtung des Hauses der Kunst 1933–1937, dieses ersten großen Repräsentationsbaus Hitlers im neoklassizistischen Stil, die noch einzig verbleibende Verbindung zum Grün des Englischen Gartens unterbrochen. Die Prinzregentenstraße ist hauptsächlich eine Straße der Museen und Ministerien.
Tram 20; Bus 53

Souvenirs

Beliebtestes Souvenir aus den weiß-blauen Landen ist ein Bierkrug aus dem weltberühmten Hofbräuhaus, den man für 10 DM an der Theke erwerben kann. Im Bayerischen Innenministerium (Odeonsplatz 3) gibt es Grenzschilder mit der Aufschrift »Freistaat Bayern« und dem Bayerischen Wappen. Typische Mitbringsel wie etwa ein »Königlich-bayerischer Brotzeitbeutel«, weiß-blau karierte Kopf- oder Handtücher, Gewürzsträuße, bemalte Glaskrüge oder Zinngeschirr findet man am besten bei:

Et Cetera
22 Wurzerstr. 12
Tel. 22 60 68
Tram 19, 27

Wallach
22 Residenzstr. 3
Tel. 22 08 71
S- und U-Bahn: Marienpl.; Tram 19, 27
(→ Einkaufen S. 154)

Spaziergänge

Abgesehen von Spaziergängen durch die Münchner Altstadt und in den Fußgängerzonen in der Neuhauser und Kaufingerstraße, der Wein- und Theatinerstraße, der Maffei- und Perusastraße oder den kleinen Gassen um die Frauenkirche, bietet der Englische Garten wunderbare Möglichkeiten zum Spazierengehen. Etwa vom Chinesischen Turm aus kann man am Kleinhesseloher See vorbei und durch die Hirschau bis weit in die Isarauen im Norden wandern, wobei am Wegesrand herrliche Biergärten warten, wie beispielsweise das Grüntal in Bogenhausen oder, ein wenig nördlicher, die St. Emmeramsmühle oder auch der Aumeister, einer der schönsten Biergärten Münchens überhaupt. Sehr reizvoll ist auch ein Spaziergang entlang der Isar im Süden der Stadt in Richtung Thalkirchen. Als Ausflugsziel ist die Gaststätte Flaucher zu empfehlen, die auf einer Isarinsel liegt, eine Wirtschaft mit wunderschönem Biergarten, die vielen Münchnern eigenartigerweise unbekannt ist. Gleich nebenan: ein Paradies für Nacktbader. An warmen Sommerabenden brennen am weißen Isarstrand viele kleine Lagerfeuer, es riecht nach gebratenen Schweinswürsten, und von überall her erklingt Gitarrenmusik. Ein Anziehungspunkt besonders für junge Leute.

1. Vorschlag:
Als Ausgangspunkt für einen Spaziergang durch den Kern der Stadt empfiehlt sich der Max-Joseph-Platz:

(1) Törring-Palais Dieses schöne Stadtpalais, 1747/54 von den Brüdern Ignaz Anton und Johann Baptist Gunezrainer erbaut, beherbergt heute die Post (→ Sehenswürdigkeiten S. 227).

(2) Alte Münze (Münzhof) Über den Hofgraben, der von der Maximilianstraße abgeht, kommt man zum Münzhof. Diese »Verbindung« der beiden monumentalen Komplexe Alter Hof und Neufeste gab Herzog Albrecht V. 1563/67 an Wilhelm Egckl in Auftrag. Bis zum Jahr 1987 war hier die Staatliche Münze untergebracht (→ Sehenswürdigkeiten S. 221).

(3) Alter Hof Die erste fürstliche Stadtresidenz der Wittelsbacher ab 1284 (Ludwig der Strenge). Wunderschöner Hof mit Brunnen und dem berühmten »Affenturm« (→ Sehenswürdigkeiten S. 221).

(4) Hofbräuhaus Ist nach wie vor die meistgenannte Sehenswürdigkeit in München (→ Essen und Trinken S. 160).

(5) Orlandostraße Fußgängerzone mit kleinen Souvenirläden, dem »Räucheronkel«, der »Strudelstube« (Münchens beste Strudel) und den »Platzlgassen«, schön renovierten, kleinen Renaissance-Höfen mit Geschäften.

(6) Weinstadl/Burgstraße Die Burgstraße ist eine der ältesten Straßen Münchens und der Weinstadl eins der schönsten noch erhaltenen gotischen Bürgerhäuser der Stadt mit wunderbaren Gewölben und einem kleinen Laubenhof (→ Sehenswürdigkeiten S. 227).
Gleich nebenan hat Wolfgang Amadeus Mozart gewohnt und 1780 seine Oper »Idomeneo« komponiert. Im Haus Nr. 11 starb der Hofbaumeister François Cuvilliés d. Ä. (1768), der große Meister des bayerischen Rokoko.

(7) Altes Rathaus Gotischer Bau von Jörg von Halsbach, dem Erbauer der Frauenkirche, um 1470/80 (→ Sehenswürdigkeiten S. 221).

(8) St. Peter Das älteste Gebäude in Münchens Stadtmitte, das sich schon vor der Gründung durch Heinrich den Löwen 1158 hier befand (→ Der gute Tip S. 60).

(9) Heiliggeistkirche Diese Kirche gehört neben St. Peter und der Frauenkirche zu den ältesten Sakralbauten Münchens (→ Kirchen S. 193, Foto S. 22).

(10) Viktualienmarkt Das »grüne Herz« der Landeshauptstadt mit vielen Ständen und einem Biergarten zum »Brotzeiten« (→ Der gute Tip S. 78).

2. Vorschlag: für Kurzbesucher
Vom Karlstor (Stachus) durch die Fußgängerzone Neuhauser/Kaufingerstraße. Zur Linken der Bürgersaal und die Renaissance-Fassade von St. Michael, dahinter Münchens Wahrzeichen, die Frauenkirche. Vom Marienplatz – mit dem Neuen Rathaus – links in die Wein- und die Theatinerstraße, Münchens schicken Einkaufsboulevard, bis zur Theatinerkirche und zur Feldherrnhalle. Am Odeonsplatz liegt der Hofgarten, in den man einen Blick werfen sollte. Zurück geht es auf der Residenzstraße, die in die Dienerstraße übergeht. Zur Linken liegt, am Max-Joseph-Platz, die Residenz, an die sich im Osten das Residenztheater und die Oper, das heißt das Nationaltheater, anschließt. Man durchquert den Alten Hof und kommt über die kleine Burgstraße zum Alten Peter, Münchens ältester Pfarrkirche (11. Jh.) mit einer Innenausstattung von berühmten Meistern. Bevor man seinen Spaziergang am Marienplatz beendet, sollte man unbedingt noch ein paar Schritte über den bunten Viktualienmarkt gehen.

Sport

München macht es dem Fremden besonders leicht, sich auch bei einem kürzeren Aufenthalt sportlich zu betätigen. In erster Linie hat dafür das Sporthaus Scheck gesorgt, das die ganze Stadt mit Tennisplätzen überzog: Tennis satt.
Auskünfte über Vereine, Klubs, Veranstaltungen, über Freizeitprogramme der Stadt und eine Broschüre über »Sport in München« bekommt man im

Städtischen Sportamt
2 Neuhauser Str. 26
Tel. 233 86 34
S-Bahn: Karlspl.

Für Aktive

Bergsport
Deutscher Alpenverein
22 Praterinsel 5
Tel. 23 50 90–0
Tram 19, 27, 29
Sport-Scheck → Der gute Tip S. 100

Golf Mitglieder eines Golfclubs können auf den beiden Plätzen des Münchner Golfclubs in Straßlach (18 Loch) und Thalkirchen (9 Loch) spielen. Informationen bei
Münchner Golfclub e. V.
8021 Straßlach
Tel. 081 71 / 611

Reiten
Bayerischer Reit- und Fahrverband
81 Landshamer Str. 11
Tel. 90 60 71
S-Bahn: Riem

Rudern
Bayerischer Ruderverband
50 Georg-Brauchle-Ring 93
Tel. 15 70 23 68
Bus 83

Schlittschuhlaufen
Bayerischer Eissportverband
50 Georg-Brauchle-Ring 93
Tel. 15 40 27
Bus 83

Schwimmen Ein besonderes Badeerlebnis im Jugendstil-Ambiente erwartet Sie im Müllerschen Volksbad (→ Der gute Tip S. 83).
Allgemeine Auskünfte über Sommerbäder, Hallenbäder und Badeplätze in Münchens Umgebung erteilt:
Bayerischer Schwimmverband
50 Georg-Brauchle-Ring 93
Tel. 157 46 66
Bus 83

Segeln Segelschulen und Verleih von Segelbooten gibt es an den stadtnahen Seen wie dem Starnberger See oder dem Ammersee.
Bayerischer Segler-Verband
50 Georg-Brauchle-Ring 93
Tel. 15 70 23 66
Bus 83

Ski Sobald der erste Schnee fällt, nehmen viele Münchner ihre Bretter und machen sich Wochenende für Wochenende auf in die Berge. Sehr preisgünstige Tages- und Wochenendfahrten mit Bussen und Sonderzügen und ein hervorragendes Ski-Sport-Programm organisieren unter anderem die folgenden Sporthäuser:
Sport-Scheck
2 Sendlinger Str. 85
Tel. 21 66–0
S- und U-Bahn: Marienpl.
(→ Der gute Tip S. 100)
Sport-Schuster
2 Rosenstr. 3–6
Tel. 237 07–0
S- und U-Bahn: Marienpl.
Allgemeine Auskünfte auch über Langlauf-Möglichkeiten etwa im Englischen Garten erteilt:
Bayerischer Ski-Verband
50 Georg-Brauchle-Ring 93
Tel. 157 02–325
Bus 83

Tennis Seitdem das Sporthaus »Sport-Scheck« mit seinen über die gesamte Stadt verteilten Tennisanlagen den weißen Sport populär machte (→ Der gute Tip S. 100), spielt fast ganz München Tennis. Besonders beliebt sind die Sport-Scheck-Allwetteranlagen Süd und Nord, die Tennisanlage am Herzogpark (Society-Treff), die Anlagen des Tivoli-Klubs und die des Tennisplatzes Lermer am Schwabinger Krankenhaus.
Allgemeine Auskünfte über die vielen Münchner Tennis-Vereine erhalten Sie beim:
Bayerischen Tennis-Verband
50 Georg-Brauchle-Ring 93
Tel. 157 02–642
Bus 83

Für Zuschauer

Der Olympiapark ist das Zentrum aller großen sportlichen Wettkämpfe. Hier finden unter anderem die Spiele des »FC Bayern München« statt. Der TSV 1860 München tritt im Stadion an der Grünwalder Straße an. Auskunft → Olympiapark S. 219.

Fußball Auskünfte über Fußballspiele erteilen folgende Sportklubs:
1860 München e. V.
90 Grünwalder Str. 114
Tel. 64 30 48
FC Bayern München
90 Säbener Str. 51
Tel. 699 31–0
Eintrittskarten für Fußballspiele kann man sich besorgen bei:
Veranstaltungsdienst Olympiapark
40 Im Eissportstadion
Tel. 306 13–577

Pferderennen Besonderer Beliebtheit erfreuen sich die Galopprennen in Riem und die Trabrennen in Daglfing. Auskünfte erteilt:
Münchener Rennverein e. V.
22 Perusastr. 1
Tel. 22 53 88

Tennis Der exklusivste Tennisklub Münchens ist der Club Iphitos'.
Münchner Tennis- und Turnier-Club Iphitos' e. V.
40 Aumeisterweg 10
Tel. 32 52 03

Sprache

»Vastenga S' koa boarisch?« – Wenn Sie durch Oberbayern reisen, werden Sie diese Frage »Verstehen Sie kein Bairisch?« bestimmt oft zu hören bekomme. Eine kleine Einführung in die »bairische Sprache« für Nichtbayern gibt der Sprachführer von Polyglott, »Bairisch für Nichtbayern«, 140 Seiten, 4,80 DM.

Stadtrundfahrten

Um einen ersten Überblick zu bekommen, ist eine Stadtrundfahrt zu empfehlen. Start: am Bahnhofsplatz, gegenüber vom Haupteingang des Hauptbahnhofs. Tickets bei:

abr-Amtl. Bayerisches Reisebüro
Im Hauptbahnhof
Tel. 120 42 48

Kleine Rundfahrt
Täglich 10 und 14.30 Uhr, im Sommer auch 11.30 Uhr.
Fahrtdauer 1 Stunde, Preis 13 DM

Große Rundfahrten
– (Nur im Sommer) Täglich 10 und 14.30 Uhr. Man fährt bis zum Olympiaturm und kann das Olympiagelände besichtigen (Preis 20 DM).
– Täglich (außer Mo) 10 Uhr mit Besuch des Zentrums und der Alten Pinakothek.
– Täglich (außer Mo) 14.30 Uhr mit Besichtigung des Schlosses Nymphenburg.
Dauer der Fahrten: jeweils rund 2½ Stunden, Kosten: 23 DM

München bei Nacht
(Nur im Sommer) Fr, Sa 19.30 Uhr. Sie besuchen das »Platzl« (Abendessen, Getränk), fahren auf den Olympiaturm und bleiben bis Mitternacht in einem Nachtlokal.
Preis mit Abendessen: 100 DM.

Straßen → Sehenswürdigkeiten S. 229

Taxi

Trotz der rund 3400 Taxis, die in München zirkulieren, besteht während der Rush-hour, bei Regen oder Schnee immer das Problem, einen Wagen zu bekommen. Anstatt lange am Taxistand zu warten, ist es manchmal besser, ein vorbeifahrendes Taxi einfach zu stoppen. Sie können auch bei der Funktaxizentrale anrufen oder direkt an einem der Taxistandplätze.

Funktaxizentrale
Tel. 216 11
Vorbestellungen nur über die Zentrale

Taxistände (Auswahl)

– Stadtmitte
Amalien-/Theresienstr., Tel. 21 61 20
Goetheplatz, Tel. 53 60 17
Isartorplatz, Tel. 21 61 24
Maximiliansplatz, Tel. 21 61 25
Stiglmaierplatz, Tel. 59 43 41
Nationalmuseum, Tel. 29 70 45

– München-Nord
Elisabethplatz, Tel. 272 11 11
Siegestor, Tel. 21 61 41
Münchner Freiheit, Tel. 34 63 64
Anhalter Platz, Tel. 351 44 66 und 21 61 46
Siegestor, Tel. 21 61 41
Parzivalplatz, Tel. 361 45 68

– München-Ost
Ostbahnhof, Tel. 21 61 53
Rosenheimer Platz, Tel. 21 61 60
Michaelibad, Tel. 49 36 03
Flughafen Riem, Tel. 90 72 91
Giesinger Bahnhof, Tel. 691 40 77

– München-Süd
Am Harras, Tel. 216 13 38
Waldfriedhof, Tel. 21 61 73
Großmarkthalle, Tel. 21 61 74
Thalkirchner Platz, Tel. 21 61 77
Solln, Tel. 79 72 46, 21 61 79
Ratzingerplatz, Tel. 78 28 58
Blumenau, Tel. 70 24 24

– München-West
Romanplatz, Tel. 17 62 88, 21 61 93
Rotkreuzplatz, Tel. 13 39 46, 21 61 94
Leonrodplatz, Tel. 21 61 95
Eichstätter Str., Tel. 57 28 10
Allacher Bahnhof, Tel. 812 63 34

Telefonieren und Post

Die Postämter haben Mo–Fr von 8–18 Uhr, Sa von 8–12 Uhr geöffnet. Einige haben auch drei Stunden Mittagspause. Nur das Postamt 32 hat länger Dienst. Wenn Sie noch abends telefonieren oder Ihre Post aufgeben wollen, wenden Sie sich an das

Postamt 32 (Telegrafenamt)
gegenüber dem Hauptbahnhof
2 Bahnhofspl. 1
Tel. 53 88–27 32
Tgl. 24 Stunden

Theater

München zählt rund 45 verschiedene Theater und Kleinkunstbühnen, von der Staatsoper bis zum Marionettentheater. Die besondere Bedeutung des Theaters und der Oper in München hängt hauptsächlich mit der Liebhaberei der bayerischen Herrscher für diese Kunstform zusammen. München leistet sich ja auch das einzige staatliche Operettentheater der Welt. Bereits um 1654 gab es hier die ersten Opernaufführungen, und einzigartige Höhepunkte erlebte das unter Bayerns erstem König, Maximilian I., um 1818 errichtete Nationaltheater mit so berühmten Uraufführungen wie etwa die der »Meistersinger« oder des »Tristan« von Richard Wagner. Namen wie Mozart, Strauss, Reger, Orff und Egk sind eng mit München verbunden.
Neben dem imposanten Nationaltheater steht ein Kleinod deutscher Theaterbaukunst: das von François Cuvilliés zwischen 1751/54 errichtete Alte Residenz- oder auch Cuvilliéstheater, das schönste Rokoko-Theater der Welt. Es ist durch den Kapellen- und Brunnenhof der Residenz zu erreichen. Das Bayerische Nationaltheater, das Cuvilliéstheater und das Staatstheater am Gärtnerplatz werden mit Oper, Operette, Ballett und Musical bespielt.
Das Bayerische Schauspiel hat zwei feste Häuser: die städtischen Kammerspiele (wahrscheinlich die derzeit beste deutsche Bühne) und das Neue Residenztheater, das bis Oktober 1991 wegen Renovierungsarbeiten geschlossen ist – das Ensemble tritt derweil im frisch renovierten Prinzregententheater auf. Zu den Kammerspielen gehören noch das Werkraumtheater (Experimentierbühne) und das Theater der Jugend. Das Theater im Marstall ist eine staatliche Studiobühne (Produktionen des Staatsschauspiels und der Staatsoper), das Deutsche Theater ist Deutschlands größtes Privattheater.

Theater

Altes Residenztheater/Cuvilliéstheater, 2 Eingang Residenzstr. 1 . . . **10**
Bayerische Staatsoper/Nationaltheater, 2 Max-Joseph-Pl. 1–2 . . . . **12**
Heppel und Ettlich, 40 Kaiserstr. 67 . . . . **3**
Münchner Kammerspiele, 2 Maximilianstr. 26 . . . . **14**
Münchner Lach- und Schießgesellschaft, 40 Ursulastr. 9 . . . . **2**
Münchner Rationaltheater, 40 Hohenzollernstr. 74 . . . . **3**
Staatstheater am Gärtnerpl., 5 Gärtnerpl. 3 . . . . **16**
Team-Theater, 5 Am Einlaß 4 . . . . **15**
Theater im Marstall, 2 Marstallpl. **9**
Volkssängerbühne, in der Max-Emanuel-Brauerei,
40 Adalbertstr. 33 . . . . **5**
Volkstheater, 2 Brienner Str. 50 . . . . **7**

Kinos

Film-Casino, 22 Odeonspl. **8**
Lupe 2, 40 Ungererstr. 19 . . . . **3**
Mathäser-Filmpalast, 2 Bayerstr. **14**
Museums-Lichtspiele, 80 Ludwigsbrücke **19**
Neues Arri, 40 Türkenstr. 91 . . . . **5**
Theatiner Filmkunst, 2 Theatinerstr. 32 . . . . **9**
Türkendolch, 40 Türkenstr. 74 . . . . **6**
Werkstattkino, 2 Fraunhoferstr. 9 . . . . **18**

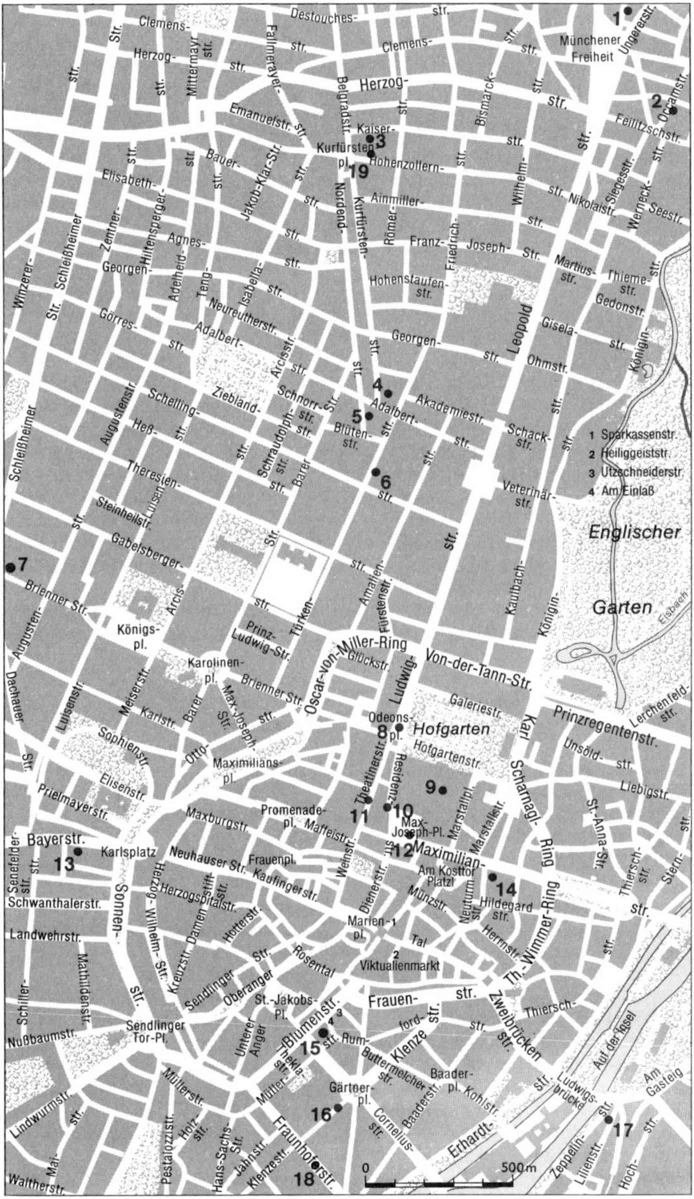

Destouches-
Clemens-
Herzog-
Mittermayr-
Fallmerayer-
Belgradstr.
Emanuelstr.
Kaiser-
Kurfürsten-pl.
Hohenzollern-
Bauer-
Jakob-Klar-Str.
Elisabeth-
Ainmiller-
Nordend-
Kurfürsten-
Römer-
Franz-Joseph-Str.
Friedrich-
Bismarck-
Wilhelm-
Nikolaistr.
Münchener Freiheit
Ungererstr.
Feilitzschstr.
Occamstr.
Siegesstr.
Werneck-
Seestr.
Martius-str.
Thieme-str.
Gedonstr.
Gisela-
Ohmstr.
Leopold-
Königin-
Hohenstaufen-str.
Georgen-
Agnes-
Zentner-
Hiltensperger-
Adelheid-
Teng-
Isabella-
Schleißheimer-Str.
Winzerer-
Neureutherstr.
Görres-
Adalbert-
Arcisstr.
Schnorr-
Ziebland-
Schelling-
Augustenstr.
Heß-
Schraudolph-
Blüten-str.
Akademiestr.
Schack-str.
Theresien-
Luisen-
Steinheilstr.
Gabelsberger-
Barer-
Veterinär-str.
Englischer Garten
Eisbach
Kaulbach-
Brienner Str.
Königs-pl.
Arcis-
Türken-
Amalien-
Fürstenstr.
Prinz-Ludwig-Str.
Oscar-von-Miller-Ring
Glückstr.
Ludwig-
Von-der-Tann-Str.
Karolinen-pl.
Max-Joseph-Str.
Galeriestr.
Prinzregentenstr.
Lerchenfeld-str.
Odeons-pl.
Hofgarten
Hofgartenstr.
Unsöld-str.
Liebigstr.
Dachauer-Str.
Luisenstr.
Meiserstr.
Karlstr.
Sophienstr.
Otto-
Maximilians-pl.
Theatinerstr.
Residenzstr.
Karl-Scharnagl-Ring
Marstallpl.
Marstallstr.
St.-Anna-Str.
Elisenstr.
Prielmayerstr.
Maxburgstr.
Promenade-pl.
Maffeistr.
Max-Joseph-Pl.
Maximilian-str.
Thiersch-str.
Stern-
Bayerstr.
Karlsplatz
Neuhauser Str.
Kaufingerstr.
Frauenpl.
Weinstr.
Dienerstr.
Am Kosttor Platzl
Neuturm-str.
Hildegard-str.
Th.-Wimmer-Ring
Senefelder-str.
Schwanthalerstr.
Sonnen-str.
Herzog-Wilhelm-Str.
Herzogspitalstr.
Damen-stift-str.
Hotterstr.
Münzstr.
Marien-pl.
Tal
Herrnstr.
Landwehrstr.
Mathildenstr.
Kreuzstr.
Rosental
Viktualienmarkt
Sendlinger-Str.
Oberanger
St.-Jakobs-Pl.
Frauen-str.
Zweibrücken-str.
Thiersch-
Schiller-
Nußbaumstr.
Sendlinger Tor-Pl.
Unterer Anger
Blumenstr.
Rumford-str.
Klenze-str.
Auf der Insel
Buttermelcherstr.
Baader-pl.
Kohlstr.
Ludwigsbrücke
Am Gasteig
Müllerstr.
Hans-Sachs-Str.
Gärtner-pl.
Cornelius-str.
Baaderstr.
Erhardt-
Lindwurmstr.
Holz-str.
Jahnstr.
Klenzestr.
Fraunhoferstr.
Pestalozzistr.
Mai-
Waltherstr.
Zeppelin-
Lilienstr.
Hoch-
0
500 m
1 Sparkassenstr.
2 Heiliggeiststr.
3 Utzschneiderstr.
4 Am Einlaß

Abgesehen von den großen traditionellen Häusern gibt es in München eine Reihe von Boulevardtheatern (Kleine Komödie im Bayerischen Hof), Experimentier- und Alternativbühnen (Theater 44 in Schwabing, TamS: Theater am Sozialamt, Loft, Fett Theater, Team-Theater usw.) und Folklore- und Kleinkunstbühnen (Café Giesing, Theater im Fraunhofer, Drehleier). Leider ist vom traditionellen Bauern- und Volkstheater, das aus der Stadt in die Vororte und auf das Land verdrängt wurde, in München nur noch wenig übriggeblieben (Millionendorftheater, Münchner Volkssängerbühne, Gasthaus Iberl, Volkstheater). Eine berühmte und alljährlich Tausende von Besuchern anziehende Heimstatt bayerischer Volksunterhaltung mit Musikkapellen, Jodlereinlagen und Schuhplattlervorführungen ist das »Platzl«, gleich gegenüber dem Hofbräuhaus.

Sogar der Kunst des Puppenspiels hat München vor vielen Jahren ein Haus gebaut, das auch heute noch immer ausverkauft ist: das Marionettentheater, das der Kasperl-Stücke-Schreiber Graf Pocci und der berühmte »Papa Schmid« 1858 gegründet haben.

Den jeweils gültigen Theaterspielplan können Sie dem »Offiziellen Monatsprogramm« oder dem Magazin »IN Münchnen« entnehmen, das in vielen Restaurants und Kinos ausliegt. Zudem geben die Tageszeitungen den Spielplan bekannt. Sobald es um Premieren geht oder um die Opernfestspiele, rauscht Prominenz aus dem In- und Ausland an, und der Kauf einer Karte wird zum verzweifelten Kampf. Ehe Sie sich in den frühen Morgenstunden in die Schlange an der Theaterkasse in der Maximilianstraße stellen müssen, reservieren Sie lieber rechtzeitig! Ein Tip: So mancher Hotelportier pflegt gute Beziehungen zu diesem oder jenem Theater und hilft Ihnen bei der Beschaffung eines Platzes in letzter Sekunde.

Während der Monate Juli und August sind sehr viele Münchner Theater geschlossen. Die folgende Übersicht gibt nur eine Auswahl der wichtigsten Theater an.

Bayerische Staatsoper/Nationaltheater → Der gute Tip S. 128

Bayerisches Staatsschauspiel
Prinzregententheater Der klassische, mit seiner (für Kutschfahrzeuge gedachten) Auffahrtsrampe geradezu schloßartig anmutende Bau wurde im Jahr 1900 als Festspielhaus errichtet. Nach dem Krieg beherbergte er das Ensemble der zerstörten Staatsoper, bis er 1963 wegen Baufälligkeit geschlossen werden mußte. Lange Zeit war nicht genügend Geld für die kostspielige Rundum-Renovierung vorhanden; es bedurfte der Spenden vieler Münchner und des besonderen Einsatzes von Generalintendant August Everding, bis das vielgeliebte Kleinod 1988 wiedereröffnet werden konnte.
80 Prinzregentenpl. 12
Tel. 218 51
U-Bahn: Prinzregentenpl.
Vorverkauf:
22 Maximilianstr. 13
Tel. 22 57 54
Mo–Fr 10–13 Uhr und 15.30 bis 17.30 Uhr, Sa 10–12.30 Uhr, So und Feiertage geschl. Abendkasse jeweils eine Stunde vor Vorstellungsbeginn
Karten 16–45 DM

Altes Residenztheater/Cuvilliéstheater
2 Eingang Residenzstr. 1
U-Bahn: Odeonspl.; Tram 19, 27, 29
Vorverkauf: siehe Nationaltheater

Team-Theater Engagiertes modernes Theater.
5 Am Einlaß 4
Tel. 260 43 33
Vorverkauf: Mo 10–16.30 Uhr, Di–Fr 10–18 Uhr
S- und U-Bahn: Marienpl.; Tram 18
(→ Karte S. 237)

Münchner Kammerspiele
22 Maximilianstr. 26
Tel. 23 72 13 26
S- und U-Bahn: Marienpl.; Tram 19, 27
Vorverkauf: Mo–Fr 10–18 Uhr, Sa, So und Feiertage 10–13 Uhr
Abendkasse jeweils eine Stunde vor Vorstellungsbeginn
Karten 6–48 DM
(→ Karte S. 237)
Theater im Marstall
22 Marstallpl.
Tel. 22 13 16
U-Bahn: Odeonspl.
Vorverkauf: siehe Nationaltheater
Abendkasse jeweils ½ Stunde vor Vorstellungsbeginn
Karten 12,50–18 DM
(→ Karte S. 237)
Staatstheater am Gärtnerplatz
5 Gärtnerpl. 3
Tel. 201 67 67
U-Bahn: Fraunhoferstr.; Tram 18, 20
Vorverkauf: Mo–Fr 10–13 Uhr und 15.30–17.30 Uhr, Sa 10–12.30 Uhr, So und Feiertage geschl.
Abendkasse jeweils eine Stunde vor Vorstellungsbeginn
Karten ab 15 DM
(→ Karte S. 237)
Studio Theater München Unter anderem wird seit Jahren mit Erfolg »Der kleine Prinz« von Antoine de Saint-Exupéry aufgeführt.
83 Thomas-Dehler-Str. 12 (PEP)
Tel. 670 60 80
U-Bahn: Neuperlach Zentrum
Di–Sa 19, 20, 21 Uhr
Das Schloß (Theaterzelt) Zeitgenössische Stücke, u. a. »Jesus Christ Superstar«.
40 In der Ackermannstr.
Tel. 300 30 13
Mo, Di, Mi 20 Uhr, Do, Fr, So 19.30 Uhr, Sa 18 und 21 Uhr

Kabaretts

Hinterhoftheaterl Sehr junge Kabarettisten, unbekümmert, frech und lustig.
Wirtshaus am Hart
45 Sudetendeutsche Str. 40
Tel. 311 60 39
U-Bahn: Scheidpl., weiter mit Tram 12
Mi–So 20.30 Uhr
Theater bei Heppel & Ettlich
40 Kaiserstr. 67
Tel. 34 93 59
Tram 18
Vorverkauf: tgl. ab 18 Uhr
Eintritt je nach Veranstaltung
(→ Karte S. 237)
Münchner Lach- und Schießgesellschaft Eine bundesrepublikanische Institution.
40 Ursulastr. 9
Tel. 39 19 97
U-Bahn: Münchner Freiheit
Vorverkauf: tgl. ab 14 Uhr
Karten 25 DM
(→ Karte S. 237)
Das Münchner Rationaltheater
40 Hesseloher Str. 18
Tel. 33 50 40
U-Bahn: Münchner Freiheit
Vorbestellungen tgl. ab 10 Uhr
Karten 25 und 30 DM
(→ Karte S. 237)

Volksschauspiel

Iberl-Bühne Der Andrang zu diesen deftigen, von Laienschauspielern dargebotenen Volksstücken ist so groß und der Raum so klein, daß die Vorstellungen außer im Juli und im August meistens bis zu einem Jahr ausverkauft sind.
Gasthaus Iberl
71 Wilhelm-Leibl-Str. 22
Tel. 79 42 14
Bus 66, 270
Karten 26 und 28 DM
Millionendorf-Theater Ländliche Begebenheiten.
70 Zielstattstr. 6
Tel. 760 11 13
U-Bahn: Harras, weiter mit Bus 63
Vorverkauf: Luise-Kiesselbach-Pl. 33
Tel. 714 60 31
Tram 26; Bus 33
Volkssängerbühne In der Max-Emanuel-Brauerei.
→ Der gute Tip S. 127
Volkstheater Bodenständiges mit Niveau.

2 Brienner Str. 50
U-Bahn: Stiglmaierpl.
Tel. 523 46 55
Vorverkauf: Mo–Fr 10–13, 15 bis 18 Uhr, Sa 10–13, 17–18.30 Uhr, So 17–18.30 Uhr
Karten 11–31 DM

Theaterkassen

Abendzeitung-Schalterhalle
2 Sendlinger Str. 79
Tel. 237 72 23
S- und U-Bahn: Marienpl.

abr-Theaterkasse
2 Neuhauser Str. 9
Tel. 120 40
S-Bahn: Karlspl.

Konzertkasse Max Hieber
2 Liebfrauenstr. 1
Tel. 22 65 71
S- und U-Bahn: Marienpl.; Tram 19

Theaterspielpläne

Das Deutsche Theatermuseum vermittelt mit dem »Münchner Spielplan« interessierten Theaterbesuchern eine auf den jeweiligen Theaterabend bezogene Information für die Aufführungen sämtlicher Münchner Bühnen. Fotos, Programmhefte, Theaterzeitschriften und die Kritiken aller Münchner Zeitungen kann sich der Interessent besorgen bei:

Münchner Spielplan
22 Galeriestr. 6, Hofgartenarkaden
Tel. 22 25 54
U-Bahn: Odeonspl.
Di–Fr 10–16 Uhr

Toiletten

Öffentliche Bedürfnis- oder »Voll«-Anstalten (ein paar wenige sind sogar noch mit »Pissoir« beschriftet) für Männer und Frauen gibt es rund 60 in München, die sich über die gesamte Stadt verteilen. Eintritt: zwanzig Pfennig. Weitaus komfortabler und angenehmer als die öffentlichen Toiletten sind die Klos in den vielen Münchner Cafés, in die, wer in großen Nöten ist, auch mal gehen darf, ohne daß er sich sogleich verpflichtet fühlen muß, eine Tasse Kaffee zu trinken.

Treffpunkte

Chinesischer Turm Mitten im Englischen Garten steht der Chinesische Turm, eine fünfstöckige hölzerne Pagode (1790 von Joseph Frey), die 1944 abbrannte und 1951/52 originalgetreu wiederaufgebaut wurde. Dieser Biergarten – einer der schönsten und beliebtesten Münchens – ist an warmen Sommertagen bis in den späten Abend Treff- und Tummelplatz der jungen Leute von Schwabing und insbesondere der Studenten der nahen Universität, die sich auch gerne auf dem nahen Monopteros bei Gitarrenklängen und anderen stimulierenden Vergnügungen zusammenfinden (→ Der gute Tip S. 76, Aussichtspunkte S. 146).
40 Englischer Garten
Restaurant: Tel. 39 50 28
U-Bahn: Giselastr.; Tram 20; Bus 54

Glockenbach- und Schlachthofviertel → Der gute Tip S. 50

Marienplatz und Fußgängerzone Nachdem der Verkehr aus der engen Innenstadt genommen wurde, entstand hier ein unterhaltsamer Bummelbereich, wo immer – aber besonders in lauen Sommernächten – etwas los ist. Straßenmusikanten spie-

len Folklore und Klassik, Asphaltkünstler und Pantomimen zeigen, was sie können, Weltverbesserer versuchen ihre Mitmenschen zu bekehren, und wenn Wahlkampf ist, wird hier mit bayerischer Deftigkeit politisiert.
Zwischen Marienpl. und Karlspl.

Prinzregentenbad Im Sommer lassen sich auf der Liegewiese dieses Bogenhausener Schwimmbades Münchens Fotomodelle, Schürzenjäger und Wohlstandskinder bräunen. Während der Wintermonate wird das Bad in ein Eissportstadion verwandelt, und selbst für solche, die keine Lust zum Schlittschuhlaufen haben, ist das Prinzregentenbad ein unterhaltsamer Treff: Von den Tischen des Restaurants aus, das direkt an die Eisfläche angrenzt und von dieser nur durch große Panoramascheiben getrennt ist, hat man, gemütlich beim Bier oder vielleicht einem »Eis im Schatten« (Spezialität des Hauses) sitzend, den besten Blick auf die Eisfläche, auf der auch schon Eis-Star Manfred Schnelldorfer trainierte und viele berühmte Eiskunstläufer. Zu Walzer-Melodien gleiten Damen mit dicken Strickmützen und roten Wangen (es könnten die Standl-Frauen vom Viktualienmarkt sein) über die Freieisfläche, eifrig üben Kunstläuferinnen ihre eleganten Pirouetten, lustig-locker wird nach Schlagern aus den fünfziger Jahren getanzt, und manchmal fegt ein schneller Knabe über die Fläche und bringt das pensionierte Paar aus seinem Foxtrott. Ein amüsanter Treff!
Prinzregentenstadion
80 Prinzregentenstr. 80
Tel. 47 48 08
Tram 18; Bus 55
Bad: ab Mai 8–19 Uhr
Stadion: Spätherbst–Mitte März
Eintritt:
Erwachsene 3 DM
Kinder 2 DM
Restaurant: tgl. 10–23 Uhr

Schwabing → Der gute Tip S. 52
Zum Franziskaner → Der gute Tip S. 54

Trinkgeld

Flughafen/Bahnhof	haben feste Tarife
Gepäck	1 DM zusätzlich reicht aus
Friseure	5–10 Prozent der Rechnung
Hotel	
Hotelpagen	ab 2 DM (je nach Hotelkategorie)
Garderobenfrau	haben feste Preise
	zusätzlich 1 DM reicht aus
Restaurant	
Rechnung	normalerweise inbegriffen
Kellner	5–10 Prozent der Rechnung
Toilettenpersonal	0,50 DM
Tankstellen	1–2 DM
Taxi	5–10 Prozent der Rechnung
Waschräume, Toiletten	maximal 0,50 DM

Zeitungen

AZ (Abendzeitung) Boulevardblatt, das sogar Intellektuelle in der Öffentlichkeit lesen, mit einem lesenswerten Kulturteil.

Bayernkurier Politisches Forum der CSU.

Münchner Merkur Große seriöse Tageszeitung eher konservativen Zuschnitts.

Münchner Stadt-Magazin Erscheint zweimal monatlich mit aktuellen Stadtnachrichten, Interviews, Konzertkritiken und Veranstaltungskalender.

SZ (Süddeutsche Zeitung) Münchner neueste Nachrichten aus Politik, Kultur, Wirtschaft, Sport, liberal und auch überregional. Freitags mit farbigem Magazin. Eine der wichtigsten deutschen Zeitungen.

tz (Tageszeitung) Boulevardzeitung, der AZ vergleichbar, aber konservativer.

Zimmerreservierung → Auskunft: Fremdenverkehrsbüro S. 145
Zirkus → Der gute Tip: Zirkus Krone S. 124

Zoo

Tierpark Hellabrunn Affen, Antilopen und Auerochsen, Känguruhs und Kamele, Wildesel und Weißschwanzgnus – in diesem 36 Hektar großen Tierpark leben rund 5200 Tiere (620 Arten), darunter auch 1700 Vögel, die in einer wie ein riesiges Spinnennetz anmutenden Großflug-Voliere von 5000 Quadratmetern untergebracht sind.
Der Tierpark Hellabrunn ist der erste nach geographischen Gesichtspunkten (im Uhrzeigersinn: Europa, Afrika, Amerika, Australien, Arktis, Asien) angeordnete Zoo und mit seinen alten Bäumen und vielen Bächen einer der landschaftlich reizvollsten Tierparks Europas. Für Kinder gibt es ein »Streichelgehege«.
90 Siebenbrunner Str. 6, Thalkirchen
Tel. 62 50 80
Bus 31, 52, 57
Sommer: 8–18 Uhr
Winter: 9–17 Uhr
Eintritt 6 DM
(→ Karte S. 243)